김완선생님의
교육대학 합격프로젝트

교육대학교 합격에

가장 큰 영향을 미치는 것이 무엇일까요?

성적이나 구술면접도 중요하지만 무엇보다.

입시전략이 가장 중요할 것입니다.

나만의 입시전략을 만들어 교대입시를 준비하고 싶은데,

어떻게 해야 할지 모르겠다고요?

막상 교육대학교에 지원하려고하면 최적의 학교를 잘 선택했는지,

준비는 잘하고 있는지 불안하시다고요?

최적화된 나만의 입시전략은 교육대학 합격가능성을

극대화시킬 수 있습니다.

20년 동안 대입지도를 해온 교대입시전문가 김완선생님께서,

교단을 향한 여러분의 꿈을 지원합니다.

입학사정관 도입 이후부터 지금까지

교육대학 최다 합격생을 배출한 교대입시연구소와 함께

교사의 꿈을 이루어 보세요.

입시
컨설팅

구술
면접

최다 합격생 배출의 신화!
20년 노하우의 최고 적중 전략!
김 완 컨설팅!!

교대입시의 모든것

- 최근 3개년도 교육대학별 입시결과 수록
- 2025 대학별, 전형별 입시요강 수록
- 2026 대학별 입학전형 시행계획 수록
- 교육대학별 교육목표 및 특징수록

교대면접&사대면접

- 면접에 합격하는 방법 수록
- 반드시 알아야 할 교육이론
- 대학별 수년간 기출문제 수록
- 이슈관련 교양 필수용어 165선 수록
- 면접 추천도서 핵심내용 40권 수록

교육대학 입시전략 가이드
김완 컨설링
교대입시의 모든것

초판 1쇄 인쇄 2024년 00월 00일
초판 1쇄 발행 2024년 00월 00일
저자 김 완·김민섭
교재편찬 위원 원유숙·최준희·박소현

펴낸이 김양수
책임편집 이정은

펴낸곳 도서출판 맑은샘
출판등록 제2012-000035
주소 경기도 고양시 일산서구 중앙로 1456(주엽동) 서현프라자 604호
전화 031) 906-5006
팩스 031) 906-5079
홈페이지 www.booksam.kr
블로그 http://blog.naver.com/okbook1234
이메일 okbook1234@naver.com

ISBN 979-11-5778-607-7 (53370)

2025

김완 컨설팅
교대입시의
모든것

김 완·김민섭

교육부와 한국직업능력개발원이 발표한 '진로 교육 현황 조사'에 따르면 우리나라 초·중·고 학생들의 희망 직업 평균 1위는 교사인 것으로 나타났다. 특히 중고생 사이에서 교사는 10년째 부동의 1위 자리를 지키고 있다. 물론 초등학생의 경우 3위 이내이다. 최근 수년간 나와 만난 학생들을 살펴보면 안정성이 높은 직업이기 때문에 선호하는 학생들도 있지만, 그보다는 교직 적성과 교사로서의 보람 때문에 초등교사를 희망하는 학생들이 더 많았다. 참으로 바람직한 현상이다. 교육은 사회 형성의 기초를 이루고, 사회 변화와 발전을 선도하여 왔다. 인간이 사회와 역사를 만들지만, 인간을 인간답게 형성시키는 것은 결국 교육이기 때문이다. 이 책은 이러한 교육을 책임질 미래의 초등교사를 꿈꾸는 학생들이 현재 모습을 진단하고, 미래를 창조적으로 바라보면서 새롭게 교육적 방향을 설계할 수 있는 학생이 되는 것에 목표를 두고 있다. 학생들 자신이 최적화된 분석을 찾아낼 수 있는 기회가 될 것이다.

이 책의 구성은 chapter 1 교육대학입시 분석에 앞서서, chapter 2 교대입시 전형별 분석, chapter 3 교대입시 학교별 분석, chapter 4 교대면접 대비 전략 & 2026 교대입시 시행계획 총 5단원으로 되어있다.

chapter 1, chapter 2, chapter 3를 통해 교육대학 지원전략을 세울 수 있을 것이며, chapter 4의 교대면접 대비 전략과 대학별 교육관을 통해 구체적인 교대입시준비를 할 수 있을 것이다. 특히 전형별 분석과 학교별 분석을 함께 수록함으로써 지원자가 원하는 정보를 손쉽게 찾을 수 있다는 것과 교육대학별 교육관과 면접 대비전략 및 예비수험생을 위한 2026 교대입시 시행계획을 제시한 것은 이 책의 또 다른 특징이다.

영국의 철학자 알프레드 화이트 헤드는 "보통 교사는 지껄인다.", "좋은 교사는 잘 가르친다.", "훌륭한 교사는 스스로 해 보인다.", "위대한 교사는 가슴에 불을 지핀다."라고 했다.

여러분은 어떤 교사가 되고 싶은가? 당연히 위대한 교사일 것이다. 미래를 예측하기 어려운 4차 산업혁명 시대의 훌륭하고, 위대한 초등교사를 양성해야 하는 교육대학은 어떤 기준으로 학생을 선발할 것인지 이 책을 참고로 생각해보기 바란다.

이 책의 목적은 교육대학에서 제공하는 자료를 기반으로 하여 정확한 정보를 제공하여 각 교육대학의 합격 기준과 부합된 지원자의 잠재적 가능성들이 충분히 발휘될 수 있게 돕기 위한 것이다. 따라서 학생 여러분들도 앞으로 나아가야 할 방향이 뚜렷해지고 분명해지기를 간절히 바란다. 마지막으로 시종 원고 작성에 큰 역할을 한 원유숙 연구팀장과 서울대학교 교수학습개발센터 박소현 연구원을 비롯한 여러 교대입시 연구원들에게 고마움을 표한다.

우리는 4차 산업혁명 시대를 살아가고 있다. 1차 증기기관, 2차 전기의 활용, 3차 컴퓨터의 활용, 이전의 산업혁명 시대에서 우리는 중심에 서지 못했다. 그 이유를 꼽으라고 한다면 자원의 부족과 뒤떨어진 교육이라고 생각할 수 있다. 그러나 4차 산업혁명 시대는 더 이상 자원이 중요하지 않다. 생각을 현실로 만들어 내는 능력이 이 시대의 핵심이기 때문이다. 이런 능력을 가지려면 우선 가치 있는 변화를 자세히 알아야한다. 그 변화의 중심에 서야 할 학생을 길러내는 교사가 되고자 하는 학생들에게 가장 정확한 정보를 줄 수 있는 일의 가치를 실현하려 한다.

김완 선생님

수년간 비영리법인 한국청소년 교육문화 협회 이사로 활동하면서 사회문화적 관점에서 청소년들에게 그 들의 문화를 이해하고 정체성을 갖게 하는 교육을 하였다. 10년 이상 대학입시학원 원장으로 학생들의 대학입시 컨설팅과 진로지도를 하였다. 연세대학교 교육대학원에서 교육공학을 전공한 교육훈련프로그램의 전문가로서 지금도 끊임없이 교육방법을 연구하고 있다. 2011년에는 국내 최초로 경기도 시범중학교에서 테블릿 PC를 이용한 스마트교육을 실시하여 안착시켰다. 지금은 교대입시연구소 소장과 김완컨설팅 원장으로서 교대·사대 입시컨설팅, 교대·사대 면접 현장강의를 통해 매년 400명 이상의 합격생을 배출하고 있다. 또한 수많은 예비교사 멘토 활동과 초등임용 교직논술과 심층면접, 수업실연 지도를 하고 있으며, 인터넷강의를 통해 구술면접의 방법을 제공하고 있다. 또한 교육 환경이 열악한 전국의 학교들을 찾아다니며 교육 재능기부를 하고 있다.

20년 동안 학생들을 지도하면서 자신의 미래를 만들어가려는 학생들에게 항상 꿈을 펼칠 수 있도록 도움을 주었다. 또한 4차 산업혁명시대에 걸맞은 교사가 되려는 학생들에게 새로운 방향을 지도하기 위해 끊임없이 노력하고 있다.

" 대학입시 컨설턴트 김완 선생님께 교대 입시의 모든 것을 무료 상담 받으실 수 있습니다. "

📞 무료 상담번호: 02) 2635-8200, 010-5400-8200

01

교육대학입시 분석에 앞서서

저자의 당부의 글 과 수험생이 자주하는 질문 15가지로 구성해서 교대입시를 준비하기 이전에 꼭 알아 야 할 내용을 담았다. 김완 선생님의 20년 경험을 토대로 현실성 있는 정보와 자료를 바탕으로 실제 교육대학을 준비하고 지원하는데 이해를 돕고자 하였다.

02

교대입시 전형별 분석

크게는 수시전형과 정시전형으로 나누었고, 세부적으로는 각전형별로 분석하여 모든 교육대학의 같은 전형을 한눈에 볼 수 있게 하였다. 특히 특별전형의 경우 지원 가능한 대학의 전형방법 및 지원자격 등을 한 번에 확인할 수 있게 하였다.

03

교대입시 학교별 분석

이 책의 핵심이라 할 수 있는 학교 별 분석 단원으로
대학별 입시 특성과 교육대학에서 제공하는 자료를
기반으로 한 정확한 정보를 제공하였다. 수험생이 원
하는 학교와 전형을 쉽게 확인하여 스스로 입시전략
을 세울 수 있도록 하였다. 특히 대학별 3개년 입시
결과는 교대입시를 준비하는 데에 있어 큰 도움이 될
것이다.

04

교대면접 대비 전략 &
2026 교대입시 시행계획

교대면접 준비 방법과 교육대학별 교육관, 2026 대
학별 입학전형 시행계획 수록 하여 수험생만이 아닌
예비 수험생들에게도 도움이 되게 하였다. 이 책은
입시전략서로 교대면접에 대해서는 간략한 내용만을
수록하였다. 더 자세한 내용은 김완 컨설팅의 자매
서적 "교대면접&사대면접" 책을 참고하라.

contents

Chapter 4   **교대면접 대비 전략 & 2026 교대입시 시행계획**

좋은 자료로 공부하는 것이 매우 중요하다

저는 올해 서울교육대학교에 입학하게 된 이○규입니다. 교육대학에 입학하기 위해 성적이상 중요한 면접에 대해 저의 경험을 통해 느낀 점들을 이야기해 보려 합니다. 저는 혼자 준비 하는 것이 비효율적이라 생각해 김완컨설팅의 도움을 받았습니다.

저는 모든 공부에 있어서 공부하는 자료의 질이 매우 중요하다고 생각하는 학생입니다. 이러한 점에서 많은 양의 좋은 자료들을 받아 공부할 수 있었습니다. 20년 넘게 면접 지도를 하신 선생님의 노하우를 통해 만들어진 많은 자료와, 당해 출제될 가능성이 높은 예상 문제들을 받아 연습할 수 있었고 큰 도움이 되었습니다. 또한 면접에서 반드시 알아야 하는 교양, 교직 이론과 학생을 대하는 교직마인드까지, 모든 것들을 챙겨 주셨습니다. 평소에 생각하기 힘든 교육 이슈들 또한 공부하였기 때문에 실제 면접에 나올 수 있는 대부분의 질문에 대해 생각해 볼 수 있었습니다. 물론 생각에서 그치지 않고 피드백을 통한 꾸준한 연습이 저를 빠르게 성장 시켰습니다. 특히 선생님과 함께한 모의 면접은 면접연습의 꽃이었습니다. 면접은 말하는 능력도 중요하지만, 결국에는 '면접 당일 긴장하지 않고 자신의 생각을 얼마나 논리적으로 말할 수 있는가'의 경쟁이라 생각합니다. 그런 점에서 김완 컨설팅의 모의 면접은 실제 상황 이상의 긴장감을 가지고 연습을 할 수 있는 기회였습니다. 지금 생각해보면 다른 학생들과 선생님이 보는 앞에서 처음 접하는 질문들에 대해 말하는 것이 실제 면접 당일 떨림 그 이상이었습니다. 실제 면접시험에 출제된 문제들보다 훨씬 어려운 고난도의 문제들로 모의 면접을 연습했기 때문에 시간 조절 측면이나 논리를 구성하는 측면에서 높은 수준으로 성장할 수 있었습니다.

마지막으로 선생님께서 강조하신 교육학자 알버트 반두라의 관찰학습 이론 측면에서 다양한 학생들의 생각을 들을 수 있었던 것이 매우 좋았습니다. 면접을 혼자 준비하게 되면 자기 생각을 정리하는 일은 가능할 수 있습니다. 하지만 창의적이고 다양한 이야기들을 생각해 내거나, 자기 객관화가 힘들다는 점입니다. 그래서 저는 많은 학생들과 서로의 답변을 주고받으면서 연습할 때 집중해서 공부했습니다. 상대방의 좋은 아이디어는 잘 듣고, 내 것으로 흡수할 수 있었습니다. 또한 친구들이 말할 때 보이는 단점들을 보면서, 내 자신이 그러고 있지는 않은지 점검할 수 있었습니다. 이러한 학습을 통해 저는 면접 당일 모든 질문에 시간을 맞춰서 창의적이고, 논리적으로 답변할 수 있었습니다. 이러한 준비 과정이 없었다면 좋은 답변을 할 수 없었을 것이라 생각합니다.

매 순간 최선을 다한다면, 결과는 따라온다고

안녕하세요. 저는 서울교대, 연세대(교육학부), 이화여대(초등교육), 한국교원대(초등교육), 경인교대, 한양대(교육학과), 수시 6개 모두 합격하고 서울교대로 진학한 이○현입니다. 제가 다닌 고등학교는 개교 이래 교육대학교로 진학한 학생이 5년 전 단 한 명뿐인 과학중점 학교라 교대 입시에 대한 모든 것을 스스로 알아서 준비해야 했기에 항상 심란하고 걱정이 많았습니다. 그러던 중, 김완 컨설팅의 교대 입시 설명회를 들었고 내신 성적은 높았지만 생활기록부와 비교과가 너무나 부족하다는 것을 알게 되었습니다.

그 후 김완 선생님께 컨설팅을 받으면서 학생부종합 전형을 잘 준비할 수 있었습니다. 면접 준비는 고3, 1학기 기말고사가 끝나고 바로 종합반에 등록하여 본격적으로 시작했습니다. 제가 수시로 지원한 대학이 10월, 11월, 12월 연달아 면접이 있어서 마음이 불안하고 부담이 컸던 만큼, 김완컨설팅에서 배운 수업내용은 다음 수업 전까지 꼼꼼하게 복습했고, 특히 말하기 연습은 매일매일 조금씩이라도 꼭 연습하면서, 주 2회 동영상 촬영도 병행하며 복습에 최선을 다했습니다. 면접 수업은 자세부터 논리적인 말하기까지 면접의 모든 것을 배울 수 있었습니다. 막연히 교사의 꿈을 갖고 교육대학의 진학을 꿈꾸며 학교 공부만 열심히 했던 저에게 김완 컨설팅의 면접 자료와 수업 내용은 교육 관련 이슈를 다양하게 접할 수 있게 해주었습니다. 또한 제시문과 생활기록부 수업 및 다양한 학교 기출문제 풀이와 모의면접은 수업을 통해 단순히 면접 수업을 넘어서 예비 교사로서의 기본적인 소양 및 자질과 나만의 교사상을 갖출 수 있도록 도움을 주었습니다.

파이널 면접 수업까지 실전처럼 연습하고 10월 연세대 제시문 면접시험과 이화여대 생활기록부 시험 때는 미리 김완선생님과 함께 모의면접 등의 연습을 하였고, 시험 후 면접 복기도 꼼꼼하게 작성하여 선생님께 피드백 받으며 남은 시험 준비에 철저히 대비할 수 있었습니다. 그리고 마침내 11월 말 서울교대 면접에서 자신감 있고, 당당하게 답변할 수 있었습니다.

입시는 힘들고 고단한 길이지만 나는 잘할 수 있다는 믿음으로 나에게 주어진 과제에 성실하고 꾸준히 매 순간 최선을 다한다면, 더 값진 경험과 결과는 자연스럽게 따라온다고 생각합니다. 제가 합격할 수 있도록 잘 이끌어 주신 김완 컨설팅 모든 선생님께 감사드립니다.

면접은 미리 준비한 것이 변별력이 된다

올 수시 학생부종합전형으로 경인교대에 합격한 나○현입니다. 저는 오래전부터 교사에 대한 꿈을 가지고 있었습니다. 교육대학교는 어디든 좋지만 가장 가고 싶은 대학은 경인교육대학 이었습니다. 그래서 고등학교 3년 동안 저의 꿈을 이루기 위해 다양한 교내 활동에도 열심히 참여하고 성적 향상을 위해 학업도 놓치지 않았습니다. 그런데 갑자기 변한 경인교대 수시 전형으로 어려움이 생겼습니다. 그래서 경인교육대학 이외에 지방교육대학 들도 함께 준비하였습니다. 또한 교육대학교에 입학하기 위해 한 가지 더 중요한 것은 면접에서 내가 지금까지 노력해온 것들을 잘 드러나게 말하고, 예비 교사로서의 능력을 갖춘 인재라는 사실을 보여주는 것이라고 생각하게 되었습니다. 그리고 그것을 어떻게 해낼 수 있을까? 많은 고민을 하였고, 김완컨설팅을 통해 도움을 받게 되었습니다. 우선 생활기록부를 자세하게 분석하며 예비교사로서의 능력을 갖췄다는 것을 보여주는 방법에 대해 배울 수 있었던 것이 가장 도움이 많이 되었습니다. 또한 다양한 교육 이슈와 사회적 이슈에 대해 공부하고 이에 대한 나의 생각을 말하는 과정을 통해 어떠한 종류의 면접에서도 당황하지 않고 질문에 적합한 답변을 할 수 있었다고 생각합니다. 그리고 나의 생각을 공유하고, 또 다른 학생들의 답변을 들으면서 나의 장점 또는 고쳐야 할 점을 쉽게 파악할 수 있었습니다. 이러한 과정을 통해 더 좋은 면접 태도를 가질 수 있게 되었습니다. 물론 이러한 도움을 받으면서도 계속해서 연습하고 스스로 피드백하면서 발전시키는 것이 가장 중요하다고 생각합니다. 이러한 저의 향상된 면접 능력 덕분에 공주교대와 부산교대도 합격할 수 있었습니다. 마지막으로 경인교대 학생부 종합전형에 지원하는 후배님들에게 하고 싶은 말은 모집요강을 자세하게 확인하라는 것입니다. 학생부종합전형이 서류100으로 면접이 없는 것처럼 보이지만, 답변녹화 동영상을 제출하여야 합니다. 이것이 면접이라 생각해야 합니다. 문제를 보고 동영상을 찍어 업로드 하는 것이라 쉽게 생각할 수도 있겠지만, 점수로 평가가 되어 합격에 큰 영향을 준다는 것을 꼭 기억하시기 바랍니다. 저의 경우 미리 면접연습을 하였기에 문제를 받고 제출 기간이 짧았어도 좋은 답변영상을 제작할 수 있었습니다. 지금 입시를 준비하는 여러분도 자신의 꿈을 이루기 위해 열심히 노력하고자 하는 마음이 있다면 누구나 원하는 결과를 얻을 수 있을 것이라 생각합니다.

경인교육대학교 합격생
임○혁

꾸준한 노력과 포기하지 않음이 합격으로

안녕하십니까? 저는 올해 수시로 4개 교육대학교에 합격하고, 경인교대에 입학한 학생입니다. 초등학교 시절 만났던 좋은 선생님들의 영향으로 저도 누군가의 좋은 선생님이 되고 싶다는 목표가 생겼습니다. 어릴 때부터 다져온 목표를 이루기 위해 3년간 경험한 고등학교 생활과 교대면접 준비에 대해 후배님들에게 조금이나마 도움이 되길 바라며 몇 가지 사례를 말씀드리겠습니다.

첫 번째로 최대한 다양한 경험을 해보세요. 물론 고등학교 내신을 챙기는 것도 교대 진학에 있어 중요한 일이지만 이에 더해 다양한 활동을 경험하고 열심히 참여한다면 후에 그런 다양한 경험을 교육과 연계해서 교육적 가치관을 키워나가는데 많은 도움이 됩니다. 실제 면접에서도 저는 고등학교 경험을 바탕으로 지식을 확장 시켜나간 이야기를 많이 했었고 감사하게도 교수님들께서 제가 직접 계획했던 활동에 대한 진심을 느끼고 성장 가능성에 대한 점수를 많이 주셔서 지원했던 모든 교육대학교를 합격 할 수 있었습니다.

두 번째로 시험이 끝난 후에 과목별 세부능력 특기사항을 자신이 한 활동을 바탕으로 직접 써서 가져가 보세요. 수시 종합전형의 경우 과목별 세부능력 특기사항이 매우 중요합니다. 수업을 열심히 듣고 시험이 다 끝난 후에 세부능력 특기사항을 자신이 열심히 참여했던 사실을 바탕으로 작성해서 선생님께 찾아가면 그대로 작성해주시지는 않더라도 참고하거나 더욱 보충해서 적어주시는 경우가 많아 좋은 학생부를 만드는데 많은 도움이 될 것입니다.

세 번째로 말하는 것을 두려워하지 마세요. 여러 가지 과목별 발표활동, 스피치 대회, 동아리 활동 등을 통해서도 말하는 경험을 많이 할 수 있습니다. 면접은 많이 떨리고 준비과정이 힘들다는 것을 잘 알고 있습니다. 하지만 고등학교 때 남들 앞에서 말하는 것이 조금은 두렵고 떨리더라도 자꾸 도전해보았던 경험이 실제 면접에 많은 도움이 되었습니다. 그리고 저의 부족한 점은 김완컨설팅학원을 다니면서 보완하였습니다. 말하는 것에 대한 두려움은 없었지만 주어진 짧은 시간에 논리적으로 말하는 것이 어려웠습니다.

학원에서 배운 두괄식 5단 구성의 말하는 방법의 기초부터 심화까지 단계적으로 배워 더욱 자신감 있고 신뢰감이 높은 대화법을 구사할 수 있었습니다. 이러한 점이 다른 학생들에 비해 내신 성적이 낮았어도 합격할 수 있었다고 생각합니다. 마지막으로 누구나 처음부터 완벽한 사람은 없다고 생각합니다. 하지만 한번 목표를 정하고 도전하기로 마음먹었다면 제대로 시작해보세요. 꾸준한 노력과 포기하지 않음이 합격으로 이어진다는 점과 함께 교육대학 진학을 희망하는 후배님들을 응원합니다.

많은 면접 연습과 격려가 자신감과 합격을 만든다

안녕하세요! 저는 이번에 공주교육대학교에 합격한 이○현입니다. 저는 어렸을 때부터 교사를 꿈꿔왔고 고등학교를 들어가며 교대 입시를 본격적으로 준비하기 시작하였습니다. 저는 사실 교대입시에서 면접의 중요성을 잘 알지 못하였습니다. '성적만 높으면 되지 않을까?' 라는 생각으로 2학년 때까지 공부에 집중하였습니다. 하지만 교대를 가기에는 부족한 성적이라는 것을 깨닫고, 면접으로 승부를 봐야 한다는 것을 깨달았습니다. 성적이 충분하지도 않은데다가 면접에 대한 두려움, 조급함을 갖고 있었을 때 김완 컨설팅을 알게 되었습니다.

김완컨설팅 수업에서 남들 앞에서 말을 한다는 것이 생각보다 어렵고 힘들었습니다. 특히, 신뢰성 있고 자신감 있어 보이게 하는 5단 구성을 토대로 말하는 게 쉽지 않았습니다. 하지만 계속해서 잘못된 부분의 피드백 받아 고쳐가며 트레이닝을 하였고, 학원에서 뿐만 아니라 일상생활 속에서도 논리적으로 말하기 위해 5단 구성으로 말하는 연습을 하다 보니 나날이 성장할 수 있었습니다. 그리고 특히 김완 선생님께서 매 수업마다 면접 때 활용할 수 있는 교육 이슈, 시사 이슈 등을 알려주셔서 많은 도움이 되었습니다. 이 많은걸 면접에서 활용할 수 있을까? 라는 의구심도 있었지만 실제 면접 때 김완 선생님과 공부한 내용들이 진짜 거짓말처럼 술술 말로 나와 좋은 결과를 얻을 수 있었습니다.

그리고 저는 멘탈도 약하고, 걱정도 많아서 항상 불안 해 했습니다. 그럴 때마다 선생님들께서 응원해 주셨고, 제가 너무 자만하거나 긴장을 멈추면 흐트러진 집중력을 바로 잡아주셨습니다. 면접 준비를 다 하고 면접장에 들어갔을 때는 뭐랄까? 승리자가 된 기분이었습니다. 남들은 다 떨고 있는데 든든한 백이 있는 기분이었습니다. 아마 김완 선생님을 만나지 않았더라면 긴장해서 거의 말도 못하고 떨고 있지 않을까 싶습니다. 결과적으로 공주교육대학교에 합격하였고, 초등교사라는 꿈에 한걸음 다가갈 수 있었습니다.

저의 꿈에 열정을 쏟아 부어 주신 선생님들께 감사드리며 앞으로도 훌륭한 초등교사가 되기 위해 더욱 노력하겠습니다. 교육대학교를 희망하는 모든 수험생분들 응원합니다!

흔들리지 않고 준비한다면 좋은 교사가 될 수 있다

저는 정시전형으로 진주교대에 합격한 하○연입니다. 제가 초등교사가 되기 위해 교대 입시를 준비할 때 주변에서 초등임용인원이 줄어 점점 어려워지고, 사회적 문제인 저 출생으로 인해 학생 수가 줄고 있어 초등교사의 미래가 없다는 이야기를 하며 다른 진로를 권유하는 분들이 정말 많이 있었습니다. 하지만 초등교사는 저의 꿈이고 사라질 수는 없는 중요한 직업이란 생각으로 흔들리지 않고 교대입시 준비에 최선을 다하였습니다.

면접 준비과정에서 첫 번째로 제가 되고 싶은 교사상을 확실하게 생각했습니다. 소외되는 학생이 없도록 하는 교사, 학생들과의 의사소통을 중요시 하는 교사 등 되고 싶은 교사상을 확실하게 생각해두는 것이 면접에서 큰 도움이 되었습니다. 실제로 면접에서 예상 외로 '가장 되기 싫은 교사'는 어떤 모습이냐는 질문을 받았을 때 제가 되고 싶은 교사상과 정반대되는 모습을 이야기하여 쉽게 답변 할 수 있었습니다.

두 번째로 최신 교육 이슈를 공부하는 것이 매우 중요했습니다. 예를 들면 다문화교육, 디지털 리터러시 교육, 민주시민교육 등 다양한 이슈에 대해 공부를 하는 것입니다. 면접 준비를 할 당시에는 이 내용들을 오직 면접에서 답변하기 위한 것이라는 생각으로 공부했지만, 교육대학교 수업 내용과도 연관되고 과제를 할 때도 도움이 되었습니다. 무작정 외우거나 생각 없이 받아들이기 보다는 하나하나 이해해보는 것이 추후 교대에서의 공부에 도움이 될 것입니다. 저는 이러한 모든 공부를 김완컨설팅에서 도움을 받았습니다. 나만의 교사상을 시작으로 반드시 알아두어야 할 12가지 교육이론과 최신 교육이슈 등의 지식을 토대로 열심히 연습 했습니다. 또한 논리적으로 말하는 방법과 모의면접도 제가 합격하는데 큰 도움이 되었습니다. 앞으로도 임용과 저 출생 이야기는 계속해서 들리겠지만 제가 선택한 길이기에 최선을 다해 좋은 교사가 되어 저의결정이 옳았다는 것을 증명할 것입니다. 여러분들도 저와 같은 이야기를 듣는다면, 남들의 이야기기에 흔들리지 않고 교사의 꿈을 이어나갔으면 좋겠습니다. 그러면 반드시 좋은 결과가 있을 것이라 생각합니다.

서류기반 생활기록부 면접 후기

저는 이번에 수시로 광주교육대학에 합격한 학생입니다. 우선 면접은 말하는 시험이고, 점수에 반영되어 합격에 큰 영향력을 미친다는 것입니다. 따라서 충분한 학습과 연습이 필요합니다. 저는 광주교대 면접에서 8개의 질문을 받았습니다. 긴장은 되었지만 나름 열심히 공부해서 인지 편하게 면접에 임할 수 있었습니다. 제 경험으로 생활기록부 면접은 자신이 경험한 내용을 말하는 것이기 때문에 모르는 내용은 없습니다. 다만 그 상황만을 이야기한다면 좋은 점수를 받을 수가 없습니다. 따라서 자신의 성장이유와 가치관 등을 이론에 근거해 논리적으로 답변해야 합니다. 짧은 시간 내에 이야기해야하기 때문에 교양, 교직 이론공부와 말하기 연습을 충분히 할 필요가 있습니다. 제가 받은 질문은 다음과 같습니다.

1. 동아리에서 또래상담을 했는데 또래 상담의 중요성이 무엇이라고 생각하는가?
2. 상담할 때 상담자가 갖춰야할 자질은 뭐라고 생각하는가?
3. 지원자의 생활기록부를 보면 특수교사를 진로로 했던 것 같은데 맞습니까?
4. 생명과학에서 배운 유전에 대한 내용을 지역아동센터에서 초등학생들을 대상으로 진행했다고 되어 있는데 어떤 내용이었는지? 또한 어떻게 진행했는지 이야기 해보세요.
5. 지역아동센터에서 봉사활동을 하면서 본인이 생각하기에 잘한 점 그리고 아쉬웠던 점을 차례로 이야기해 보세요.
6. 논술 시간에 아동학대법과 관련된 조사를 했는데, 초등학생들에게 어떻게 가르칠 것인지 답변 해보세요.
7. 동물치료를 특수아동들에게 적용해 전문적인 연구를 하고 싶다고 했는데, 어떻게 이런 생각을 하게 된 것인지 구체적으로 이여기 해보세요.
8. 마지막으로 하고 싶은 말 있으면 해보세요.

이 모든 질문에 저는 김완컨설팅에서 배운 내용을 토대로 충분히 연습하여 막힘없이 답변할 수 있었습니다. 수업시간에 배운 많은 내용 중 나만의 교사상, 교사의 자질, 장애이해교육, 초등교육의 목적, 봉사정신, 학교폭력과 아동학대 등의 이론을 근거로 논리적으로 잘 이야기 할 수 있었습니다. 마지막으로 하고 싶은 말에 대해서는 김완선생님께서는 보충설명, 정황, 준비한 내용 3가지 중에서 적합한 것을 선택하라고 하셨는데, 저는 그 날 분위기가 준비한 것을 이야기하는 것이 좋다고 판단하여 다음과 같이 이야기 했습니다.

　"저는 교사에게 있어 지치지 않는 힘이 중요하다고 생각합니다. 그 이유는 특히 초등학생들은 교사를 롤 모델이나 선망의 대상으로 삼기도 하기 때문에 교사의 이런 긍정적인 태도가 학생들에게도 영향을 미칠 수 있기 때문입니다. 따라서 저는 교사가 이러한 지치지 않고 긍정적인 태도를 가져야 한다고 생각합니다. 따라서 저는 반드시 그렇게 할 것입니다."

　저는 이렇게 면접을 보고 광주교육대학교에 합격했습니다. 제 글이 조금이나마 도움이 되기를 바랍니다.

4가지만 지킨다면 아주 좋은 면접 성적 장담

안녕하세요. 저는 이번에 정시전형으로 진주교육대학교에 합격한 학생입니다. 저는 고3 1학기에 교대라는 목표를 꿈꾸게 되었습니다. 그동안은 수동적인 삶을 살았던 저에게 교육대학교에 진학하여 초등학생들에게 많은 도움을 줄 수 있는 교사가 되고 싶다는 목표가 생겼고 늦었다는 주위의 만류에도 불구하고 제 꿈이 너무 간절했기에 2년 동안 쌓았던 생명과학 위주의 생기부 내용과는 다른 다양한 교육 활동에 참여하고 교육 관련 생기부를 작성했습니다. 선택과목 또한 6월 모의고사 이후에 바꿀 정도로 정말 간절했습니다. 수시 결과 저는 6교대를 지원했지만 모두 불합격을 하였습니다.

남들보다 교육에 관한 생기부의 내용들이 많이 부족하다는 이유로 저에게는 면접을 볼 기회조차 없었습니다. 단지 간절한 마음 하나로는 아직 세상이 나를 알아봐 주지 않는다고 생각했습니다. 결국 정시로 교육대학교에 지원하게 되었고 이번에는 저의 간절한 마음뿐만 아니라 실력도 갖추어야 함을 알게 되었고, 이는 결국 수능과 면접을 잘 보아야 한다는 목표로 이어졌고 교육대학교를 간 고등학교 선배의 추천으로 김완 컨설팅 학원에 오게 되었습니다. 저는 대구에서 서울로 올라오다 보니 많은 어려움들이 있었습니다. 하지만 선생님들의 수업을 들은 순간 저는 무조건 열심히 다니고 과제를 성실히 한다면 좋은 결과가 나올 것이라는 믿음이 생겨 여러 번 서울과 대구를 왔다 갔다 했습니다. 저의 경험을 토대로 여러분들이 4가지만 지키신다면 면접에서 아주 좋은 성적이 나올 것임을 장담할 수 있습니다.

첫 번째는 간절한 마음을 가지는 것입니다. 여러분들은 간절한 마음을 가지고 지금 이 글을 보는 것이라 생각하기 때문에 우선 절반은 해냈다고 말씀드리고 싶습니다. 저는 한 번씩 힘든 순간이 찾아올 때 내가 왜 교대라는 목표를 잡게 되었는지 되새기면서 간절함을 면접을 보는 그 순간까지 가지고 가려고 노력했습니다.

두 번째는 수업 시간에 정말 열심히 참여하는 것입니다. 여기서 중요한 점은 항상 배우려는 마음가짐을 가져야 한다는 것입니다. 하나의 문제에 대해 답변을 할 때 정말 다양한 해결책들과 답변들이 나옵니다. 본인의 생각과 다른 친구들의 생각 그리고 선생님의 생각까지 최소한 3개 이상으로 문제에 대한 답변들이 나오는데 저는 이 모든 걸 항상 다 필기했습니다.

선생님들의 피드백뿐만 아니라 다른 친구들의 답변들에도 배울 점이 굉장히 많습니다. 교육대학교 면접문제들은 정답이 명확하게 정해져있는 문제들보다는 인·적성을 담은 학생들의 의견을 묻는 문제들이 많습니다. 이때 한 가지의 답변보다는 다양하게 답하는 게 정말 중요하기 때문에 본인이 잘 아는 문제라고 해서 본인의 답변들에 안주하기보다는 뭐든 배운다는 마인드를 가지는 것이 굉장히 많이 도움이 됩니다.

세 번째로는 수업 시간에 배운 내용들은 카테고리 별로 정리하며 복습하는 것입니다. 다양한 내용들을 배우다 보면 여러 교육들이 헷갈리기도 하고 혼동됩니다. 따라서 저는 예를 들어 학교폭력, AI 이런 식으로 카테고리를 정해서 그 카테고리와 관련된 내용들을 모두 정리하여 이동 시간에 그것들을 계속 공부했습니다. 이렇게 해 두면 그 카테고리에 대한 답변을 잘 할 수도 있고 교수님의 추가질문에도 확실하게 대응을 할 수 있습니다.

마지막으로 네 번째는 말하는 연습입니다. 수업을 듣다 보면 선생님께서 말하는 연습을 하는 방법에 대해 설명을 해주실 텐데 그 방식들을 적용해 말하는 연습을 정말 많이 해야 합니다. 여기서 중요한 점은 본인이 말한 것을 꼭 본인이 들어봐야 합니다. 본인이 듣는 과정에서 본인의 문제점이 무엇인지가 보이고 그 문제점들을 하나씩 해결하려고 노력하면서 영상을 찍다 보면 신경 쓰이는 부분들을 완벽하게 고칠 수 있습니다.

저는 김완 컨설팅 선생님들의 열정적인 수업들로 인해 많은 것들을 배우고 느꼈습니다. 그리고 최종적으로 교육대학교에 합격하여 목표를 이루었습니다. 여러분도 저의 글을 읽고 위의 4가지를 잘 연습하셔서 모두 꼭 교육대학교에 합격했으면 좋겠습니다. 언제나 여러분의 뒤에서 응원하고 있겠습니다. 다들 입시가 모두 끝나는 그날까지 파이팅 하세요!!

바른 자세로 정선된 언어를 사용한 질문에 적합한 답변

안녕하세요! 저는 이번에 서울교대에 합격한 조○경입니다. 교대입시에서는 성적뿐만 아니라 면접도 매우 중요하다는 것을 알게 되었습니다. 오늘은 저의 면접 준비 과정에 대해 이야기하려고 합니다. 특히 말하기 연습이 저에게 가장 중요한 과제였습니다.

처음에는 혼자 집에서 면접 인터넷 강의를 보면서 준비를 시작했습니다. 그러나 막상 영상이나 녹음을 통해 자신의 대답을 듣게 되니 잘못된 습관이 많았고 긴장으로 인해 말을 더듬는 일도 자주 일어났습니다. 이런 상황에서 김완컨설팅의 도움을 받아 '바른 자세로 정선된 언어를 사용하여 질문에 적합한 답변'을 할 수 있도록 공부하고 연습했습니다. 정선된 언어와 잘못된 습관을 고치는 과정에서 저는 말하는 능력을 향상시키고자 평소에도 면접에서 사용되는 단어와 표현들을 사용하며 이야기를 나누기 시작했습니다. 또한, 면접 준비에서 교육 상식을 알고 자신의 교육관을 정의하는 것도 중요하다는 것을 알게 되었습니다. 면접 도중에는 자신이 알고 있는 상식을 어디에 어떻게 활용할 수 있는지를 명확하게 전달해야 했습니다. 이를 위해 최대한 많은 교육 관련 이야기들을 읽고 교육 이슈를 접하며 자신의 교육관을 구체화했습니다.

이 과정에서 김완선생님의 수업이 큰 도움이 되었습니다. 이렇게 준비한 것들이 면접에서 자신감 있게 대답할 수 있는 힘을 주었습니다. 물론, 배운 것을 토대로 논리적 답변의 연습, 나만의 교육관 정립 등 혼자서 이루어야 하는 것도 있었습니다. 하지만 그동안 저를 지원해준 가족, 친구, 김완컨설팅 선생님들의 도움과 응원은 더 큰 힘이 되었습니다. 이러한 체계적인 교육과 응원은 저에게 교대면접 준비에 확신과 자신감을 심어주었습니다. 이렇게 끈질기게 목표를 향해 나아가며 면접을 준비한 결과, 합격과 함께 교사란 꿈에 한 발짝 더 다가갈 수 있게 되었습니다.

앞으로도 끊임없이 노력하며 성장하는 모습을 보여드릴 것을 약속드리며, 합격에 도움을 주신 선생님들께 감사의 말씀을 전합니다. 잘 지도해주시고 함께 응원해주셔서 정말 감사합니다.

마지막으로, 저 또한 교육대학을 희망하는 모든 수험생을 응원합니다.

행복하게 최선을 다하기를 바라며, 응원합니다

저는 이번에 서울교육대학교에 입학한 이○진입니다. 저는 초등학교 6학년 때부터 교사라는 직업을 꿈꾸었고 고등학교 3년 동안에는 교대 진학만을 위해 노력했습니다. 교대에 진학하기 위해서 우선 학교 내신 관리를 철저히 하였고 생활기록부를 교대에 맞추기 위해 다양한 영역에서 '나'를 들어내는 것에 집중했습니다. 구체적인 예를 들자면 각 과목 관련 대회는 수상 여부를 떠나 참여하여 나중에 소감문을 작성하여 나의 양분으로 만들기도 하고 독서는 각 과목당 한 학기에 2권 이상 제출하였으며 시험이 끝나고 점수 확인기간 동안 시간이 남아 심화 탐구보고서를 작성하기도 하였습니다. 또한 학교에서 실시하는 봉사, 행사, 교육프로그램 등을 항상 빠짐없이 신청하여 보고서나 감상문을 제출하기도 했습니다. 하지만 가장 두려웠던 것은 '교대면접'이었습니다. 면접을 준비하기 위해 고등학교 3학년 여름방학부터 교대입시 전문 김완컨설팅학원에서 본격적으로 연습을 했습니다.

처음에 학원에 가서는 면접의 기본자세와 말하기 연습을 했습니다. 첫날 저의 모습을 떠올리면 어떻게 면접을 통과했을지 의문이 들 정도로 기본지식도 부족하고 미숙한 상태였습니다. 비디오 촬영시간에는 질문에 대한 답변을 하는데 점점 주제와 상관없는 말을 하였고, 너무 뻔하거나 1차원적인 답변을 했습니다. 또한 비디오 분석시간에 기본자세도 손짓을 너무 과하게 사용하고 말이 떠오르지 않을 때는 가만히 멈추거나 시선 처리가 불안정해지는 습관도 가지고 있다는 것을 알게 되었습니다. 선생님의 피드백을 통해 해결 방법도 알게 되었습니다.

저는 이러한 문제점들을 고치기 위해 '영상 촬영' 방법을 이용했습니다. 카메라 앞에서 스스로 연습을 하고 그 영상을 보며 셀프 피드백으로 문제점들을 고쳐나갔습니다. 또한 말하기 연습은 학원에서 배운 사물을 보고 떠오르는 생각을 5단 구성으로 말하기를 어머니와 함께 연습했습니다. 어머니가 갑작스럽게 사물을 말하시면 저는 그것에 대한 저의 의견을 말하고 어머니께서 피드백을 해주시거나 사고를 확장할 수 있도록 다양한 것들을 이야기해주셨습니다. 이 외에도 나만의 말하기 방식 틀을 만들어 어떤 질문에도 정리하여 말할 수 있도록 하였고 학원에서 알려준 여러 가지의 교직·교양 지식들을 집에 와서 한 번 더 상기시키며 정리하곤 했습니다. 이때 김완선생님의 인터넷 연계 강좌가 많은 도움이 되었습니다. 저의 합격 요인 중 가장 중요한 것으로 '면접'을 뽑을 수 있는데, 이는 학원 선생님들께 많은 것들을 배워 저의 면접 능력을 성장시킬 수 있었기 때문이라 생각합니다. 마지막으로 예비교사를 꿈꾸는 수험생분들 행복하게 최선을 다하기를 바라며, 응원합니다. "파이팅!"

불가능하다는 생각이 가능한 능력으로 변화

　교대 면접 준비를 하면서 어떻게 해야 할지 갈피를 못 잡고 있던 학생이었습니다. 하지만 학원에서 말하기 단계 및 논리적으로 답변하기, 비디오촬영 및 분석, 개인지도, 다른 여러 학생들과 같이 피드백하고 의논하고, 지켜보고 배우는 과정을 통해 동반성장 하면서 많이 발전하였습니다.

　처음에는 떨리고 감이 안 잡히고 어렵고 불안했습니다. 면접연습을 하면서도 '합격할 수 있을까?' 하는 걱정이 많았습니다. 그러나 막상 실전면접에서 준비한 과정을 바탕 해서 성공적으로 해낼 수 있었습니다. 처음에는 면접 준비 과정에서의 어려움과 불안감으로 인해 면접에 대한 자신감이 낮았습니다. 하지만 김완선생님과 함께 준비하면서 교직관련 지식도 많이 알게 되었고 비디오 촬영과 분석을 통하여 저의 문제점을 알 수 있었습니다. 또한 부족한 점은 개인 피드백을 통하여 고칠 수 있었습니다.

　가장 크게 도움이 되고 말하는데 자신감을 갖게 된 것은 논리적으로 말하는 연습이었습니다. 선생님께 5단 구성 방법을 배워서 답변을 할 때 적합한 내용을 잘 표현하고 자신감을 가질 수 있게 되었습니다. 실제 면접에서도 자신 있게 논리적으로 답변하여 합격할 수 있었다고 생각합니다.

　이 모든 것이 김완컨설팅학원 선생님들의 도움과 지도 없이는 불가능했을 것입니다. 감사드립니다. 결국 저는 4개 대학에 합격 했고 경인교대를 선택했습니다. 경인교대 합격은 저에게 큰 의미를 갖는 결과였습니다. 면접 준비 과정을 통해 제 자신을 발전시키고, 면접에 대한 자신감을 키울 수 있었습니다. 이러한 경험은 저의 인생에 큰 자신감과 동기부여를 주었으며, 교사로서의 꿈을 향한 첫걸음이기 때문입니다.

　마지막으로, 교육대학을 준비하는 학생들도 성공적인 면접 준비를 할 수 있기를 바랍니다. 자신이 조금 부족하다고 절대로 포기하지 말고 최선을 다하시기 바랍니다. 그렇게 한다면 반드시 합격할 것이라고 믿습니다. 여러분을 응원하며, 저 또한 교사로서의 역량을 향상시키기 위해 계속해서 노력하겠습니다.

체계적 면접연습으로 4개 대학에 합격

저는 처음으로 교대에 진학하고 싶다는 생각을 한 것이 1학년 2학기 생기부 마감 즈음이었기 때문에 1학년 때에는 생기부가 교대로 맞춰지지 않은 상태였습니다. 따라서 2학년 때부터 본격적으로 비교과 및 세특을 준비하기 시작했고, 비교적 나쁘지 않은 성적임에도 1차의 서류에 대한 불안감이 컸습니다. 때문에 만약 1차에서 운 좋게 붙는다고 할지라도, 2차의 면접을 걱정하지 않을 수 없는 상황이었고, 이를 해결할 방법을 찾던 중 김완 컨설팅에 대해 알게 되어 설명회를 들은 후 다니게 되었습니다. 당연히 3학년 때까지는 면접에 대해 기본적 공부조차 되지 않은 상태였기 때문에 막연히 '내가 정말 면접을 잘 볼 수 있을까?'라는 걱정에 빠져 있었고, 이로 인한 불안함과 스트레스도 받았습니다. 하지만 처음 김완 컨설팅의 수업을 들은 후, 기본적인 개념들과 말하는 방법을 익히니 정말 말하는 것이 달라지고 면접에 대한 자신감이 생기기 시작했습니다.

특히 그날 배운 것을 집에 가서 스스로 한 번 더 재구성하는 과정을 통해 지식을 달달 외운 것이 아니라 스스로 생각을 더하여 말할 수 있는 능력이 생겼고, 더불어 학원에서 제공해준 영상 강의를 통해 얻은 배경지식 활용으로 좋은 시너지 효과를 낼 수 있었습니다. 더하여, 같은 진로를 고민하고 있는 다른 김완 컨설팅의 학생들과 같은 주제로 계속 대화하는 시간을 통해 저의 부족함과 장점을 동시에 느낄 수 있었습니다.

우리는 경쟁자가 아닌 동반자로 서로의 피드백을 통해 확연히 발전하는 것을 느낄 수 있었습니다. 이렇게 여름방학부터 입시의 마지막까지 여러 번의 수업을 진행하였고, 매일 매일이 진이 빠지고 힘들었지만 저는 적어도 그날 들은 수업을 후회하는 날은 없었습니다. 열심히 노력한 덕분에 입시 전 모교에서 진행한 모의 면접에서도 좋은 결과를 얻어 마지막 스퍼트를 낼 수 있었고, 이러한 자신감이 실제 면접까지 이어져 떨리더라도 제가 생각한 것들을 논리적으로 말할 수 있었습니다.

처음에 생기부의 부족함에 불안해하고, 면접을 몹시 두려워하던 제가 4관왕이라는 좋은 결과를 낼 수 있었던 것은 당연히 김완 컨설팅덕분이라고 생각합니다. 김완컨설팅에서는 한명 한명 모의 면접과 피드백, 제시문 요약과 계속된 말하기 등 매우 다양하고 체계적인 수업이 이루어지기 때문에 스스로 열심히 하고, 복습하고자 하는 의지만 있다면 좋은 결과를 얻을 수 있다고 생각합니다.

간절한 노력과 성공의 모토 '진인사대천명'

안녕하세요. 저는 이번에 정시로 경인교육대학교에 입학하게 된 최○한이라고 합니다. 저는 세 번째 입시였기 때문에 그 누구보다 간절하고 마음이 조급했습니다. 이런 상황에서 제가 코로나에 걸린 탓에 어머니께서 대신 지원을 해주시는 과정에서 '다'군 안정지원 대학 지원 시간을 착각하여 '다'군을 도저히 다닐 수 없는 대학에 지원하게 되었습니다. 이런 절망적인 상황에서 저는 상향 지원이지만 면접이라는 마지막 기회가 있는 경인교대에 정말 올인할 수밖에 없었습니다. 동시에 이 대학에 떨어지면 4수 혹은 인생이 꼬여버릴지도 모른다는 생각을 했습니다. 수시면접도 준비한 적 없고, 난생 한 번도 면접을 준비한 적 없던 제가 과연 어떻게 할 수 있을까라는 불안한 생각은 학원을 다니면서 많은 변화가 생기기 시작했습니다.

그동안 교과 과정에만 매달려 알지 못했던 다양한 교육적 지식들, ebs다큐를 통해 생생한 교육적 지식들을 받아들이고, 김완 원장님의 강의를 들으면서 저는 많은 지식들을 절망적인 상황에서도 처음으로 재미있게 공부할 수 있었습니다. 그리고 짧은 시간 안에 저의 생각을 논리적이고 핵심적으로 정리해서 말한다는 것이 시작할 때는 너무 힘들었지만, 선생님의 차분한 지도와 연습으로 해결할 수 있었습니다. 저는 기본수업부터 2번의 파이널 수업을 참여하였고, 집에서도 끊임없이 부모님과 연습한 결과, 짧은 시간을 준비했지만 정말 놀라운 성장을 했습니다. 그래서 합격했다고 생각합니다.

'진인사대천명'은 삼수 시절 저의 모토였습니다. 하늘을 감동시킬만한 노력만 하면 된다. 그 이후는 하늘의 뜻을 기다리자는 마음으로 공부했던 기억이 납니다. 저의 이런 간절한 노력이 하늘에 닿았을까요? 면접 하루 전 제가 김완컨설팅학원에서 준 교육 다큐에서 공부한 자료를 말할 기회가 끊임없이 생겼고, 공부한 것들이 면접문제에 나왔다는 마음에 저의 긴장은 한순간에 풀어졌습니다. 또한 시선 처리, 인사하는 자세, 표정 모두 고려한 저에게 면접장은 더 이상 차가운 강의실이 아닌 그동안 삼수라는 시절을 거치며 공부했던 많은 지식과 저의 간절함 저의 삶의 태도를 보여주는 공연장으로 바뀌었습니다. 그렇게 오고 싶던 대학에 합격해 정말 너무 행복합니다.

경인교대를 준비하는 많은 수험생분들 응원합니다. 화이팅! 노력은 절대로 배신하지 않아요! 우리 내년에 학교에서 만나요!

교대를 꿈꾸는 모두를 위하여

공주교육대학교 합격생
김○희

　저의 수험생활을 간략히 이야기하려 합니다. 저는 고 3때 처음 쳤던 수능에서 수학만 1등급이 나오며 한양대에리카에 합격했습니다. 그러나 주변에서 들려오는 친구들과 선배들의 소식에 비하면 스스로가 너무 초라하게 느껴져 일말의 자책과 의지를 가지고 재수(정시&논술)에 도전, 결과는 실패. 흔히들 재수는 현역 시절보다 더 나은 경우가 흔치 않다고들 하지만 정말 그 말이 현실이 될 줄 몰랐던 저는 좌절할 수밖에 없었죠.

　다시 한 번 도전한다고 성공적인 결과를 도출할 수 있을지는 미지수라는 점도 있지만 확실하게 도전하고 싶은 분야가 없었기 때문에 더욱이 다시 의지를 불사를 동기가 존재하지 않았기 때문입니다. 그렇게 모든 것이 불확실한 채 겨우 스스로를 다잡고 공부를 이어갈 무렵 제가 공부하는 것을 오랫동안 지켜보던 선생님으로부터 "교대 어때?" 라는 말을 듣게 되었습니다. 그 말을 듣는 순간 초등학생일 시절의 여러 추억들과 더불어 초등학교 6년 내내 늘 좋은 은사님들을 만나 행복하게 지내던 시절이 떠올랐고 자연스레 꿈은 언젠가 한 번쯤은 꾸었던 수많은 꿈들 중 하나인 초등교사로 자리 잡게 되었습니다. 그렇게 의지와 목표를 가지고 공부한 끝에 대망의 수능 날 다소 부족하지만 공주교대에 지원할 수 있는 성적을 거둘 수 있었습니다.

　다음으로 교대는 면접을 준비해야 하기에 수능이 끝난 이후에도 끝날 때까지 끝난 게 아니라는 일종의 부담감이 생길 수밖에 없었습니다. 저는 지인분께서 김완컨설팅을 추천하여 다니게 되었습니다. 입시 업계에 오래 계신 분이셨던 만큼 매우 탁월한 추천이셨고 김완컨설팅에 갔던 것은 신의 한 수였다고 생각합니다. 그만큼 면접 준비에 많은 도움을 받았고 결과적으로 면접 뒤집기에 성공할 수 있었습니다.

　공주교대의 면접은 질문형으로 이루어지는 만큼 매년 이슈가 되었던 주제들을 중심으로 교육과 연결 짓는 질문들이 출제되는데 교육과 이슈의 폭이라는 것이 가늠할 수 없기에 처음 학교 면접 기출을 마주했을 때는 그저 막막하기만 하였습니다. 하지만 김완선생님과 공부하면서 핵심 개념들과 중심 이슈들만 알 수 있어 낭비하는 시간이 없었고 쉬는 시간 없이 진행되는 압박감이 오히려 학습에 더욱 긴장감을 주어 면접 당일까지 최선을 다할 수 있었습니다.

　정리하자면 꿈과 목표가 정확할수록 입시라는 긴 싸움 속에서 버티고 견뎌낼 수 있는 원동력이 생긴다는 것입니다. 포기하지 않는다면 모두 할 수 있습니다!

부족한 수능점수를 면접으로 극복

안녕하세요. 정시로 공주교육대학교에 합격한 석〇솔입니다. 저는 타 대학을 다니다 초등교사라는 꿈이 생겨 재학 중이던 대학교를 휴학하고 1년간 공부하였습니다.

수능 공부를 열심히 했지만 기대만큼 성적이 나오지 않아 한동안 낙담하기도 했습니다. 꼭 가고 싶었던 교육대학교에 가기 위해서 저는 성적이 남들보다 부족하기에 면접 변별력이 큰 공주교육대학교에 지원하였습니다.

저는 고등학교와 대학교 모두 면접으로 들어갔기에 남들보다 면접에 대한 자신감은 있었고 별다른 준비를 하지 않아도 무조건 합격할 거라는 확신이 있었습니다. 하지만 교대 관련 입시 글을 찾아보니 저보다 성적이 좋은데도 면접 학원과 스터디를 하는 등 다른 친구들은 저보다 유리한 위치임에도 더 열심히 준비하는 모습이었습니다. 불안해진 저는 면접학원을 알아보았고 그 과정에서 김완컨설팅을 알게 되었습니다. 처음 학원에 가서 김완선생님과 대화를 하며 제가 한참이나 부족하다는 사실을 깨달았고 부끄러웠습니다. 교대면접은 제가 생각한 것과 결이 달랐고 준비할 것이 많았습니다. 제가 하는 답변들은 초등학생 수준의 누구나 할 수 있는 답변이었습니다.

선생님께서는 제게 지금은 많이 부족하지만 지금부터라도 준비하면 잘 할 수 있을 것 같다는 말씀을 해주셨고 덕분에 용기를 내어 선생님과 같이 면접 대비를 하였습니다. 남들 앞에서 말하는 것을 어려워하는 저에게 친구들 앞에서 말하는 연습은 저를 더 강하게 키워준 수업이었습니다.

첫 수업 당시 저의 모든 답변은 논리적이지 못하고 부족함만 가득했습니다. 하지만 선생님만의 5단 구성 스토리텔링 연습으로 차츰 나아졌고 선생님들의 격려로 자신감을 얻어 더 열심히 수업에 임할 수 있었습니다. 또 다른 제 문제점은 교육시사에 대한 무지였습니다. 단순히 초등교사가 되고 싶었던 저는 최근 이슈에 대해서 아무것도 알지 못했습니다.

공주교대는 특히나 교직에 관한 질문이 주로 출제된다고 하는데 이런 기본적인 것도 모르고 있었습니다. 하지만 김완선생님께서 단기간에 압축하여 작년과 올해 이슈들을 집어서 알려주셨고 컴팩트하게 중요한 부분을 익힐 수 있었습니다. 체계적인 답변보다도 이 점이 저에게는 정말 큰 도움이 되었습니다. 실제 면접을 보며 학원에서 배운 여러 정보를 적재적소에 사용하였고 덕분에 면접에서 뒤집고 합격할 수 있었다고 자신 있게 말할 수 있습니다.

제가 이 학원에 오지 않았더라면 전 저의 무지함을 깨닫지 못하고 불합격했을 것입니다. 김완 컨설팅에서 무수히 많은 연습과 친구들과 선생님들의 적극적인 피드백을 통해 저의 잘못된 점을 인지할 수 있었고 고칠 수 있었습니다. 반복된 연습으로 실제 면접장에서는 전혀 떨지 않고 자신 있게 후회 없이 마치고 나왔습니다. 김완컨설팅은 수능 결과로 낙담한 저에게 한줄기 희망이었습니다.

　부족한 저를 응원해주시고 격려해주신 김완 선생님, 원유숙 선생님, 김민섭 선생님 감사합니다. 선생님들 덕분에 합격할 수 있었습니다. 교육대학교에 진학하고자 하는 모든 학생들을 진심으로 응원합니다!

체계적인 면접 준비의 중요성

제가 준비했던 공주교육대학교 같은 경우에는 생기부 기반으로 면접이 진행되었는데, 김완 컨설팅에서 반드시 준비해야 할 질문들에 대한 대비부터 개별적인 부분까지 대비하면서 짧은 시간이었지만 면접 방향 설정을 할 수 있었습니다. 특히 마지막에는 직접 모의면접을 진행하는 과정을 통해 면접을 어떻게 준비해야 한다는 감을 잡을 수 있었습니다. 또한 다른 학생들과 면접을 진행해보면서 부족한 점을 보완할 수 있었고, 의견을 들어보면서 많은 것들을 배울 수 있었습니다. 사실 저의 경우에는 예상치 못한 질문을 받는 것을 두려워하여, '면접 때 내가 예상하지 못한 질문을 받으면 어떻게 답변을 해야하지?', '즉문즉답을 할 수 있을까?'라는 고민이 많이 있었는데요.

면접을 준비하며 느낀 점은 즉문즉답하는 능력을 기르기 위해서는 면접 준비를 철저히 하는 것이 필요하다는 것이었습니다. 미리 예상 질문을 작성해보고, 그에 대한 답변을 준비하는 과정을 통해서 '내가 어떤 교사가 되고 싶은가', '내가 그런 교사가 되기 위해서 어떤 점을 준비했는가' 등의 가치관과 방향성을 설정할 수 있다고 생각하는데요. 그런 부분에 있어 김완선생님과 면접 준비한 것이 방향성을 설정하는데 큰 도움을 받을 수 있었습니다. 뿐만아니라 면접을 준비하면서 제가 중요하다고 느꼈던 부분에 대해서 이야기해본다면, 우선 면접에서 답변을 할 때에는, 활동을 한 뒤 느낀 점이나 깨달은 점을 언급하는 것이 중요하다고 생각합니다.

예를 들어 보자면, 답변에서 특정 활동을 언급했다면 '그 활동이 내게 교사를 희망하는 데에 어떤 도움을 주었습니다.'라는 것을 함께 말하는 것이 좋다고 생각합니다. 또한 면접에서 예상치 못한 질문을 받을 경우 당황하지 않고 간략하게라도 내가 최대한 아는 대로 질문에 대한 답을 하고, 그 뒤에 내가 준비했던 멘트들을 덧붙여 답변 속에 내가 준비했던 것들을 조금씩 녹여내는 것도 좋은 방법이라고 생각합니다. 면접에 대해 많이 고민했던 기억이 있어 여러 가지를 말씀드리다보니 글이 두서없어졌네요. 사실 저의 경우에는 이전에 다른 대학 면접에서 제가 예상치 못한 질문을 받은 뒤 답변을 제대로 하지 못했던 경험으로 면접에 대해 막연한 두려움을 가지고 있었습니다. 하지만 김완컨설팅에서 공부하면서 면접을 어떻게 준비해야 하는지 배울 수 있었고, 단순히 교대 면접을 준비하는 것을 넘어서서, '면접' 자체를 대하는 태도들을 배울 수 있었습니다. 이런 경험으로 면접에 대해 자신감을 얻을 수 있었습니다.

오랜 시간 동안 희망했던 교육대학교에 합격하게 되어 너무 좋고, 교육대학교를 희망하는 분들 또한 좋은 결과 있으셨으면 좋겠습니다.

포기하지 말고 최선을 다하라

대구교육대학교 합격생
변○준

저의 교육대학교 준비 과정은 그리 순탄하지는 않았습니다. 이러한 과정이 미래에 예비교사가 되고 싶지만 교육대학교 입시가 어려울 것 같아 도전을 망설이고 계신 후배님들께 조금이나마 도움이 되었으면 하는 마음으로 간단히 적어봅니다. 보통 교육대학 진학을 희망하는 학생들은 1학년 때부터 교과 내신뿐만 아니라 생활기록부 비교과 활동을 열심히 준비하는 것으로 알고 있습니다. 하지만 저는 그렇지 못했습니다. 교사의 꿈은 2학년 말에 바뀐 꿈이었고, 교과 내신은 또한 계속 하향하고 있었기에 3년간의 모든 비교과 비중이 상당히 큰 교육대학교로 목표를 전향하는 것은 저에게 있어 큰 고민이 될 수밖에 없었습니다.

어느 곳에서 나 입시상담을 하게 되면 모두들 마치 약속이나 한 것처럼 가능성이 희박한 도박이라며 말리셨습니다. 또한 교육지원청에 대구교육대학교 입학 사정관 출신 선생님이 계시다는 소식을 듣고 상담을 받아봤지만, 본인이 평가한다면 1차 통과도 어려울 것 같다며 다소 냉정하고도 현실적인 답을 주시기도 하셨습니다.

내신과 비교과 모두 부족한 상태였습니다. 그러나 저는 모두가 예상하지 못했던 "교육대학교 입시"라는 도전을 하게 됩니다. 선생님들께서는 제가 조금 더 가능성이 높은 선택지를 고르길 바라셨지만, 저의 적성에 더 초점을 맞추어 결정했기에 더 이상 고민하지는 않았습니다. 그러나 결정을 내리고 결심이 굳어졌다고 해서 모든 일이 그저 잘 해결되었다는 뜻은 아닙니다. 무엇을 해야 할지 몰랐기에 이곳저곳에 교육봉사를 찾아다니며 학기 중에 내신 공부와 병행했고 비교과 활동 또한 수업 시간에 모든 내용을 교육과 연관 지어보며 발표, 보고서와 같은 활동을 하였는데 이 역시 정말 쉽지 않았습니다. 그렇게 억지로 힘을 내고 도움의 손길을 찾던 중 '김완컨설팅'을 찾게 된 것이 신의 한수였습니다.

수업 시간에 면접에 관한 내용들을 공부하고, 생각을 정리해서 답변하는 연습을 하였습니다. 매 수업 마지막에 모의면접 실전연습을 하였습니다. 그렇게 면접날은 다가왔고 저는 "생활기록부에서 교직 관련 적성을 확인할 수 없습니다. 혹시 성적이 하향되어서 성적에만 맞는 대학을 지원한 것인가요?", "특정 과목이 취약한데 교직에서 어려움이 있을 것 같은데 어떻게 해결할 것인가?"와 같은 어려운 질문들에 모두 답변을 하며 면접관분들께 칭찬을 받는 성공적인 결과를 얻어내며 합격할 수 있었습니다. 이러한 경험을 통해 제가 확실하게 장담할 수 있는 것은 포기하지 않으면 성공한다는 것입니다.

교육대학을 희망하는 상황이 어려운 여러분, 포기하지 말고 최선을 다하기를 바랍니다.

만학도의 어려움을 즐거움과 보람으로

　안녕하세요? 저는 이번에 정시로 청주교육대학교에 합격한 김○우입니다. 저는 항공대학교 전자공학과 석사를 졸업하고 회사를 8년 정도 다니다가 교직의 꿈을 갖게 되어 남들보다는 많이 늦은 시기에 교대 입시에 도전하게 되었습니다. 결혼을 했고 자녀가 있었기 때문에 육아휴직 1년을 하면서 마지막 수능이라고 정하고 공부를 했으나 성적이 생각보다 잘 나오진 못했습니다.

　국어, 수학, 영어, 한국지리, 정치와 법 순서로 5, 2, 1, 1, 3등급이 나왔고 합격예측 서비스를 이용했을 때, 청주 교대와 공주 교대에 지원 가능한 상태였습니다. 재학생들은 학교에서 선생님들이 면접 지도를 해준다고 하는데 저는 그런 수업을 받을 수 없었기 때문에 저를 도와줄 학원이나 강의를 찾아보다가 인터넷에서 우연히 김완 컨설팅에 대해 알게 되었고 종합반을 수강하게 되었습니다. 처음에는 입시 면접 경험이 없는 터에 도대체 어떻게 준비를 해야 하나 막막했지만 수업을 들으면서 많은 주제들을 섭렵하게 되었고 어떤 식으로 답변을 준비해야 되는지 감을 잡게 되었습니다. 수업에서는 꼼꼼하게 말하는 내용을 구성하는 법부터 시작해서 발음과 태도를 교정하는 것까지 면접 경험이 없는 사람도 차근차근 준비할 수 있는 기회를 제공하였습니다.

　저의 경우에는 말하기에는 어느 정도 자신이 있었기 때문에 수업을 통해 많은 내용들에 대해 인지하고 나름대로 옳다고 생각하는 관점으로 해당 주제들에 대해 생각하며 하나하나 답을 준비하였습니다. 그 과정에서 선생님들께서 개인의 의견으로서는 가능할 수 있지만 면접 답으로는 부적합한 답들을 다른 방향으로 준비하도록 피드백을 주셨고 그런 대안적 답들을 사전에 얻을 수 있어서 좋았습니다. 무엇보다도 도움이 되었던 부분은 학원에서 제공해준 인터넷 연계강좌인 교육 이슈들과 관련된 강의와 다양한 교육 다큐멘터리였습니다.

　선생님이 되고 싶은 마음은 틀림없었지만 준비를 하는 과정에서 알게 된 학교 현장의 다양한 문제 학생들의 이야기를 접할 때마다 이들을 어떻게 대해야 될까 많은 고민이 되었는데 다큐멘터리를 보면서 그 아이들을 보는 다른 관점을 갖게 되었고 진정으로 도와주고 싶은 마음이 생겼습니다. 또한 학생들을 덜 갖추어진 지도의 대상으로 보는 것이 아니라 하나의 존중받아야 될 인격체며 신뢰 받아야 될 대상이라는 생각을 갖게 되었습니다.

　이 모든 변화를 겪을 수 있도록 도움을 주신 김완 컨설팅에 진심으로 감사합니다. 이제 시작이기에 잘 알지 못하는 것들 이 많지만 앞으로 4년간 착실히 준비할 것이고 학교 현장에서 아이들과 만날 그 날을 향해 나아가려고 합니다.

　분명히 하고 싶은 것이 있기에 1학년부터 관심 분야에 대한 연구를 시작하였고 후배들에게 뭘가 도움을 주고 싶어서 부족하나마 이것저것 수기를 적었습니다. 모쪼록 기회가 된다면 이 수기를 읽은 미래의 선생님들을 만나게 되길 기원합니다. 감사합니다.

'면접 병아리'에서 '면접 퀸'으로

처음 학원에 와서 모의면접을 보고 눈물을 흘렸던 시간이 엊그제 같은데 제가 합격 수기를 쓰고 있다는 것이 정말 행복하고 또 행복합니다. 교육대학교에 진학하기에 저의 성적은 약간 부족하였기 때문에 면접을 잘하는 것이 더욱 간절하였습니다. 그래서 김완 선생님을 찾아왔고 종합반 수업을 들으며 '면접 병아리'에서 '면접 퀸'으로 바뀔 수 있었습니다.

학원에서 다른 친구들이 질문에 대한 답변을 4~5개 준비하는 시간 동안 저는 2개밖에 생각하지 못하였습니다. 그렇다 보니 자신감이 점점 없었고, 긴장되어 생각이 나지 않아 악순환이었습니다. 그래서 제가 한 다짐은 '과거의 나보다 잘하자'였습니다.

면접에 임하는 다른 친구들의 대답과 태도에서 좋은 점과 배워야 할 점은 참고하여 저한테 적용하였고 면접 보는 저의 모습을 촬영하며 스스로 피드백하고, 시간 제한을 두고 생각하는 방식 등을 통해 '과거의 나'보다 발전하기 위해 노력하였습니다. 또한, 김완 선생님의 수업은 시사 이슈, 교육 이슈, 다양한 기출 문제뿐만 아니라 동영상 촬영, 모의면접 등 여러 가지 방법으로 저의 면접 역량을 강화시켜주셨습니다.

저는 뉴스나 신문을 많이 접하지 않아 심화된 지식이 많이 부족했습니다. 하지만 수업에서 시사 이슈와 교육 이슈를 접하며 이슈에 대한 저만의 생각과 가치관을 세울 수 있었고, 친구들과 이야기를 나누면서 제가 생각하지 못한 부분을 알 수 있어서 더 넓고 풍부하게 생각을 할 수 있었습니다. 이러한 체계적이고 구체적인 수업을 받은 후, 저는 3개의 면접을 봤습니다. 놀랍게도 학원에서 공부한 내용과 준비한 답변을 바탕으로 실제 면접에서 질문이 나왔고 저는 자신 있는 목소리와 밝은 표정으로 대답하였습니다. 그 결과, 면접을 본 교육대학교와 이화여자대학교 모두 합격하였습니다.

모의 면접을 처음 했을 때, 울고 있었던 제 모습과 실제 대학교 면접을 보고 나와서 웃는 제 모습을 보며 김완컨설팅에 가서 수업을 들은 것은 저의 면접능력뿐만 아니라 내가 해낼 수 있다는 자신감과 확신을 가지게 된 것을 느끼게 되었습니다. 수업에서 배운 것은 오직 대학교만이 아닌 저의 인생에서 긍정적인 영향을 많이 받을 것이라고 생각합니다. 지금 이 합격 수기를 읽는 분도 해낼 수 있다는 믿음을 가지고 열심히! 성실하게 임한다면 반드시 원하는 결과를 얻을 수 있을 것이라고 생각합니다.

마지막으로 저를 항상 응원해 주시고 자신 있는 모습이 될 수 있는 방향과 방법을 알려주신 김완 선생님, 원유숙 선생님, 김민섭 선생님께 진심으로 감사드립니다.

인생에서 소중한 추억이자 학습이었습니다

안녕하세요, 저는 이번 수시전형에서 광주교대, 대구교대, 부산교대, 춘천교대 4개 교육대학에 합격하고, 집에서 가까운 춘천교육대학교에 입학하게 된 김○찬입니다. 교육대학을 지원하는 여러분들에게 도움을 줄 수 있으면 좋겠다는 생각으로 이 글을 쓰게 되었습니다.

먼저 저는 내신이 상대적으로 낮았고, 모의고사 점수도 높지 않아 초등 교사를 희망하면서도 불안한 상태였습니다. 또한 제 생각을 논리적으로 말하지 못하고 말을 하는 것이 두려운 학생이었습니다. 따라서 면접공부와 수능공부를 병행야만 했습니다. 하지만 저희 학교에서 교대를 준비하는 사람은 저 밖에 없었고, 무엇을 어떻게 준비해야 하는 지에 대한 고민을 하던 중 "교대입시는 김완 컨설팅이다"라는 말을 듣고 찾게 되었습니다.

종합반을 등록하고 교대입시 컨설팅과 면접 지도를 받았습니다. 말하는 연습, 답변 구성하는 방법 등의 면접을 꼼꼼히 준비하며 점점 나날이 말하는 능력이 향상되는 저의 모습을 발견할 수 있었고, 면접날 제가 준비한 답변을 모든 것을 성공적으로 말할 수 있었습니다. 김완 컨설팅에서 면접을 준비하며 가장 좋았던 것은 목표가 같은 친구들과 함께 면접을 준비하며 보고 배운 점이 많다는 것입니다. 처음에는 김완 선생님의 질문에 어떻게 답변해야 하는지 모르는 경우가 많았습니다. 하지만 보충수업과 반복학습을 통해 자신감이 붙을 수 있었습니다. 예를 들면 카메라 테스트와 피드백을 통해 현재 발표습관과 말하는 방식을 교정할 수 있어서 실제 면접에서 면접관님들과 눈을 맞추며 대화하듯이 부드러운 분위기 속에 면접을 마칠 수 있었습니다. 특히 모의면접에서 질문과 답변에 따른 꼬리질문에 대해 처음에는 말을 잘 표현하지 못하거나 우물쭈물하는 것이 부끄러워 빨리 지나갔으면 좋겠다고 생각했습니다. 하지만 모의면접을 주기적으로 계속하다 보니 꼬리질문에 답변하고, 갑작스러운 질문에 답변하는 법을 배울 수 있었습니다. 실제 교대면접에서 꼬리질문에 잘 대답할 수 있었습니다. 이러한 결과로 제가 원하는 교육대학교에 모두 붙을 수 있었습니다.

김완컨설팅에서 받았던 모든 수업과 수업내용은 현재 재학 중인 교육대학교에서도 유용하게 쓰일 만큼 저의 인생에서 소중한 추억이자 학습이었습니다. 그 중에서도 가장 좋았던 점은 면접에서 만난 친구와 소중한 인연을 만들 수 있었던 것이라 생각합니다. 학원에서는 선의의 경쟁자로서 서로에게 도움이 되는 친구였고, 대학교에 와 친구들과 고민을 나누며 여기서 이어진 인연이 훗날 교직에 나가서 까지도 도움이 될 것이라 생각합니다. 자신의 꿈을 향해 치열하게 달려가는 교대 입시 수험생 여러분들! 후회 없는 입시생활을 끝내고 더 높은 곳에서 만날 수 있길 응원하겠습니다.

짧은 시간의 큰 능력을 만든 수업

저는 초등교사만을 바라보며 수능준비를 해왔습니다. 그만큼 교사라는 꿈과 교육대학교 입학이라는 그 길이 저에게는 정말 간절했습니다. 그러나 저의 교육관, 교사상, 교육철학에 대해 누군가가 물어보면 항상 어물쩍하게 대답하였습니다.

저만의 확고한 교육관을 만들기란 정말 어려웠고, 막막했습니다. 또, 한편으로는 제가 정한 교육관이 남들이 보기에 부족해 보이지는 않을까 걱정도 많았습니다. 하지만 김완 선생님과 일대일 상담을 한 후 저는 완벽하고 구체적인 '나만의 교사상'을 만들 수 있었습니다. 더불어, 김완 컨설팅에서는 '반드시 출제되는 5문제'라는 이름으로, 그리고 다양한 방식으로 교육에 관련된 이슈나 정보를 많이 주었습니다. 이를 꼼꼼하게 읽어보고, 끊임없이 고민해볼 수 있는 시간을 가지며 나는 어떤 교사가 되고 싶은지, 나의 강점은 무엇인지, 내가 어떤 교사가 될 수 있을지에 대해 생각해볼 수도 있었습니다. 이후, 김완 컨설팅은 단순한 면접 학원을 넘어서서 교사로서 기본적인 소양 및 자질을 갖출 수 있도록 도와주는 공간이라는 생각도 들었습니다.

'시단(시간단축키)' 이것은 제 별명이었습니다. 평소 발표에 많은 두려움을 가지고 있었던 저는 긴장하면 말이 매우 빨라지고, 핵심 논리도 빼먹고 말했기에 이와 같은 별명이 붙었습니다. 그러나 이 때문에 그동안 꿈꿔온 교사의 길을 포기하고 싶지는 않았습니다. 그때, 제게 김완컨설팅은 마지막 남은 치트키 느낌이었습니다. 김완컨설팅에서 5단구성과 스토리텔링을 배우고 저는 '나도 할 수 있겠다'라는 자신감을 얻었습니다. 특히 하나의 사물을 보고 5단 구성으로 스토리텔링하는 연습은 잃어버렸던 논리성을 되찾을 수 있게 해주었습니다.

친구들과 함께 연습하면서 잘하는 친구들을 보며 배울 수도 있었고, 서로 피드백하면서 논리적으로 말하기 위해서 머릿속으로는 무슨 생각을 하고 있어야 하는지 등을 자세하게 알 수 있었습니다. 또, 실제 면접의 분위기를 잘 모르고 있던 저는 모의면접 때 김완 선생님께서 아주 날카로운 질문을 해주셔서 깜짝 놀랐습니다. 그 과정을 영상으로 모두 찍고, 피드백하는 과정에서 저는 저의 답변에 대해 깊게 생각해볼 수 있는 시간을 가질 수 있었으며, 다른 친구들과 함께 토의하면서 답변을 풍부하게 채울 수 있었습니다. 더불어, 교육 이슈, 시사에 대해 학생들이 한 명씩 얘기를 나누었던 시간은 그곳에 있었던 모든 학생이 교사로서 성장할 수 있도록 도와주었다고 저는 장담합니다.

저의 경우 김완컨설팅에서 했던 연습들이 진주교육대학교의 실전 면접에서 밑거름이 되어 발휘되었습니다. 가장 좋았던 것은 단순히 모범 답변을 알려주는 것이 아니라 혼자서 어떻게 면접 준비를 해야 하는지와 어떤 문제에서든지 답변할 수 있는 능력을 키워주셨던 것입니다. 면접 강의를 듣고, 실전 면접까지 꾸준히 5단 구성과 스토리텔링을 연습했고, 여러 교육 이슈에 대해 저의 생각을 정리하는 연습도 많이 했습니다.

　선생님께서 알려주신 내용을 제 것으로 만드는 연습도 했습니다. 이 과정이 모두 모여 좋은 답변으로 이어질 수 있었다고 생각합니다. 물론, 좋은 수업만으로 교대 입시가 완성되는 것은 아닙니다. 본인의 노력이 전제가 되어야 좋은 수업도 의미가 있는 것이라 생각합니다.

　마지막으로 여러분을 응원하겠습니다.

운을 믿지 말고 요행을 기대 말고, 나의 철저한 준비와 노력만을 믿어라

안녕하세요. 서울교육대학교에 합격한 임○은입니다. 이 학교에 합격하는 것이 간절한 목표였기에 감사한 마음으로 지내고 있습니다. 교육대학을 진학하고자 하는 학생들에게 조금이나마 도움이 되고자 합격 수기를 써 봅니다. 우선 저는 입시에서 가장 중요한 건 '후회 없는 하루하루를 보내 수험생활에 미련을 남기지 않는 것'이라고 생각합니다. 이를 위해선 학교생활, 수능준비, 면접 대비에 있어서 철저한 준비와 노력이 필요합니다. 학교생활에 있어서 도움이 될 만한 점들을 이야기해보겠습니다. 첫째, 다양한 학교활동을 하는 것이 좋습니다.

저는 특정 분야나 과목을 가리지 않고 제가 잘할 수 있고 도움이 된다면 각종 대회에 많이 참여했습니다. 임원활동도 열심히 했고, 과목별 발표기회가 생기면 해당 과목과 평소 관심 있던 교육 이슈들의 연결고리를 찾아 창의적인 발표를 하여 '저만의 스토리가 담긴 생활기록부'를 완성해 나갔습니다. 다만, 독서의 경우 1, 2학년 때는 여러 과목과 관련된 책들을 읽었지만, 학년이 올라가면서는 교육관련 책을 중심으로 교육 분야 지식을 쌓기 위해 노력한 점을 드러냈습니다. 둘째, 내신 성적 변화에 일희일비하지 말고 주어진 상황에서 최선을 다하는 것이 중요합니다. 저의 내신 성적도 상향곡선이 아닌 W자곡선 이었습니다.

여러분도 성적변화로 인해 마음 쓰고 있다면 포기하지 말고 끝까지 도전하시길 바랍니다. 교육대학을 희망하는 학생들이라면 수능최저를 맞춰야 하는 학생들이 있을 거라 생각됩니다. 저는 사실 현역 때 수능최저를 맞추지 못해 서울교대를 합격하지 못하고 다른 교대를 입학했습니다. 평소 모의고사를 보면 항상 4합 9는 맞추었기에 "당연히 수능에서도 맞추겠지. 설마 내가 최저를 못 맞추겠어?" 라고 자만한 것입니다. 자만한 나머지, 9월 원서접수 후에도 공부계획을 세워 매일을 후회 없이 보내야 했는데 이미 마음이 원하던 대학에 합격한 것처럼 들떠 공부와 상관없는 콘텐츠들을 보며 시간을 허비하고 자기합리화 하는 날들이 늘었습니다. 그 결과 수능최저를 못 맞춰 반수를 했습니다. 반수를 하는 동안은 5월부터 수능 전날까지 매일 6시 반에 일어나 밤 12시까지 시간을 알차게 사용했습니다.

여러분들은 저처럼 자만하지 말고, 원서접수 후에도 요행을 바라지 말며 하루하루 열심히 보내시길 바랍니다. 면접대비는 현역 때와 반수 때 모두 '김완 컨설팅'의 도움을 많이 받았습니다. 김완 선생님의 면접 종합반을 수강하며 크게 달라진 점은 논리적인 답변을 스토리텔링 기법으로 구현할 수 있게 된 것입니다. 면접대비 첫 시간 교직관련 질문을 받았을 때 저의 답변 길이가 1분을 넘어가지를 못했고 중언부언하는 경우가 많았습니다. 하지만 종합반을 통해 교직교양 질문, 시사

이슈, 교육이슈, 모의면접 수업을 모두 수강하며 5단 구성으로 주장에 대한 예시도 들고, 반론도 대응할 수 있는 저만의 답변들을 만들 수 있게 됐습니다. 그 결과 면접장에서 교수님들과 대화하듯이 면접을 매우 잘 볼 수 있게 됐습니다.

여러분들도 철저한 준비와 노력으로 원하는 대학에 합격하기를 항상 응원하겠습니다.

최선의 선택으로 모든 대학에 합격할 수 있었다

안녕하세요. 이번에 경인교대, 청주교대, 부산교대, 진주교대에 합격한 신○정 입니다. 체계적인 면접공부를 통해 면접능력을 향상시켰기에 최종적으로 면접실전에서 지원한 모든 교대에 합격할 수 있었습니다. 지금은 경인교대를 등록하여 열심히 대학생활을 하고 있습니다. 교육대학 입시에서 면접의 중요성을 잘 알고 있었기에 3학년 여름방학부터 공부를 시작했습니다. 기출문제 등의 자료를 보고 스스로 공부했습니다. 하지만 혼자 공부하기에는 한계가 있었습니다.

저는 도움을 받기위해 김완컨설팅을 선택했습니다. 학원에서 답변 구성하는 방법, 근거 차용하는 방법을 배우며 면접의 기초를 다질 수 있었습니다. 또한 다양한 교대 면접을 준비하는 친구들을 만나면서 자극도 받을 수 있었고 잘하는 친구를 보며 배울 수 있었습니다. 이후 추석기간에 진행된 심화강좌에선 시간을 정해놓고 실전처럼 지속적으로 교대를 준비하는 친구들과 모의면접을 하고 김완 선생님과의 생활기록부 면접, 제시문 면접 연습을 통해 저는 면접에 자신감을 얻을 수 있었습니다. 처음 교대면접을 준비할 때는 정말 막막했는데, 학원 수업을 통해 교대 면접을 준비하며 방향성을 알게 되었고 또한 실전 연습을 할 수 있는 좋은 환경적 여건으로 좋은 결과가 나올 수 있었다고 생각합니다.

제가 가장 도움을 많이 받았던 부분 역시 김완 선생님과의 실전 연습인 모의면접 시간이었습니다. 이를 통해 순발력과 상황대처 능력 또한 교대 교수님들과 대면하였을 때 어떤 방식으로 답변을 응해야 할 지 배울 수 있었습니다. 그리고 압박된 상황에서 어떻게 하면 평소처럼 말 할 수 있을지 김완 선생님과의 실전 모의 연습을 통해 잘 배워 나갈 수 있었습니다. 선생님의 체계적인 수업은 면접공부 뿐만 아니라 교사로서의 역할과 자질을 깨우치게 합니다. 만약 다시 교대 입시 수험생으로 돌아간다 해도 저는 꼭 김완 선생님께 배우고 싶습니다.

저의 선택은 최선이었다고 생각합니다. 교대 입시 수험생 여러분들도 면접이라는 전형이 막막하고 두려우실 것입니다. 미리 준비하고 체계적으로 공부한다면 여러분만의 방향성을 찾아 좋은 결과를 얻을 수 있을 것이라 생각합니다. 응원합니다.

경인교육대학교 합격생
최○서

실력을 쌓는 노력을 포기하지 않으면 꿈은 이루어진다

안녕하세요. 경인교육대학교 새내기 최○서입니다. 기억도 안 날 정도로 어린 시절부터 막연히 초등 교사라는 꿈을 키워왔습니다. 교대에 가려면 성적이 좋아야 한다는 생각에 공부에만 집중하다 보니 막상 입시에 당면하니까 면접이라는 것은 저에게 생소하고 두렵게 느껴졌습니다. 어딜 가나 조용하고 소심하다는 소리를 들어온 저로서는 말을 조리 있게 말하는 것도 어려웠고 심지어 목소리를 크게 내는 것조차 힘겨웠습니다. 이렇듯 말하기에 매우 자신이 없던 저는 고3이 되었을 때 교대 말고 다른 길을 찾아야 하나 많은 고민을 하였습니다. 하지만 김완 선생님께서 해주신 조언을 듣고 면접에 노력을 많이 하자는 다짐과 함께 수시 카드 6장 모두 교육대학에 지원했습니다. 그 결과 경인교대, 공주 교대, 전주 교대, 청주교대, 춘천교대 5개 교육대학에 합격하게 되었습니다.

저에게 도움이 된 김완컨설팅 수업의 좋은 점은 크게 3가지 있습니다. 첫 번째는 논리적으로 말하는 연습을 충분히 할 수 있다는 것입니다. 처음에는 5단 구성으로 말하기 연습하고 이것이 익숙해지면 상황에 따라 3단 구성이나 2단 구성으로 유연하게 응용할 수 있어 시간을 조절하여 말하는데 큰 도움을 받았습니다.

두 번째는 다른 친구들의 말을 듣고 같이 성장해갈 수 있다는 것입니다. 같은 주제를 가지고도 저와는 다른 근거를 들어 말하는 친구들을 보며 관점을 넓힐 수 있었습니다. 처음엔 친구들이 경쟁자로 느껴졌지만 나중엔 서로 보고 배워가는 동료로 느껴져 면접 준비를 하는 데 있어 큰 동기부여를 받을 수 있었습니다.

세 번째는 모의면접으로 연습할 수 있다는 것입니다. 수업의 마지막쯤에 모의면접 방으로 가서 김완 선생님과의 일대일 모의면접을 하게 됩니다. 처음엔 무슨 말을 해야 할지도 모르겠고 살면서 이렇게까지 떨린 적은 없었던 거 같다는 생각이 들 정도로 긴장했었습니다. 하지만 모의면접을 통해 익숙해진 덕분에 실제 면접에서는 떨지 않고 차분히 말할 수 있었습니다. 또한 모의면접이 끝난 뒤 부족한 점과 잘한 점을 피드백 주셔서 어떤 부분을 집중적으로 연습해야 할지 알 수 있었습니다.

이 경험을 통해 후배 수험생들에게 해주고 싶은 말은 면접은 노력을 통해 실력을 쌓을 수 있으니 꿈을 포기하지 않으면 이루어 진다입니다.

KTX로 왕복 5시간의 통학시간이 아깝지 않은 배움

안녕하세요! 저는 한국교원대학교 초등교육과에 합격한 김○현입니다. 저는 12년간 초등교사만을 꿈꾸며 준비해 왔습니다. 하지만 고등학교 2학년 때 성적의 한계를 느끼고 중고등교사로 진로를 바꾸어야겠다고 생각했습니다. 하지만 제게 가장 맞는 직업이 초등교사라는 생각을 했고 안되더라도 도전해보자! 하는 마음이었습니다. 그렇기에 저에게 면접은 더욱 중요했고 간절했습니다. 저는 어렸을 때부터 다른 사람들의 앞에서 발표하는 것에 어려움이 많았습니다. 하지만 이는 제 오랜 꿈인 초등교사가 되기 위해서는 꼭 거쳐야 하는 관문이었고 면접을 잘해야 했습니다.

그렇게 막연히 걱정만 하며 지내던 어느 날 서점에서 빨간색의 김완 선생님의 교대면접 책을 보게 되었고 합격자분들의 진심어린 합격수기를 보며 부러웠고 믿음이 갔습니다. 또 기출분석과 필독서내용, 그해 키워드 소개 등 내용이 세세하고 정확하게 정리되어 있어 보기에 편했습니다. 그렇게 김완 선생님을 알게 되었습니다. 그리고 줌을 통해 선생님께 생기부 컨설팅을 받고 나서 제 생기부를 객관적으로 평가할 수 있었습니다. 이후 면접교육도 선생님과 꼭 해야겠다는 생각을 했습니다. 비록 ktx로 왕복 5시간이 걸리지만 그만큼 의미 있는 시간일 것이라고 생각했고 지금은 최고의 선택이었다고 생각합니다.

저희학교 선생님들께서는 선배들이 다닌 면접학원이 체계적이지 않았다며, 이곳도 시간 낭비가 될 수 있다고 하셨습니다. 하지만 저는 뭔지 모를 믿음을 가지고 친구와 아침 7시 ktx를 타고 10시간 공부하고 11시에 집에 도착하는 방법을 선택하였습니다. 지금의 저로서는 매우 잘한 선택이었습니다. 처음에는 제가 학원을 늦게 가서 이미 여름방학 때 배운 친구들 사이에서 주눅이 들었던 적도 있습니다. 하지만 친절하시고 열정적이신 선생님들을 보며 나도 해낼 수 있다는 자신감이 생겼습니다. 수업은 제가 생각했던 것보다 체계적이고 구체적이었습니다.

말하는 방법부터 자세, 흔히 하는 실수를 짚어주셨고 그해의 시사이슈, 시대성이슈, 교육이슈를 파일로 정리해서 주셔서 그 지식을 바탕으로 모의면접 등 계속해서 체계적으로 말하는 연습을 하였습니다. 이렇게 다 같이 연습하고 1차 합격을 한 학생들은 파이널강의로 학교별로 그 학교의 특성을 알려주며 답하는 방법을 자세히 알려주셨습니다. 교육대학교 면접은 똑같을 것이라고 생각했고 준비도 한 번에 하면 될 것이라고 생각했었는데, 정말 학교별로 중시하는 키워드가 다 다르고 면접방식도 다 다르다는 것을 알게 되었습니다. 또 이것이 합격 불합격을 가른다는 것을 알게 되어 대비할 수 있었습니다.

결국 경인교육대학교, 대구교육대학교, 광주교육대학교도 최초합격하였고 최종적으로 한국교원대학교 초등교육과에 들어오게 되었습니다. 합격수기를 보며 부러워하던 제가 이렇게 합격수기를 쓰고 있을 것이라는 생각은 해보지 못한 만큼 여러분도 하실 수 있습니다! 원하는 학교에 꼭 합격하여 행복한 대학생활 하셨으면 좋겠습니다.

마지막으로 면접에 두려움이 있던 저를 항상 응원해주시고 격려해주시고 열정적으로 가르쳐주신 김완 선생님, 원유숙 선생님, 김민섭 선생님께 진심으로 감사드립니다.

**본인의 목표를 이루고자할 때
포기하지 말고 끝까지 달려가라**

안녕하세요. 저는 올해 부산교대에 진학한 서○현입니다. 저는 고등학교 1학년 시절부터 김완 선생님과의 상담을 통해 많은 도움을 받아왔습니다. 초등학생 때부터 초등교사라는 꿈을 목표로 하고 있었지만, 고등학교에 처음 들어갔을 당시 대학입시에 대하여 아무런 정보가 없었습니다. 그렇기에 무엇을 어떻게 준비해가야 할지에 대한 막막함과 두려움을 가지고 있었습니다.

아무 준비 없이 초등교사가 되고 싶다는 꿈을 가지고 도전하려니 앞이 보이지 않는 길을 걷는 것과 같은 느낌이었습니다. 하지만 이 시기에 김완 선생님을 만나게 되면서 제가 가야 할 방향성을 찾을 수 있었습니다. 김완 선생님께서는 교육대학교 입시 정보와 준비 방법 등을 자세히 알려주셨고 제가 가지고 있던 고민을 하나씩 해결해주셨습니다.

저는 고등학교 3년 동안 학생부 종합 전형으로 준비해왔기에 내신과 생활기록부를 꼼꼼하게 챙겨야 했습니다. 하지만 노력에도 불구하고 성적이 좋지 않았습니다. 저는 2점대로 평균 1점대의 교육대학교를 진학하기에는 부족한 내신이었습니다. 불안한 내신을 가지고 학교생활을 하는 과정에서 초등교사라는 꿈에 대해 비관적인 고민에 빠진 경험도 있었습니다. 하지만 김완 선생님께서는 격려해주시며 포기하지 말라고 말씀해 주셨습니다. 이러한 격려와 함께 꿈을 이루고자 하는 확고한 의지로 3년간 내신을 올릴 수 있었고 희망을 품을 수 있었습니다. 그리고 생활기록부를 꼼꼼히 챙기면서 선생님의 내용적인 부분에 대한 피드백과 방향성을 조언받아 더욱 풍부한 생활기록부를 만들어 갈 수 있었습니다.

시간이 날 때마다 봉사활동과 독서를 하였고, 학교에서 진행하는 모든 행사에 적극적으로 참여하여 창의적 체험활동 영역을 채워나갈 수 있었습니다. 김완 선생님과 함께 만들어간 결과물로 1차에 5개의 교육대학교에 합격할 수 있었습니다. 제가 대학교 1차 발표가 난 후 입시에서 가장 걱정이었던 것은 면접이었습니다. 확고한 교육관이 잡혀있지 않았고 준비해야 할 것이 너무 많아 걱정이었습니다. 하지만 이 부분을 김완 선생님의 면접 수업을 들음으로써 해결할 수 있었습니다. 저는 면접 수업으로 기본부터 심화 그리고 파이널 수업까지 모두 수강하였습니다.

김완 선생님의 면접 수업은 학생들이 본인의 생각을 정리해나가는 기회를 제공하여 자신들의 교육관을 정립해나가고 의견을 서로 나눌 수 있는 좋은 시간이었습니다. 김완 선생님께서는 항상 경청해주시고 피드백과 함께 말을 조리 있게 할 수 있도록 도와주셨습니다.

면접 공부를 통해 실제 대학에서 면접을 보면서 떨지 않고 평소처럼 말할 수 있었고 합격에 많은 도움이 되었습니다. 결국 1차합격 5개 대학 중 2개의 대학은 면접 날짜가 중복되어 참여하지 못하였고, 경인교대, 부산교대, 진주교대 3개의 교육대학에 합격하여 부산교육대학에 진학했습니다.

　교육대학교를 준비하는 후배들에게 본인이 이루고자 하는 목표를 향할 때 포기하지 말고 달려가 보라고 응원해주고 싶습니다. 파이팅!

함께 성장하며 동료의식을 배우는 면접 프로그램

안녕하세요. 한국교원대학교 초등교육과에 합격한 김○진입니다. 우선 저에게 자신감을 주시고 많은 가르침을 주신 모든 김완컨설팅 선생님들께 감사드립니다.

처음 혼자 면접 준비를 시작할 때 막막하기도 하면서 이렇게 하는 것이 맞는지 의문이 들 때가 많았고 실력이 늘고 있다는 생각이 들지 않았습니다. 그러던 중 김완 선생님의 면접 프로그램에 대해 알게 되었고 면접에 대한 공부만이 아니라 나만의 가치관, 막연히 교사가 되겠다는 다짐이 아닌 어떤 교사가 될 것이며 어떻게 가르칠 것인지에 대한 전반적인 생각을 정리해 볼 수 있는 기회가 될 것 같아서 프로그램에 참여하게 되었습니다.

수업에서는, 단순한 강의식 수업이 아닌 친구들과 서로 질문을 주고받는 형태의 수업이나 토론식 수업이 이루어졌습니다. 자연스럽게 다른 친구들의 의견을 들으면서 추가적인 공부가 되었을 뿐만 아니라 직접 말을 해보면서 어느 부분에서 내가 약하고 어느 부분에서는 내가 강점을 보이는지 빠르게 파악할 수 있었습니다. 또한, 교사로서 아이들이 직접 말하고 생각해 볼 수 있는 기회를 주는 것이 필요하다고 알려 주시면서 실제로 그런 수업을 진행하시는 모습이 내가 교사라면 어떻게 수업할 것이고 말할 것인가에 대한 답을 내리는 데에 많은 도움을 받았습니다.

저는 스토리텔링을 하는 부분에서 어려움을 겪었는데, 매 시간 진행되는 반복적인 말하기 연습, 어떤 방식으로 이야기를 풀어나가야 내가 하고 싶은 이야기가 효과적으로 전달될 수 있는지에 대해 지속적인 탐구가 이루어지다 보니 어느 순간부터는 하고 싶은 이야기가 논리적으로 말할 수 있게 되었습니다. 단순히 면접, 대학 입학을 위한 수업이 아닌, 교사가 되었을 때의 마음가짐부터 어떤 교사가 되어야 하는지 많은 생각을 해 볼 수 있었습니다.

다른 친구들과 함께 성장해 나가면서 동료의식도 배울 수 있었습니다. 김완컨설팅의 수업은 제 생각 이상으로 만족스러웠고, 많은 것을 변화시켰습니다. 이러한 변화는 경인교대, 대구교대 한국교원대의 합격으로 이어졌습니다.

두려움을 희망으로 바꾸어준 선생님들

청주교육대학교 합격생
고○정

제가 합격 수기를 쓰게 되는 날이 올 줄은 꿈에도 몰랐습니다. 우선 제가 교육대학에 진학할 수 있도록 가장 많은 도움을 주신 김완 선생님께 진심으로 감사드립니다.

많은 사람들 앞에서 이야기를 해 볼 기회가 많지 않았던 저는 남들 앞에서 말하는 것을 두려워 하는 학생이었습니다. 그 이유는 사람들 앞에만 서면 머릿속이 하얘져 제 생각을 온전하게 전달 하지 못했기 때문입니다. 알고 보니, 하고 싶은 말들을 논리적으로 구성하지 못했던 저의 부족함 때문이었습니다. 이러한 점은 김완컨설팅 선생님께서 말씀해주신 5단 구성으로 해결할 수 있었습 니다. 논리적으로, 차례대로 저의 생각을 정리하여 말하는 연습을 반복적으로 하다 보니, 온전한 저의 생각을 사람들에게 전달하는데 훨씬 수월해졌습니다. 그러나 말하기에 있어서 제 생각이 너 무나도 평범하다는 생각을 하게 되었습니다.

다른 친구들에 비해 식상하여 조금 더 창의적인 생각을 해볼 순 없을까 하는 고민이 생기게 되 었습니다. 이 고민에 도움이 되었던 수업은 창의적 수업이었습니다. 그 수업은 선생님께서 하나 의 주제를 말씀해주시면 그 주제와 시 하나와 사진 두 장을 엮어서 자신의 생각을 말해보는 수업 이었습니다. 처음엔 어려워서 접근하기 힘들었고, 틀릴까봐 말하기 두려웠지만 여러 친구들의 생 각들을 들어보고, 생각하는 시간을 가져봄으로써 저 또한 생각하지 못했던 것들을 생각해내서 발 표할 수 있는 힘이 길러졌습니다.

말하는 모습을 촬영하여 확인하는 '비디오 촬영' 수업이 또한 많은 도움이 되었습니다. 논리적 말하기의 5단 구성부터, 모의 면접연습 등 김완컨설팅의 수업은 말하기의 두려움을 없애주었고, 오히려 말하고 싶어지는 학생이 되도록 만들어주었습니다. 단순히 교대 면접만을 위한 것이 아 닌, 후에 교사가 되었을 때에도 이번 수업은 큰 도움이 되리라 생각합니다.

마지막으로 교대 진학에 두려움 큰 저에게 도전할 수 있도록 격려와 함께 손을 잡아 주신 원유 숙 부원장님과 제 생활 기록부를 분석해서 면접 질문의 방향을 잡아주시고 항상 옆에서 응원과 용기를 북돋아 주신 원장선생님께 너무 감사합니다.

저는 선생님들의 학생들을 향한 뜨거운 열정처럼 후에 저 또한 뜨거운 열정을 가진, 학생들 모 두를 책임질 수 있는 교사가 되겠습니다.

연습문제가 실제 면접 시험문제로

원하던 교육대학교에 합격하고 합격 수기를 쓰려니, 1년 전 '김완컨설팅의 교대 사대 구술면접' 책에서 동경하는 마음으로 읽었던 합격 수기, 교대 입시를 준비하며 불안했던 당시의 심정이 떠오릅니다.

우선 저에 대해 짧게 소개를 하자면, 저는 초등학교 5학년 때부터 아주 오랫동안 초등 교사에 대한 꿈을 키워왔고 그 긴 세월만큼 교육대학교 합격이 매우 간절했습니다. 그 간절함을 안고 고등학교에 입학해 수시 학생부종합전형을 목표로 교대 합격을 위해 내신부터 생활기록부까지 차근차근 완성해나갔습니다. 수시 학생부종합전형이 필요로 하는 내신, 생활기록부, 면접 중 제가 가장 걱정했던 부분은 바로 면접이었습니다. 면접은 학교 수업시간, 수행평가 시간에 하는 발표와는 달랐습니다. 미리 준비하고 하는 발표는 친구들 앞에서도 유창하게 할 수 있었으나, 처음 받아보는 질문에 답하는 면접은 매번 만족스럽지 못했습니다. 마음속으로는 이미 답변을 다 생각해 두었는데, 막상 그것을 말로 표현하려니 논리성이 떨어진다고 느꼈습니다.

그래서 여러 가지 방법을 모색하다가 김완컨설팅을 알게 되었고, 김완 선생님과 함께 면접 준비를 하게 되었습니다. 김완컨설팅의 면접 수업은 면접에 대한 자신감과 논리성이 부족하던 저를 긍정적으로 바꾸어 주었습니다. 김완 선생님께서 알려주신 '5단계에 따른 스토리텔링'은 저의 답변을 논리적으로 만들어주었고 그에 따라 면접에 대한 저의 자신감도 높아졌습니다.

처음 이 스토리텔링을 시작할 때는 익숙하지 않아 종이에 미리 5단계를 써보고 말로 표현하는 연습을 했지만, 계속해서 스토리텔링 연습을 하다 보니 종이에 미리 적지 않아도 말을 하다 보면 자연스럽게 5단계 순으로 말할 수 있었고, 전보다 훨씬 논리적으로 답변을 할 수 있었습니다. 또, 김완컨설팅의 비디오 촬영은 면접을 볼 때의 저의 자세, 말투, 빠르기, 표정 등을 바로잡는데 큰 도움이 되었습니다.

김완 선생님께서 동영상을 함께 봐주시면서 어떤 점에서 고쳐야 할지를 정확하게 알려주셨기 때문에 집에서 혼자 동영상을 촬영하고 스스로 피드백 할 때 특히 많은 도움이 되었습니다. 수업을 듣는 학생이 많다는 것도 저에게 큰 도움을 주었습니다. 처

음에는 학생 수가 많아서 피드백을 꼼꼼하게 들을 수 있을까하는 걱정도 있었습니다. 그러나 오히려 인원이 많다는 것이 장점으로 다가왔습니다. 함께 수업을 듣는 친구들이 많았기 때문에 한 주제에 대해서 내가 생각지 못했던 다양한 의견을 들을 수 있었고 친구들의 의견을 다시 나의 말로 바꾸어 보면서 제시문을 바라보는 시야를 넓힐 수 있었습니다. 또, 같은 꿈을 꾸고 같은 길

을 걸어가게 될 친구들만 모여 있어서 그런지 통하는 점이 많았기에 지친 입시 기간 동안 잠깐이나마 힐링하는 시간도 가질 수 있었고, 좋은 인연들도 만날 수 있었습니다.

마지막으로, 김완컨설팅에서 나눠주신 다양한 면접 자료들도 큰 도움이 되었습니다. 그 자료들을 통해 교육 관련 이슈들을 다양하게 접할 수 있었고, 교육뿐만 아니라 다양한 분야에서의 이슈들도 포함되어 있었기에 다양한 문제로 나오는 교대 면접에 큰 도움이 되었습니다.

더 나아가 다양한 지식을 쌓는 데도 도움이 되어서 교육대학교에 입학하고 나서도, 교사가 되어서도 유용하게 쓰일 수 있는 것들이라 아주 유익한 자료들이었습니다. 특히, 선생님과 연습한 문제들이 실제 면접시험에 출제되어 놀라우면서도 좋았습니다. 김완 선생님과 미리 문제에 대한 대답을 연습했던 저는 그때 연습했던 것을 떠올리며 침착하게 면접을 보고 나올 수 있었습니다.

끝으로 이렇게 면접에 대한 두려움을 극복하게 해주시고 항상 격려와 응원을 아끼지 않으시며 자신감을 불어 넣어주셨던 김완컨설팅의 모든 선생님들께 진심으로 감사드립니다.

면접시험 이후에도 대학 발표에 유용한 수업

안녕하세요. 올해 부산교대에 입학하게 된 고○빈입니다. 어느 대학을 지원해야 할지 교대 면접 준비는 어떻게 해야 할지 잘 모르는 상태에서 김완컨설팅을 찾게 되었습니다.

선생님과 상담을 통해 부산교대를 지원하기로 결정하고 면접 수업에 참여했습니다. 기본 수업에서 이런 것을 가르쳐 주는 곳이 또 있을까라는 생각이 들었습니다. 시사상식과 교육이슈에 대해서 배운 것들이 많았고 이 내용들을 통해 면접이 끝난 이후에도 관련된 분야에 관심이 생겨서 너무 놀랍고 좋았습니다. 그리고 화법과 자세나 목소리 크기에 관련해서도 어떤 것이 좋은 느낌을 주는지 많이 배웠습니다. 이런 것들 또한 면접이 끝난 이후에도 발표를 할 때 유용하게 사용할 수 있었습니다.

김완 선생님께서는 많은 연구를 통해 형식적으로 그냥 내용을 짚어주는 것이 아니고, 실제로 효과적인 교수법을 사용해서 지도하신다는 것을 알았습니다. 왜냐하면 수업에 참여하기를 독려해주셨고, 저희가 답변할 때 오래 기다려주시고 칭찬도 많이 해주시는 구성주의 교육을 하셨기 때문입니다. 저는 그런 점도 너무 좋았고, 간접적으로도 이런 방식의 수업 운영을 하는 것이 좋은 교수자의 태도라는 것을 배울 수 있었습니다. 저 또한 후에 교가되어 많은 교수법을 연구하고 학습해서 학생들에게 선망이 되는 교사가 되고 싶습니다.

김완컨설팅의 수업은 전체적으로 너무 많은 것을 배우다 보니 수강료가 아깝지 않았습니다. 오히려 제가 감사했습니다. 그리고 부산교대면접 대비 수업 또한 대학 특성 맞게 자세하게 지도해주시고 개인적 피드백도 잘 해주셨습니다. 특히 파이널 수업에서 가장 좋았던 것은 심리적으로 든든했던 것입니다. 질문의 답변을 동영상으로 집에서 여러 번 찍은 것을 피드백 받고 수정했습니다. 혼자 했더라면 불안했을 시기를 안정되게 보낸 것 같아서 그것이 가장 좋았습니다. 저는 김완 선생님의 수업을 통해 원하는 것이 있다면 그것을 이루기 위해 최선을 다해 노력한다면 성공한다는 것을 알았습니다.

교육대학을 지원하는 후배들에게 해주고 싶은 말은 선배들의 합격수기를 통해 어떤 노력이 최선인지 스스로 생각해보고, 자신에게 맞는 방향을 잡아 실천하라는 것입니다. 생각만 하지 말고 실천을 하는 것이 중요합니다.

마지막으로 교육대학에 합격할 수 있게 도와주신 김완컨설팅 선생님들께 감사드립니다.

교육대학입시

분석에

앞서서

교육대학입시 분석에 앞서서

I 당부의 글

요즘 교육대학을 지망하는 학생들의 변화가 생기고 있다. 우선 입시결과를 보면 과거에 비해 낮아지고 있다. 이는 초등임용의 어려움과 노력에 비해 상대적으로 낮은 대우 등의 문제로 미래가 불확실 하다고 생각하여 상위권 학생들이 다른 진로를 선택하는 경우가 있기 때문이다. 하지만 이는 초등교사의 문제보다 현 사회가 미래에 대한 불확실성이 커지고 있는 이유가 더 클 것이다. 오히려 그럼에도 초등교사를 꿈꾸는 학생들에게는 기회로 작용된다. 따라서 과거에 비해 상대적으로 생기부 수준이 낮은 학생들의 지원이 늘고 있다. 정시역시 수능점수 합격점이 낮아지고 있다. 그러나 자신의 꿈을 정하지 못한 상태에서 성적에 맞추어 안정된 직업으로 초등교사를 선택하려 한다면 자신의 적성을 고려해 심도 있게 고민 해볼 필요가 있다. 초등교사의 자질로 인성 뿐 만아니라 적성도 중요하기 때문이다. 어떤 면에서는 적성을 더 필요로 한다. 이에 따라 선발 기준 등의 입시요강의 많은 변화가 생기고 있다. 또한 학교생활기록부에 학교폭력관련 기록이 있는 학생들의 대학진학에 불이익을 주는 것도 새로운 변화이다. 이러한 상황에서도 초등교사의 꿈이 확실한 학생들은 교대에 들어가기 위해서 어떻게 해야 하는지 나름대로 잘 알고 있다. 그러다보니 성적이나 비교과 부분이 터무니없이 부족한 학생들은 거의 없다. 의욕만 가지고는 교육대학교에 합격하지 못한 다는 것을 잘 알고 있기 때문이다. 따라서 교육대학에 지원하는 학생들은 어느 정도 합격가능성이 있는 학생들이다. 이 학생들을 컨설팅 할 때 마다 학생들에게 같은 질문을 한다. "학생은 교육대학만을 생각하는가? 아니면 교육대학도 생각하는가?" 학생에 따라 교육대학만을 생각하기 때문에 재수를 하더라도 꼭 교육대학에 가고 싶다는 학생과 교육대학를 최우선으로 생각하지만 면접일자가 겹친다는 이유와 재수는 하고 싶지 않다고 타과를 지원하는 학생이 있다. 그리고 어디든 합격하고 반수를 하겠다는 학생도 있다.

김완컨설팅과 함께 교대입시를 준비했던 수많은 학생들의 데이터를 분석해보면 첫 번째의 경우 특별한 경우가 아니면 교육대학에 합격했다. 물론 재수 또는 삼수로 교육대학에 합격하는 경우도 있다. 하지만 두 번째의 경우는 두 가지로 나누어지는데 첫째 학생부와 수능점수가 우수한 학생의 경우 지역과 면접 전형일 등을 고려해서 사범대학 또는 SKY 대학 등 2개~3개 지원하여 대부분 원하는 일부대학에 합격했다. 둘째 내신과 비교과가 상대적으로 부족한 학생들의 경우 교육대학에 합격하는 확률이 50%를 넘지 못했다. 또한 반수를 하는 학생이라도 대학생활에 익숙해져서 교육대학을 포기하거나 다시 하더라도 합격가능성은 매우 낮았다. 이는 누구나 생각하는 평범한 이야기 일 것이다. 그러나 교육대학에 합격가능성을 높이고 싶은 수험생 이라면 마음가짐을 달리해야 할 것이다. 꼭 초등교사가 되고 싶은 수험생들에게 가장 해주고 싶은 말은 "지금부터 예비교사로서 교사마인드를 가져라, 그리고 포기하지마라" 이다.

교육대학을 지원하는 학생은 각 교육대학에서 발표한 모집요강을 꼼꼼하게 살펴보면서 입시전략을 수립해야 할 필요가 있다. 특히 전형별 지원 자격, 수능최저 등급, 면접고사 전형일 등은 원서 지원 전에 확인해야할 필수 사항이다. 또한 검정고시 학생이나 N수생이 수시전형을 지원하는 경우 모집요강을 자세하게 확인하기 바란다.

교대 입시에서 또 하나 눈여겨 봐야할 것은 수시모집과 정시모집의 비중이다. 교육부 입시 정책이 수시인원을 줄이고, 정시인원을 총 모집인원의 40%이상 늘리고 있다. 교육대학은 이월 인원이 많아 정시모집 인원이 전체 모집인원의 50% 이상이다. 따라서 교육대학을 희망하는 학생들에게 해주고 싶은 말은 "최선을 다해 수시준비와 수능공부를 병행하라"는 것이다. 그래야 수시에 불합격 할 경우 정시의 기회를 잡을 수 있다. 수시 또한 수능 최저등급을 적용하는 전형이 늘고 있기 때문이다. 수시로 합격한다 해도 실력을 갖출 수 있어 교육대학 입학 후 여러 측면에서 대학생활이 수월할 것이다. 물론 수능최저등급이 없는 전형으로 교육대학 합격만이 목적이라면 굳이 그럴 필요는 없겠지만, 초등교사가 꿈이라면 깊이 생각해볼 필요가 있을 것이다. 마지막으로 학업에 지장을 주지 않는 범위에서 "비교과 활동을 열심히 하면서 교양을 넓혀라"이다. 그중에서도 시대성을 이해하는 것은 매우 중요하다.

교육대학은 시대에 따라 국가발전을 위한 인재 양성에 초점을 두고 있다. 최근 사회적 환경은 이전과 다르게 우리에게 혁신적인 전환을 요구하고 있다. 4차 산업혁명 시대, 빠르게 변하는 정보화 사회, 융합학문의 등장, 인공지능의 발달 등과 남북관계 같은 시대성 요인들은 교육대학이 더 이상 과거에 머물 수 없도록 요구하고 있다.

미래의 교육을 책임질 미래의 교사를 양성하는 교육대학은 미래지향적인 예비교사를 원한다. 그러기에 교육대학 선발 기준도 변하고 있다. 따라서 저자는 교육대학 진학을 원하는 학생들에게 현재 모습을 진단하고, 미래를 창조적으로 바라보면서 새롭게 교육적 방향을 설계할 수 있는 예비교사가 되기를 바란다. 그러기위해 시대를 이해하는데 도움이 되는 책들을 읽거나, 좋은 TV 교양프로를 시청하는 것도 필요하다. 단 학업이 최우선 이라는 것은 명심해야한다.

Q1 교대입시정보는 어떻게 수집하고 활용하는 것이 좋은가?

교육대학은 특수목적대학으로 입시기준이 일반대학과는 조금 다르다. 따라서 전략적 접근이 중요하다. 요즘 교대입시에 관련된 정보가 너무나도 많이 떠돌고 있다. 많은 정보를 수집하는 것도 좋지만 중요한 것은 그 정보들 중 잘못된 정보와 불 필요한 정보가 있다는 것이다. 정확한 정보를 구별하고, 나에게 맞는 정보를 활용해야한다. 그래야 성공의 확률을 높일 수 있다. 특히 인터넷 상에 무분별하게 떠도는 내용 들은 경계하라. 우선 가장 믿을 수 있는 정보는 모집요강과 교육대학이나 지자체 단체에서 실시하는 입시설명회이다. 물론 모든 대학이나 자치단체가 실시하지는 않는다. 입시 박람회를 활용하는 것도 좋다. 시간을 절약하고 나에게 맞는 입시전략을 원한다면 교대입시연구소 주최 설명회를 추천한다. 전국 13개 대학의 정보를 한 번에 정확하고 개인 맞춤식으로 제공하기 때문이다. 가장 좋은 방법은 상황이 된다면 교대입시 전문가에게 상세한 상담을 받는 것이다.

Q2 교대입시에서 면접비중이 적은 전형의 경우 면접에 대한 부담을 갖지 않아도 되는가?

교대입시는 중등교육을 성공적으로 이수한 학생이 교육대학에 진학하기 위해 거쳐야 하는 제도적 장치이자 중등교육과 고등교육 사이에 연계를 이루어야 하는 중요한 고리가 된다. 교사의 핵심역량으로 의사소통 능력이 강조됨에 따라 교육대학입시에서 인재를 선발하는 방법으로 면접을 강조하고 있다. 특히 교육대학 입시에서 면접은 교직적성, 교직인성, 교직교양 등 예비초등 교사의 자질을 확인하는 중요한 절차이다. 따라서 면접고사에서 일정 점수를 얻지 못한다면 합격은 어렵게 된다. 물론 면접의 비중이 적은 전형의 경우 다른 영역에서 점수를 높게 받으면 된다고 생각할 수도 있다. 하지만 그것은 현실적으로 어려운 일이다. 예를 들면 수시전형에서 면접의 비중이 적은 전형은 학생부 교과전형이다. 지원자들의 비슷한 내신에서 차이나는 점수보다 비중이 적다해도 면접점수 차이가 더 크기 때문이다. 정시의 경우도 마찬가지이다. 교육대학을 지원하는 학생들의 수능 점수 차이가 크지 않기 때문에 아무리 면접의 비중이 적다해도 지원 미달의 경우가 아니라면 1단계에 합격한 지원자는 면접점수에 따라 합격이 결정되기 때문이다. 이러한 점을 생각해서 교대면접 준비에 최선을 다하기 바란다. 면접에 대한 부담이 크다면 면접이 없는 전형을 지원하는 것도 방법이다.

Q3 내신, 수능, 비교과활동의 비중은 어떻게 준비하는 것이 좋을까?

수시에서는 모든 교육대학이 반영 비율은 달라도 내신 성적을 반영한다. 따라서 모든 교과과목이 반영되는 내신을 잘 준비해야 하는 것이 가장 중요한 일이다. 그 다음으로 내신과 더불어 비교과활동이다. 정량적 평가와 함께 정성적 평가의 비중이 크게 반영되기 때문에 교육대학에서 원하는 능력과 자질을 보여줄 수 있는 활동을 하는 것은 매우 중요하다. 비교과 다음으로 교육대학별 차이는 있지만 일부 전형에서는 수능 최저학력 기준이 적용되기 때문에 수능 준비를 열심히 해야 할 필요가 있다. 따라서 지원전형이 최저등급이 있다면 비교과보다 최저등급을 우선적으로 생각해야한다. 정시 전형에서는 수능점수가 절대적이라고 할 수 있다. 따라서 교대를 지원하려는 학생은 수시와 정시 또 어떤 전형으로 지원할 것인지를 결정하고 그에 따라 요소별로 집중해야 할 것이다.

Q4 학생부 종합전형에서 중점을 두어야할 학교생활기록부 항목들은 무엇인가?

인적사항을 제외하고는 어느 것 하나 중요하지 않은 항목은 없다. 성적과 비교과 거의 모든 항목에서 비슷한 점수를 가진 지원자 속에서 교직관련 활동이 중요한 차별 요소가 되는 것이 현실이지만, 그에 따른 활동들이 연계적으로 나타나는 것이 더 중요하다. 따라서 학생부의 요소를 잘 파악하고 교직적합성 측면에서 다른 지원자와 자신을 차별화 할 수 있는 부분을 지속적으로 활동하는 것이 중요하다. 어떤 활동을 했는가 보다는 어떻게 했는가가 더 중요하다는 것을 명심해야한다. 굳이 항목별로 조금 더 중요한 부분을 살펴본다면 교육대학의 학생부종합 전형에서는 정성적 평가의 비중이 더 크게 평가되기 때문에 비교과 부분이 매우 중요하다고 볼 수 있다. 정확한 평가기준은 알 수 없어도 교육대학 별로 차이는 있지만 개략적인 항목별 전형비율 또는 세부사항을 공지한다. 비교과 중에서는 세부능력 특기사항, 창의적 체험활동, 봉사활동, 행동특성 및 종합의견 등 학교별로 더 중요시하는 항목은 조금씩 다르다. 자신의 비교과부분의 상세한 분석이 필요한 학생이라면, 지원하기 전에 교대입시전문가에게 상담 받기를 권한다.

Q5 고등학교 동아리활동은 어떤 종류가 좋은가?

학생부 종합전형에서 동아리 활동의 평가는 교직적합성과 자질 등을 평가하는 하나의 요소이므로 교직관련 동아리가 좋겠지만, 직접관련이 없는 동아리라 하더라도 교직관련 활동을 학생이 창의적으로 만들어 한다면 도움이 될 것이다. 요즘 다양한 동아리와 활동을 만들어서 교육자로서의 자질을 함양하는 기회로 삼는 학생들도 많이 있다. 가능하다면 교육관련 동아리를 만들고 활동을 하는 것도 경쟁력을 키우는 방법이다. 또한 동아리 부장을 함으로서 역량을 보여줄 수 있을 것이다. 어떤 경우이라도 명심해야 할 것은 어떤 동아리를 하는 것도 중요하지만, 활동을 어떻게 하는가가 더 중요하다.

Q6 봉사활동은 어느 정도 해야 하는지 또 어떤 봉사활동이 유리한가?(반드시 교육봉사를 해야 하나?)

일반적으로 한 학기에 10시간 정도 하는 추세이다. 교외 개인적인 봉사활동은 불인정되기 때문에 과거에 비해 많이 줄은 편이다. 하지만 교내 봉사와 학교에서 실시하는 단체 교외 봉사활동을 합하여 한 학기에 20~30시간 정도 하여 차별성을 갖는 학생들도 많이 있다. 봉사활동은 시간도 중요하지만 내용이 더 중요하다. 특별한 학생을 제외하고는 비교적 학생들이 할 수 있는 봉사활동의 종류가 다양하지 않다. 따라서 얼마나 지속적으로 활동을 했고, 그 활동으로 인해 학생의 교육자로서의 뚜렷한 성장이 이루어질 수 있게 활동하는 것이 더 중요하다. 교육봉사는 할 수 있다면 좋겠지만, 반드시 해야만 하는 것은 아니다. 봉사활동 역시 어떤 봉사를 하는 것도 중요하지만 어떻게 하는가가 더 중요하다. 활동 내용이 생활기록부에 자세히 기록은 되지 않지만 봉사활동 실적만으로도 평가가 가능하다. 또한 면접에서 질문의 대상이 되기 때문에 어떻게 활동했고, 성장했는지 확인할 필요가 있다.

Q7 생활기록부 교내활동들 중에서 가장 중요한 것은 무엇인가?

결론부터 이야기 하면 다 중요하다. 한 가지만 꼽으라면 학업활동이 가장 중요하다. 내신이 부족한 학생이 교대에 입학하는 것이 어렵기 때문이다. 어떠한 상황이라도 내신을 높이는 것이 중요하다. 다음 조건으로는 되도록 교육관련 활동을 꾸준히 하는 것이 중요하다. 그러나 무슨 활동을 했느냐 보다 어떻게 했느냐가 중요하다. 모든 항목이 중요하지만 세부능력 특기사항의 경우 교사의 고유 권한이면서 학생을 평가하는 중요한 지표이기 때문에 계획적인 관리가 필요하다.

Q8 독서활동은 해야 하나?(한다면 반드시 교육학 책을 읽어야하나?)

독서활동상황이 평가되지는 않지만, 일반적으로 독서활동은 그 학생의 향후 학업 능력을 가늠하는 중요한 요소이다. 따라서 학생의 독서활동은 창의적 체험활동이나 세부능력 및 특기사항에 기록하여 학생의 또 다른 역량을 보여줄 수 있는 요소이다. 특별히 교대를 진학하기에 유리한 책은 없다. 다양한 종류의 독서가 유리하게 작용할 수 있는 부분이 있기 때문에 독서의 종류보다는 시간을 잘 활용하여 적당한 독서를 하는 것이 중요하다. 교육학 책을 많이 읽을 필요는 없다. 다만 교대를 지원하는 학생이라면 면접을 위해서라도 교육관련 책들도 어느 정도 읽을 필요는 있다.

Q9 교대수시 준비 학생의 경우 학교생활기록부에서 가장 중요한 사항은 무엇인가?

교대수시 전형평가에서 자기소개서가 폐지됨에 따라 학생부의 평가가 더욱 중요해졌다. 가장 중요한 것은 당연히 교과 성적이다. 물론 교과 성적이상으로 비교과도 중요하다. 비교과의 경우 장점을 부각시키는 것도 중요하지만, 단점을 없애는 것도 매우 중요하다. 예를 들어서 학생부에 "모든 활동에 적극적인 것에 비해 표현력과 발표력이 다소 부족하다."라고 표현 되어 있다면 평가자입장에서 볼 때 초등교사로서의 자질이 부족하다고 판단할 수도 있기 때문이다.

Q10 특목고 또는 내신이 불리한 일반 고등학교 학생들은 수시와 정시 중 어디에 비중을 두고 준비하는 것이 유리한가?

최근 교육부 정책으로 정시를 늘리고, 수능최저등급을 적용하는 수시전형도 늘고 있기 때문에 과거에 비해 특목고 학생들이 다소 유리해졌다. 그렇다 해도 내신이 불리한 학교의 학생들은 여전히 정시 중심으로 준비하는 게 좋을 것이다. 그 이유는 우선 교대 수시 합격자들의 내신 분포가 평균 2등급 정도이어서 교과 성적이 상대적으로 불리한 학교 학생들은 합격이 어렵기 때문이다. 물론 비교과가 우수하거나 특별전형의 경우 4~5등급으로 합격하는 학생들도 있지만 그 수는 매우 적다. 더군다나 수시에서 정시로 이월되는 인원이 적지 않기 때문에 실제 정시 모집인원은 더 늘어난다. 해마다 다소의 차이는 있지만, 10개 교육대학과 3개 종합대학 초등교육과 정시 모집인원에 수시 이월 인원이 더해지면 실제 정시모집인원은 총 모집인원의 50% 이상 되기도 한다. 따라서 내신이 불리한 학교의 학생이라면 정시전형에 맞추어 집중적으로 준비하는 것이 합격의 가능성능 높일 수 있을 것이다. 물론 정시의 1개의 카드를 위해 수시에 6개의 카드를 버리는 것이 불안하거나 아쉬울 수 있다. 그렇다면 수능에 지장을 초래하지 않는 범위에서 짧게 준비해서 수시를 지원하고 수능공부에 몰입하는 것도 방법이다.

Q11 일반고의 경우 정시와 수시전형 중 어느 경우가 조금이라도 더 유리한가?

이 경우는 어느 쪽이 유리한가는 수험생의 학생부 분석 결과를 기준으로 판단해야 할 것이다. 수험생 누구나 알고 있는 것처럼 수시전형에서는 6곳을 지원할 수 있다. 학생에 따라서는 면접일이 겹치는 곳을 제외하면, 6곳 모두 교대를 지원한다는 것이 어렵기 때문에 타과와 함께 지원하는 경우도 있다. 그러나 실제 1차에 합격한다는 보장이 없기 때문에 학생의 입장에서 조금이라도 합격가능성이 높은 곳을 바탕으로 가능한 6곳 모두 지원하는 것도 전략 이다. 정시에서는 실제 교육대학이 나군에 집중되어 있어서 1군데밖에 지원할 수 없는 실정이다. 따라서 학생부가 그다지 불리하지 않다면 수시전형을 포기하지마라. 또한 교대마다 추구하는 인재상이 다를 수 있고, 여러 가지 불합격 요인이 다양하기에 수능공부를 병행하여 정시에서 교대를 진학할 수 있는 기회를 놓치지 않도록 하는 것도 중요하다. 물론 수능을 포기하고 수시에 올인 하는 것이 합격률을 높이는 방법이라고 생각 할 수도 있다. 권장하고 싶은 방법은 아니다.

Q12 교대 면접 준비는 어떻게 하는 것이 효과적인가?

교대면접의 방법과 비중이 대학별로 차이가 있다. 주로 학생부, 중심의 서류 기반 면접과 교직인적성과 교양을 확인하는 제시문 면접으로 나뉘기 때문에 본인의 학생부를 명확히 이해하고 숙지하는 것이 기본이다. 또한 교직과 교양부분의 꼼꼼한 준비도 필요하다. 최근 교육대학들이 홈페이지에 제공한 자료에 전년도 기출문제와 그에 대한 해설이 잘 나와 있으므로 이를 잘 분석해서 준비하는 것도 좋다. 자세한 내용은 김완컨설팅 자매서적인《교대면접&사대면접》을 활용하기 바란다. 내용이 잘 준비된다면 결국 표현이 중요하므로 충분한 연습을 통해 준비하면 된다. 부산교육대학교 집단면접의 경우 학교 친구와 함께 연습하면서 서로 모의면접을 해보기도 하고 부모님과 실전 훈련을 해보는 것도 좋은 방법이다. 정황상 이런 것들이 용의치 않거나, 짧은 시간에 큰 효과를 원한다면 교대면접 전문가에게 교육을 받는 것도 방법이다.

Q13 교대면접 준비는 언제부터 하는 것이 좋은가?

요즈음 교육대학 진학을 원하는 학생은 체계적으로 준비하는 편이다. 면접 준비는 고1때부터 평소에 꾸준히 조금씩 준비하는 것이 좋지만, 많은 학생들이 학생부 관리를 우선으로 생각하기 때문에 쉬운 일은 아니다. 그래서 교육대학에서 가장 중요한 요소인 내신이 합격가능 선에 있다고 판단하는 경우 2학년 겨울 방학부터 준비하는 경향이 있다. 그렇지 못한 경우 일반적으로 고3 여름방학과 함께 준비를 시작한다. 고3의 경우 여름방학에도 학교에 출석하는 경우가 있지만, 비교적 방학에는 출석에 자유로운 시간이 있기 때문에 면접 바로 직전에 준비하는 것 보다 시간적으로 여유가 있어 효과적이고, 부족한 부분을 면접 전에 더 보충할 시간이 있어 유리하다. 또한, 수능준비를 병행하는 학생의 경우 주말이나 연휴를 이용하는 2~4일 정도 준비하는 것도 방법이다.

Q14 중3의 경우 고등학교 선택을 특목고나 자사고로 진학하는 것이 좋을까? 아니면 일반고가 좋을까?

현 입시 제도를 기준으로 보았을 때, 우선 학생이 오로지 교대만을 원하는지, 교대를 생각하지만 경우에 따라 상위권 진학도 고려하는지에 따라 고등학교 선택은 달라진다. 교대만을 원한다면 일반고가 유리하다. 그 이유는 수험생들도 알다시피 교대입시는 수시와 정시로 나누어지는데, 수시의 경우 학교내신이 가장 중요 요인이기 때문이다. 물론 정량적평가보다 정성적 평가의 비중을 더 중요하게 생각하는 대학들이 늘고 있지만 이 경우에도 평균적으로 일반고 보다 비교과가 우수한 특목고나 자사고가 결코 유리하다고 볼 수 없다. 왜냐하면 교대를 지원하는 일반고 상위권 학생들 중에는 특목고나 자사고 학생들처럼 비교과과 우수한 학생들이 많이 있기 때문이다. 그렇다면 결국 정성적 평가가 우수한 학생들 중에서 내신 평가의 중요성이 나타나는 것이다.

정시의 경우는 수능성적이 가장 중요하다고할 수 있다. 따라서 수능준비를 일반고 보다 많이 한 특목고나 자사고 학생들이 다소 유리하다고 볼 수 있다. 그러나 수시전형에서 모집인원의 50% 정도 선발된다는 점도 고려해야 할 것이다.

Q15 일반고를 지원하는 경우 어떤 고등학교를 자원하는 것이 좋을까?(내신에 유리한 학교, 입시 결과가 좋은 학교, 교육과정 특성화학교 등)

수시 인원이 점점 줄고 있는 시점에서 교육대학을 진학하기 위한 준비 중 아무리 강조해도 지나치지 않은 것이 내신이다. 그렇게 본다면 내신을 잘 받을 수 있는 학교가 유리할 것이다. 입시결과가 좋은 학교가 교육대학교 합격생을 다수 배출했다면 이 경우는 무조건 내신에 유리한 학교가 더 유리하다고 볼 수는 없다. 또한 교육과정 특성화학교의 경우 교사관련 활동을 많이 할 수 있고, 내신역시 어느 정도 유리하다면 이 학교도 고려해볼 필요가 있다. 따라서 어떤 한 가지 요인만으로 고등학교를 선택하기보다는 여러 요인의 경중을 고려하여 선택하는 것이 현명할 것이다. 학생과 학부모님의 스스로 판단이 어렵다면 전문가의 도움을 받는 것도 방법이다. 어느 학교를 진학하든지 3년 동안 성적이 떨어질 다양한 요인과 학교활동의 갈등은 늘 존재한다. 따라서 흔들림 없는 교사의 꿈을 지킬 수 있는 마음가짐이 가장 중요할 것이다.

Chapter 2

교대입시

전형별 분석

학교별 분석

Chapter 2
교대입시 전형별 분석

I 수시 전형

　2025학년도부터 학령인구 감소 등으로 인해 이화여자대학교를 제외한 모든 초등교육학과의 입학정원이 12% 감축되었다. 또한 각 대학마다 정원감축을 수시와 정시에 적용하는 비율이 다른 점도 입시전략을 세울 때 고려해야 한다. 수시전형에서 큰 변화 다섯 가지를 살펴보면 첫째 앞서 말한 정원감축정책에 따른 정원 내 전형들의 모집인원 감소이다. 둘째 학교별 차이는 다소 있으나 전 년도에 이어 지방교육대학들의 지역인재 전형의 모집인원 비율이 늘어나는 추세이다. 셋째 수능최저학력기준을 적용하는 학교들이 수험생들이 수능최저를 맞추기 수월하도록 변경하였다. 넷째 광주교육대학교 사회통합전형의 지원자격에 만학도(만 30세 이상)가 추가되었다. 다섯째 경인교육대학교와 이화여자대학교의 교과전형 모집방법이 변경되었다. 그 외의 변경사항이나 자세한 내용은 본서의 chapter 3 학교별 전형별 분석을 참조하라.

01 학생부 교과 전형

　학생부 교과전형이 어떻게 보면 가장 간편하게 교육대학에 입학하는 전형이라 할 수 있다. 내신 성적 위주로 평가하기 때문에 내신이 기준이상인 학생의 경우 비교과와 관계없이 수능 최저 기준을 맞추고 마지막 면접으로 전형이 마무리 된다. 면접 또한 학생부종합전형에 비해 간략하기 때문에 교대를 준비하는 학생입장에서는 준비할 것이 가장 적은편이다. 물론 면접 준비는 철저히 해야 한다. 따라서 교대 입시에 내세울 만한 비교과 활동을 만들지 못해 학생부종합전형 합격가능성이 낮은 수험생 이라면 학생부교과전형을 고려해 볼 필요가 있다. 전국 교대 중 2025학년도에 학생부교과전형으로 학생을 선발하는 대학은 서울교육대학(학교장추천), 경인교육대학(학교장추천), 이화여자대학(고교추천), 제주대학(일반학생, 지역인재), 한국교원대학(지역인재) 다섯 곳으로 5개 대학 총 229명을 선발한다. 학생부교과전형은 교대입시에서 차지하는 비중이 적고, 5개 대학에서만 이 전형을 운영하므로 전략을 더욱 잘 세워야 한다. 학생부교과전형에 지원한다면 '교과 학년별 반영 비율'을 살펴서 전략적으로 접근하는 것이 좋다. 또한 학생 대부분 학생부교과전형에서 비교과 부분은 만점을 받지만 출결과 봉사 등이 좋지 않은 학생의 경우는 지원학교의 채점방식을 꼼꼼히 따져 봐야 할 것이다. 아무리 그렇다 해도 가장 중요한 것은 교과 성적이다. 2024학년도 각 교대별 평균내신을 살펴보면, 서울교육대학은 평균내신이 1.68이고, 이화여자대학 초등교육과는 최종등록자 기준 평균내신이 1.29이다. 경인교육대학의 경우 내신평균이 2.0~3.0인 합격자가 70% 이상이었지만 올해 작년에 비해 모집인원이 1/2로 대폭 줄었다. 물론 이 데이터는 절대적인 것은 아니고 본 연구소 학생들의 데이터를 참고한 것이다. 수능에 어느 정도 자신 있는 학생들이라면, 수시모집 중에서도 수능 최저학력기준이 있는 교과전형을 지원하는 것도 하나의 방법이다. 좀 더 구체적인 내용들은 chapter 3 학교별 전형 또는 대학 입시 모집요강을 참조하라.

학교	전형명	모집인원	전형방법 / 지원 자격	비고
경인교대	학교장추천	120	학생부 교과 70, 면접(비대면) 30 2021년 2월 이후 고교 졸업(예정)자(2015 개정 교육과정 적용자)로 고등학교장 추천을 받은 자 2025학년도 대학수학능력시험 응시자	• 최저학력기준 국·영·수·탐 4개영역 등급 합 12 탐구영역 상위 1과목 반영
서울교대	학교장추천	40	[1단계] 학생부 교과 100 (2배수) [2단계] 1단계 80, 면접 20 2025년 2월 고등학교 졸업예정자 2025학년도 대학수학능력시험 응시자 ※고교별 추천인원 고3 재적인원 기준 3% 이내	• 최저학력기준 : 국·영·수·탐 4개 영역 등급 합 10 (한국사 4) • 제출서류 : 학교장추천서
제주교대	일반학생[교과]	30	학생부 100 고교 졸업(예정)자 또는 이와 동등 학력 인정자로 2025학년도 대학수학능력시험 응시자	• 최저학력기준 : 국·수·영·탐 중 3개 등급 합 8 (탐구 2과목 평균 소수점 이하 절사) • 성비적용 최초 합격자의 경우 어느 한 성이 70%초과할 수 없음
	지역인재	28	학생부 100 제주도에 소재한 고등학교에서 3년 모두 이수한 졸업(예정)자로 2025학년도 대학수학능력시험 응시자	• 최저학력기준 : 국·수·영·탐 중 3개 등급 합 8 (탐구 2과목 평균 소수점 이하 절사) • 성비적용 최초 합격자의 경우 어느 한 성이 70%초과할 수 없음
이화여대	고교추천	9	1단계 : 학생부 교과 100 (5배수) 2단계 : 1단계 80, 면접 20 2024년 2월 이후 고교 졸업(예정)자 중 학교장의 추천을 받은 자 ※ 고교별 추천인원 20명 이내	• 제출서류 : 학교장추천명단확인서
한국교원대	지역인재	2	학생부 100 (교과 90, 봉사5, 출결5) 2020년 1월 이후 충청권(충북, 충남, 대전, 세종)에 소재하는 고교 전 교육과정 이수한 졸업(예정)자 2025학년도 대학수학능력시험 응시자	• 최저학력기준 : 국·수·영·탐 4개영역 등급 합 12

02 학생부 종합 전형

교대입시 수시전형의 핵심은 학생부종합전형이라 할 수 있다. 2025학년도 전국 10개 교육대학과 3개 종합대학 초등교육과 모집정원을 살펴보면, 정원 외 인원을 포함한 수시모집 인원은 2,444명으로 전체 선발인원의 약 65%에 해당한다. 수시모집 인원 중 90%에 해당하는 2,215명을 학생부종합전형으로 선발한다. 수시전형으로 교육대학에 진학하고자 한다면 학생부종합전형 지원을 고려해야 할 것이다. 2025학년도에 서울교대, 춘천교대, 이화여대 초등교육과, 전주교대, 진주교대에서 수능 최저 등급을 적용한다. 또한 올해는 수능최저 등급기준이 변경된 학교들이 많다. 따라서 모든 초등교육학과 모집전형에서 생활기록부와 면접과 더불어 수능의 중요성이 높아졌다. 따라서 지원자는 교과, 비교과 활동뿐만 아니라 수능과 면접에도 별도로 시간을 내서 꼼꼼하게 준비할 필요가 있다.

같은 학생부종합전형도 학교에 따라, 또 전형별로 평가 요소의 반영 비율은 각각 다르다. 따라서 전형 특성을 잘 검토해서 본인에게 가장 적합한 학교와 전형을 찾아야한다. 이것이 하나의 전략이 될 수 있다. 예를 들어 자신이 내신 성적이 낮다고 한다면, 상대적으로 내신 반영 비중 보다 정성적평가의 비중이 높은 교육대학을 선택하는 것이 바로 전략이다. 그렇다면 어느 정도의 내신 성적이 적합한 것인지 궁금할 것이다. 물론 내신으로만 평가 하는 것이 아니기 때문에 절대적이지는 않다. 최근 2년간의 추이를 살펴보면 대학별로 차이는 있지만 대부분 평균내신이 2점 전후로 낮아지고 있다. 이에 따라 평균내신 2.0~3.0인 합격자가 늘어나고 있는 추세이다. 이는 고3수험생의 수가 감소하고 문·이과 통합수업, 수능 최저 등급 등의 결과이다. 물론 대학별로 정성적 평가의 비중을 늘리는 것도 이유이다. 그렇다고 해서 2.0~3.0인 학생의 합격이 안정적인 것은 아니다. 내신평균이 4.0이상의 학생들도 소수 합격한 사례가 있지만 이는 특별한 경우로 보아야 한다. 지금까지 일반전형의 경우를 알아보았다. 자세한 것은 이 책 chapter 3 교대입시 학교별 분석 3개년 입시결과를 통해 확인 가능하다. 특별전형의 경우는 일반전형보다 낮은 내신으로 가능하다. 물론 전형에 따라 내신이 비슷하거나 차이가 큰 경우도 있다. 자세한 내용은 이 책 chapter 3 교대입시 학교별 분석 입시결과에 수록되어있다. 전형별로 주요입시요강을 한 눈에 볼 수 있게 다음 표로 정리 해 놓았다.

① 일반 전형

학교	전형명	모집인원	전형방법 / 지원 자격	비고
경인교대	교직적성전형	215	서류 100	• 제출자료(원서접수 사이트에 업로드) : 전형자료로 답변녹화 동영상 활용
			고교 졸업(예정)자 또는 이와 동등 학력 인정자	
공주교대	교직적성인재	53	[1단계] 서류 100 (3배수) [2단계] 1단계 50 면접 50	–
			고교 졸업(예정)자 또는 이와 동등 학력 인정자	
	지역인재선발	123	[1단계] 서류 100 (2배수) [2단계] 1단계 50 면접 50	–
			충청남도, 세종특별자치시, 대전광역시에 소재한 고등학교에서 3년 모두 이수한 졸업(예정)자	
광주교대	교직적성우수자	40	[1단계] 서류 100 (4배수) [2단계] 1단계 70, 심층면접 30	–
			고교 졸업(예정)자 또는 이와 동등 학력 인정자	
	전라남도교육감추천	60	[1단계] 서류 100 (2배수) [2단계] 1단계 70, 심층면접 30	• 제출서류 : 전라남도교육청 추천자 서류
			전라남도에 소재한 고등학교에서 3년 모두 이수한 졸업(예정)자로 교육감의 추천을 받은 자	
	광주인재	40	[1단계] 서류 100 (2배수) [2단계] 1단계 70, 심층면접 30	–
			광주광역시에 소재한 고등학교에서 3년 모두 이수한 졸업(예정)자	
	전남인재	40	[1단계] 서류 100 (2배수) [2단계] 1단계 70, 심층면접 30	–
			전라남도에 소재한 고등학교에서 3년 모두 이수한 졸업(예정)자	
대구교대	참스승	50	[1단계] 서류평가 100 (5배수) [2단계] 1단계 70(68.8), 심층면접 30(31.2)	• 성비적용 : 어느 한 성이 70%를 초과할 수 없음
			고교 졸업(예정)자 또는 이와 동등 학력 인정자	
	대구지역인재	80	[1단계] 서류평가 100 (2배수) [2단계] 1단계 70(68.8), 심층면접 30(31.2)	• 성비적용 : 어느 한 성이 70%를 초과할 수 없음
			대구지역에 소재한 고등학교에서 3년 모두 이수한 졸업(예정)자로 학교장의 확인을 받은 자	

학교	전형명	모집인원	전형방법 / 지원 자격	비고
대구교대	경북지역인재	100	[1단계] 서류평가 100 (2배수) [2단계] 1단계 70(68.8), 심층면접 30(31.2) 경북지역에 소재한 고등학교에서 3년 모두 이수한 졸업(예정)자로 학교장의 확인을 받은 자	• 성비적용 어느 한 성이 70%를 초과할 수 없음
부산교대	초등교직적성자	65	[1단계] 서류평가 100 (3배수) [2단계] 1단계 60(71.4), 면접 40(28.6) 고교 졸업(예정)자 또는 이와 동등 학력 인정자	─
	지역인재	125	[1단계] 서류평가 100 (3배수) [2단계] 1단계 60(71.4), 면접 40(28.6) 부산·울산·경남 지역에 소재한 고등학교에서 3년 모두 이수한 졸업(예정)자	─
서울교대	교직인성우수자	100	[1단계] 서류 100 (2배수) [2단계] 1단계 50, 면접 50 고교 졸업(예정)자 또는 이와 동등 학력 인정자 2025학년도 대학수학능력시험 응시자	• 최저학력기준 : 국·영·수·탐 4개 영역 등급합 10 (한국사 4)
전주교대	교직적성우수자	35	[1단계] 서류 100 (3배수) [2단계] 1단계 60, 면접 40 고교 졸업(예정)자 또는 이와 동등 학력 인정자 2025학년도 대학수학능력시험 응시자	• 최저학력기준 : 국·영·수·탐 4개 영역 등급합 15 한국사 각 4등급 이내
	지역인재선발	101	[1단계] 서류 100 (2배수) [2단계] 1단계 60, 면접 40 전라북도에 소재한 고등학교에서 3년 모두 이수한 졸업(예정)자로 2025학년도 대학수학능력시험응시자	• 최저학력기준 : 국·영·수·탐 4개 영역 등급합 15 한국사 각 4등급 이내
진주교대	21세기형교직적성자	50	서류평가 100 고교 졸업(예정)자 또는 이와 동등 학력 인정자로 2025학년도 대학수학능력시험응시자	• 최저학력기준 국·영·수·탐 4개 영역 등급합 12 한국사 4등급 이내
	지역인재선발	123	서류평가 100 경남·부산·울산 지역에 소재한 고등학교에서 3년 모두 이수한 졸업(예정)자로 2025학년도 대학수학능력시험응시자	• 최저학력기준 국·영·수·탐 4개 영역 등급합 12 한국사 4등급 이내
청주교대	배움나눔인재	42	[1단계] 서류 100 (4배수) [2단계] 1단계 60 면접 40 고교 졸업(예정)자 또는 이와 동등 학력 인정자	─

학교	전형명	모집인원	전형방법 / 지원 자격	비고
청주교대	지역인재	112	[1단계] 서류 100 (2배수) [2단계] 1단계 60 면접 40	—
			충청북도에 소재한 고등학교에서 3년 모두 이수한 졸업(예정)자	
춘천교대	교직적·인성 인재	101	서류 100	• 최저학력기준 : 국·수·영·탐(평균) 등급 합 12, 한국사4 이내
			고교 졸업(예정)자 또는 이와 동등 학력 인정자로 2025학년도 대학수학능력시험 응시자	
	강원교육인재	60	서류 100	• 최저학력기준 : 국·수·영·탐(평균) 등급 합 14, 한국사4 이내
			강원도에 소재한 고등학교에서 3년 모두 이수한 졸업(예정)자로 2025학년도 대학수학능력시험 응시자	
제주교대	일반학생 [종합]	9	[1단계] 학생부, 서류 100 (3배수) [2단계] 1단계 70, 면접 30	—
			고교 졸업(예정)자 또는 이와 동등 학력 인정자	
이화여대	미래인재	12	서류평가 100	• 최저학력기준 : 국·수·영·탐 중 3개 등급 합 6등급 탐구영역 상위 1과목 반영
			고교 졸업(예정)자 또는 이와 동등 학력 인정자로 2025학년도 대학수학능력시험응시자	
한국교원대	학생부 종합 우수자	62	[1단계] 서류평가 100 (3배수) [2단계] 1단계 80, 면접 20	—
			고교 졸업(예정)자 또는 이와 동등 학력 인정자	

② 국가보훈대상자 전형

학교	전형명	모집인원	전형방법 / 지원 자격	비고
경인교대	국가보훈대상자	4	서류 100	• 제출자료(원서접수 사이트에 업로드) : 전형자료로 답변녹화 동영상 활용
			고교 졸업(예정)자 또는 이와 동등 학력 인정자	
공주교대	국가보훈대상자	5	[1단계] 서류 100 (2배수) [2단계] 1단계 50, 면접 50	—
			고교 졸업(예정)자 또는 이와 동등 학력 인정자	
대구교대	국가보훈대상자	6	[1단계] 서류평가 100 (2배수) [2단계] 1단계 70(68.8), 심층면접 30(31.2)	—
			고교 졸업(예정)자 또는 이와 동등 학력 인정자	

학교	전형명	모집인원	전형방법 / 지원 자격	비고
부산교대	국가보훈대상자	3	[1단계] 서류평가 100 (3배수) [2단계] 1단계 60(71.4), 면접 40(28.6)	–
			국내 고교 졸업(예정)자	
서울교대	국가보훈대상자	5	[1단계] 학생부, 서류 100 (2배수) [2단계] 1단계 50 면접 50	• 최저학력기준 국·수·영·탐 4개 영역 등급합 13 (한국사 4)
			고교 졸업(예정)자 또는 이와 동등 학력 인정자로 2025학년도 대학수학능력시험 응시자	
전주교대	국가보훈대상자	5	[1단계] 서류 100 (2배수) [2단계] 1단계 60, 면접 40	–
			고교 졸업(예정)자 또는 이와 동등 학력 인정자	
진주교대	국가보훈대상자	3	서류평가 100	• 최저학력기준 국·수·영·탐 4개 영역 등급합 14 한국사 4등급 이내
			고교 졸업(예정)자 또는 이와 동등 학력 인정자로 2025학년도 대학수학능력시험응시자	
청주교대	국가보훈대상자	5	[1단계] 서류 100 (3배수) [2단계] 1단계 60, 면접 40	–
			고교 졸업(예정)자 또는 이와 동등 학력 인정자	
춘천교대	국가보훈대상자	4	서류 100	• 최저학력기준 : 국·수·영·탐(평균) 등급 합 14, 한국사4 이내
			고교 졸업(예정)자 또는 이와 동등 학력 인정자로 2025학년도 대학수학능력시험 응시자	
한국교원대	국가보훈대상자	1	[1단계] 서류평가 100 (3배수) [2단계] 1단계 80, 면접 20	• 최저학력기준 : 국·수·영·탐 등급 합 20
			고교 졸업(예정)자 또는 이와 동등 학력 인정자 2025학년도 대학수학능력시험 응시자	

※ 지원 자격

고등학교 졸업(예정)자 또는 법령에 의하여 동등 이상의 학력이 있다고 인정된 자로서, 「국가보훈기본법」 제3조 제2호의 '국가보훈대상자'로서 국가보훈관계 법령에 따른 교육지원 대상자

– 독립유공자의 자녀 및 손자녀 : 「독립유공자예우에 관한 법률」 제4조 제1호 및 제2호의 자녀 및 손자녀

– 국가유공자 및 그 자녀(참전유공자 제외) : 「국가유공자 등 예우 및 지원에 관한 법률」 제4조 제1항 제3호~제18호(제10호 참전유공자 제외)의 본인 및 그 자녀

– 6·18자유상이자 및 그 자녀 : 「국가유공자 등 예우 및 지원에 관한 법률」 제73조의 본인 및 그 자녀

– 지원 순직 · 공상 군경(공무원) 및 그 자녀: 「국가유공자 등 예우 및 지원에 관한 법률」 제73조의2[법률 제11029호]의 본인 및 그 자녀

- 고엽제후유의증환자(수당지급대상자) 및 그 자녀 : 「고엽제후유의증 등 환자지원에 관한 법률」 제2조 제3호 및 제7조 제9항의 본인 및 그 자녀
- 5·18민주유공자 및 그 자녀 : 「5·18민주유공자 예우에 관한 법률」 제4조 제1호~제3호의 본인 및 그 자녀
- 특수임무유공자 및 그 자녀 : 「특수임무유공자 예우 및 단체설립에 관한 법률」 제3조 제1호~제3호의 본인 및 자녀
- 보훈보상대상자 및 그 자녀 : 「보훈보상대상자 지원에 관한 법률」 제2조 제1항 제1호~제4호의 본인 및 자녀

※ 세부적인 지원 자격 및 제출서류는 각 대학 모집요강 참고

③ 농·어촌 전형

학교	전형명	모집 인원	전형방법 / 지원 자격	비고
경인 교대	농·어촌 학생	21	서류 100 해당지역 고교 졸업(예정)자	• 제출자료(원서접수 사이트에 업로드) : 전형자료로 답변녹화 동영상 활용
공주 교대	농·어촌 학생	14	[1단계] 서류 100 (2배수) [2단계] 1단계 50 면접 50 해당지역 고교 졸업(예정)자	–
광주 교대	농·어촌 학생	10	[1단계] 서류 100 (3배수) [2단계] 1단계 70, 심층면접 30 해당지역 고교 졸업(예정)자	–
대구 교대	농·어촌 학생	15	[1단계] 서류평가 100 (2배수) [2단계] 1단계 70(68.8), 심층면접 30(31.2) 해당지역 고교 졸업(예정)자	–
부산 교대	농·어촌 학생	12	[1단계] 서류평가 100 (3배수) [2단계] 1단계 60(71.4), 면접 40(28.6) 해당지역 고교 졸업(예정)자	–

서울
교대
	농·어촌
	학생
		10	[1단계] 학생부, 서류 100 (2배수)
			[2단계] 1단계 50 면접 50
			
			해당지역 고교 졸업(예정)자
			2025학년도 대학수학능력시험 응시자
				• 최저학력기준 :
				  국·수·영·탐 4개 영역 등급합 13
				  (한국사 4)

전주 교대	농·어촌 학생	11	[1단계] 서류 100 (2배수) [2단계] 1단계 60, 면접 40 해당지역 고교 졸업(예정)자	–

학교	전형명	모집인원	전형방법 / 지원 자격	비고
진주교대	농·어촌학생	12	서류평가 100	• 최저학력기준 : 국·수·영·탐(평균) 등급 합 14, 한국사 4등급 이내
			해당지역 고교 졸업(예정)자로 2025학년도 대학수학능력시험응시자	
청주교대	농·어촌학생	7	[1단계] 서류 100 (3배수) [2단계] 1단계 60 면접 40	—
			해당지역 고교 졸업(예정)자	
춘천교대	농·어촌학생	12	서류 100	• 최저학력기준 : 국·수·영·탐(평균) 등급 합 14, 한국사4 이내
			해당지역 고교 졸업(예정)자로 2025학년도 대학수학능력시험 응시자	
제주교대	농·어촌학생	2	서류평가 100	—
			해당지역 고교 졸업(예정)자	
한국교원대	농·어촌학생	7	[1단계] 서류평가 100 (3배수) [2단계] 1단계 80, 면접 20	—
			해당지역 고교 졸업(예정)자	

※ 지원 자격

고등학교 졸업(예정)자로서, 다음 조건에 모두 해당하는 자(중·고교 조기졸업자 불가)

1) 「지방자치법」 제3조에 의한 농·어촌지역(읍, 면 지역) 또는 「도서·벽지 교육진흥법 시행규칙」 제2조에 따른 도서·벽지에 소재하는 중·고등학교에서 전 교육과정을 이수한 자

2) 「지방자치법」 제3조에 의한 농·어촌지역(읍, 면 지역) 또는 「도서·벽지 교육진흥법 시행규칙」 제2조에 따른 도서·벽지에서 중·고등학교 재학 전 기간 동안 지원자와 부·모가 모두 거주한 자

 − 2개 이상의 학교에 재학한 경우 해당 학교 모두가 반드시 읍·면 또는 도서·벽지 소재 중·고등학교이어야 함 (동일한 지역이 아니라도 가능함)

 − 부모와 학생 거주지, 학교 소재지는 동일한 읍·면 또는 도서·벽지가 아니라도 가능함

 − 행정구역(읍·면)의 적용: 고등학교 재학 당시의 행정구역 단위를 기준으로 적용하되, 고등학교 재학 당시 읍·면이었던 행정구역이 재학 중 또는 졸업 이후 동으로 개편된 경우 당해지역을 읍·면으로 인정함

 − 도·농 복합형태의 시에 속한 읍·면 또는 도서·벽지 지역도 농·어촌지역으로 인정함

 − 거주 사항은 연속된 경우만을 인정함

 − 읍·면 또는 도서·벽지 소재 특수목적 중·고등학교(과학, 외국어, 예술 또는 체육 등)에 재학한 자는 지원이 불가능함

※ 세부적인 지원 자격 및 제출서류는 각 대학 모집요강 참고

④ 특수교육대상자(장애인) 전형

학교	전형명	모집인원	전형방법 / 지원 자격	비고
경인교대	장애인학생	20	서류 100	• 제출자료(원서접수 사이트에 업로드) : 전형자료로 답변녹화 동영상 활용
			고교 졸업(예정)자 또는 이와 동등 학력 인정자	
공주교대	장애인등대상자	10	[1단계] 서류 100 (2배수) [2단계] 1단계 50, 면접 50	–
			고교 졸업(예정)자 또는 이와 동등 학력 인정자	
광주교대	장애인대상자	10	[1단계] 서류 100 (3배수) [2단계] 1단계 70, 심층면접 30	–
			고교 졸업(예정)자 또는 이와 동등 학력 인정자	
대구교대	장애인등대상자	10	[1단계] 서류평가 100 (2배수) [2단계] 1단계 70(68.8), 심층면접 30(31.2)	–
			고교 졸업(예정)자 또는 이와 동등 학력 인정자	
부산교대	장애인등대상자	12	[1단계] 서류평가 100 (3배수) [2단계] 1단계 60(71.4), 면접 40(28.6)	–
			고교 졸업(예정)자 또는 이와 동등 학력 인정자	
서울교대	장애인등대상자	11	[1단계] 서류 100 (2배수) [2단계] 1단계 50, 면접 50	• 최저학력기준 : 국·수·영·탐 4개 영역 등급 합 13. (한국사 4)
			국내 고교 졸업(예정)자 또는 이와 동등 학력 인정자로 2025학년도 대학수학능력시험 응시자	
전주교대	장애인등대상자	8	[1단계] 서류 100 (2배수) [2단계] 1단계 60, 면접 40	–
			고교 졸업(예정)자 또는 이와 동등 학력 인정자	
진주교대	장애인등대상자	12	서류평가 100	• 최저학력기준 : 국·수·영·탐 4개 영역 등급 합 16. 한국사 4등급 이내
			고교 졸업(예정)자 또는 이와 동등 학력 인정자로 2025학년도 대학수학능력시험응시자	
청주교대	장애인학생	10	[1단계] 서류 100 (3배수) [2단계] 1단계 60, 면접 40	–
			고교 졸업(예정)자 또는 이와 동등 학력 인정자	

학교	전형명	모집 인원	전형방법 / 지원 자격	비고
춘천 교대	특수교육 대상자	5	서류 100	• 최저학력기준 : 국·수·영·탐(평균) 등급 합 16, 한국사4 이내
			고교 졸업(예정)자 또는 이와 동등 학력 인정 자로 2025학년도 대학수학능력시험 응시자	
제주 교대	특수교육 대상자	2	서류평가 100	–
			고교 졸업(예정)자 또는 이와 동등 학력 인정자	
한국 교원대	장애인등 대상자	2	[1단계] 서류평가 100 (3배수) [2단계] 1단계 80, 면접 20	• 최저학력기준 : 국·수·영·탐 등급 합 20
			고교 졸업(예정)자 또는 이와 동등 학력 인정 자로 2025학년도 대학수학능력시험 응시자	

※ 지원 자격

고등학교 졸업(예정)자 또는 법령에 의하여 동등 이상의 학력이 있다고 인정된 자로서, 다음 조건 중 하나에 해당하는 자

1) 「장애인복지법」 제32조에 의해 장애인 등록을 필한 자

2) 「국가유공자 등 예우 및 지원에 관한 법률」 제4조 등에 의한 상이등급자(국가보훈처 등록)

※ 세부적인 지원 자격 및 제출서류는 각 대학 모집요강 참고

⑤ 저소득차상위계층 전형

학교	전형명	모집 인원	전형방법 / 지원 자격	비고
경인 교대	저소득층 학생	18	서류 100	• 제출자료(원서접수 사이트에 업로드) : 전형자료로 답변녹화 동영상 활용
			고교 졸업(예정)자 또는 이와 동등 학력 인정자	
공주 교대	기회균형 선발	5	[1단계] 서류 100 (2배수) [2단계] 1단계 50, 면접 50	–
			고교 졸업(예정)자 또는 이와 동등 학력 인정자	
광주 교대	기초생활 수급자, 차상위계층, 한부모가족	7	[1단계] 서류 100 (3배수) [2단계] 1단계 70, 심층면접 30	–
			고교 졸업(예정)자 또는 이와 동등 학력 인정자	
대구 교대	기초생활 수급자, 차상위계층, 한부모가족	11	[1단계] 서류평가 100 (2배수) [2단계] 1단계 70(68.8), 심층면접 30(31.2)	–
			고교 졸업(예정)자 또는 이와 동등 학력 인정자	

부산 교대	저소득층 학생	5	[1단계] 서류평가 100 (3배수) [2단계] 1단계 60(71.4), 면접 40(28.6)	—
			고교 졸업(예정)자 또는 이와 동등 학력 인정자	
서울 교대	기초생활 수급자등	19	[1단계] 서류 100 (2배수) [2단계] 1단계 50, 면접 50	• 최저학력기준 : 국·수·영·탐 4개 영역 등급 합 13, (한국사 4)
			국내 고교 졸업(예정)자 또는 이와 동등 학력 인 정자로 2025학년도 대학수학능력시험 응시자	
전주 교대	기회균형 선발	4	[1단계] 서류 100 (2배수) [2단계] 1단계 60, 면접 40	—
			고교 졸업(예정)자 또는 이와 동등 학력 인정자	
진주 교대	기회균형 선발	5	서류평가 100	• 최저학력기준 : 국·수·영·탐 4개 영역 등급 합 14, 한국사 4등급 이내
			고교 졸업(예정)자 또는 이와 동등 학력 인정자 로 2025학년도 대학수학능력시험응시자	
청주 교대	기회균형 선발제	8	[1단계] 서류 100 (3배수) [2단계] 1단계 60, 면접 40	
			고교 졸업(예정)자 또는 이와 동등 학력 인정자	
춘천 교대	기초생활 수급 및 차상위계층	5	서류 100	• 최저학력기준 : 국·수·영·탐(평균) 등급 합 14, 한국사4 이내
			고교 졸업(예정)자 또는 이와 동등 학력 인정 자로 2025학년도 대학수학능력시험 응시자	
한국 교원대	기초생활 수급 및 차상위계층	3	[1단계] 서류평가 100 (3배수) [2단계] 1단계 80, 면접 20	
			고교 졸업(예정)자 또는 이와 동등 학력 인정자	

※ 지원 자격

고등학교 졸업(예정)자 또는 법령에 의하여 동등 이상의 학력이 있다고 인정된 자로서, 다음 조건 중 하나에
해당하는 자

1) 「국민기초생활보장법」 제2조 제1호에 따른 수급권자 및 제2호에 따른 수급자

2) 「국민기초생활보장법」 제2조 제10호에 따른 차상위계층 중 복지급여(차상위 건강보험 본인부담 경감, 차상위 자활
급여, 차상위 장애수당, 차상위 장애인연금 부가급여)를 받고 있는 가구의 학생 또는 차상위계층 확인서 발급 대상
가구의 학생

3) 「한부모가족지원법」 제5조 또는 제5조의2에 따른 지원대상 가구 학생

※ 세부적인 지원 자격 및 제출서류는 각 대학 모집요강 참고

⑥ 다문화가정 전형

학교	전형명	모집인원	전형방법 / 지원 자격	비고
광주교대	다문화가정	7	[1단계] 서류 100 (3배수) [2단계] 1단계 70, 심층면접 30	–
			고교 졸업(예정)자 또는 이와 동등 학력 인정자	
전주교대	다문화가정자녀	2	[1단계] 서류 100 (2배수) [2단계] 1단계 60, 면접 40	–
			고교 졸업(예정)자 또는 이와 동등 학력 인정자	
진주교대	다문화(탈북)학생	3	서류평가 100	• 최저학력기준 : 국·수·영·탐 4개 영역 등급 합 14, 한국사 4등급 이내
			고교 졸업(예정)자 또는 이와 동등 학력 인정자로 2025학년도 대학수학능력시험응시자	
청주교대	다문화가정자녀	5	[1단계] 서류 100 (3배수) [2단계] 1단계 60, 면접 40	–
			고교 졸업(예정)자 또는 이와 동등 학력 인정자	
춘천교대	다문화가정자녀	2	서류 100	• 최저학력기준 : 국·수·영·탐(평균) 등급 합 14, 한국사4 이내
			고교 졸업(예정)자 또는 이와 동등 학력 인정자로 2025학년도 대학수학능력시험 응시자	

※ 지원 자격

– 다문화가족 지원법 제2조에 해당하는 자의 자녀

1) "다문화가족"이란 다음 각 목의 어느 하나에 해당하는 가족을 말한다.
   • 「재한외국인 처우 기본법」 제2조 제3호의 결혼이민자와 「국적법」 제2조부터 제4조까지의 규정에 따라 대한민국 국적을 취득한 자로 이루어진 가족
   • 「국적법」 제3조 및 제4조에 따라 대한민국 국적을 취득한 자와 같은 법 제2조부터 제4조까지의 규정에 따라 대한민국 국적을 취득한 자로 이루어진 가족
2) "결혼이민자등"이란 다문화가족의 구성원으로서 다음 각 항목의 어느 하나에 해당하는 자를 말한다.
   • 「재한외국인 처우 기본법」제2조 제3호의 결혼이민자
   • 「국적법」 제4조에 따라 귀화허가를 받은 자

※ 세부적인 지원 자격 및 제출서류는 각 대학 모집요강 참고

⑦ 기타 전형

학교	전형명	모집인원	전형방법 / 지원 자격	비고
경인교대	서해5도학생	3	서류 100 고교 졸업(예정)자로 서해5도에서 거주하고, 서해5도에 설립된 초, 중, 고등학교 교육과정 이수자 (부모와 함께 거주 시 초등학교 제외)	• 제출자료(원서접수 사이트에 업로드) : 전형자료로 답변녹화 동영상 활용
광주교대	사회통합	7	[1단계] 서류 100 (3배수) [2단계] 1단계 70, 심층면접 30 고교 졸업(예정)자 또는 이와 동등 학력 인정자 [국가보훈대상자, 자립지원대상아동, 만학도(만 30세 이상)]	–
서울교대	재외국민	7	면접 100 외국에서 우리나라의 초, 중, 고등학교에 상응하는 교육과정을 이수(예정)한 재외국민 2025학년도 대학수학능력시험 응시자	• 최저학력기준 : 국·수·영·탐 4개 영역 등급합 13 (한국사 4)
서울교대	북한이탈학생	3	면접 100 고등학교 졸업(예정)자 또는 이와 동등 이상의 학력이 있다고 인정된 북한이탈학생 2025학년도 대학수학능력시험 응시자	• 최저학력기준 : 국·수·영·탐 4개 영역 등급합 13 (한국사 4)
이화여대	고른기회	2	서류평가 100 고교 졸업(예정)자 또는 이와 동등 학력 인정자로 2025학년도 대학수학능력시험 응시자 (국가보훈대상자, 기초생활수급자, 차상위계층, 한부모가족, 농·어촌지역, 북한이탈주민 등)	• 최저학력기준 : 국·수·영·탐 중 3개 등급 합 8등급 탐구영역 상위 1과목 반영

※ 세부적인 지원 자격 및 제출서류는 각 대학 모집요강 참고

정시전형에서 큰 변화 네 가지를 살펴보면 첫째 수시와 마찬가지로 정원감축정책에 따른 모집인원 감소이다. 둘째 만학도 전형이 경인교육대학(만 23세)에서 사라지고 대구교육대학(만 30세)에서 모집한다. 셋째 이화여자대학 초등교육과가 정시 '가'군으로 변경되어 한국교원대학 초등교육과와 더불어 총 2개의 대학이 '가'군에서 모집한다. 넷째 춘천교육대학 지역인재 전형이 수시이월인원으로만 모집한다.

교육대학 정시전형은 일반고 학생들보다 특목고나 자사고 학생들의 관심이 높을 것이다. 일반고의 경우라도 학생부 준비가 부족한 학생의 경우 수시보다는 관심이 높을 것이다. 교대입시의 비중을 정시에 더 크게 두고 있는 학생들은 모든 교육대학이 '나'군에서 모집하고 있는 것이 불안 할 것이다. 따라서 지원 대학 선택을 매우 신중하게 해야 할 것이다. 2025학년도 입시에서 전국 초등교육학과 모집인원은 정원 외 모집인원을 포함해서 총 3,746명이고, 그중 수시로 2,444명을 선발하고, 정시로 1,302명을 선발한다. 비율을 보면 수시에서 65%, 정시로 35%를 선발한다. 이는 지난해에 비해 약 7% 감소했다. 2024학년도 결과에서도 알 수 있듯 정시로 이월되는 인원이 많이 있기 때문에 실제 모집인원은 총 모집인원의 50% 이상이다. 따라서 입시결과를 확인할 때 단순히 점수를 비교하는 것을 넘어 이월인원을 포함한 모집인원의 변화추이를 고려해야 할 것이다. 또한 2024학년도의 경우 이과과목 가산점이 대부분 폐지되어 이전 입시결과와 비교 시 주의해야한다. 본 연구소에서 수년간 데이터를 참고로 하여 정시 학교별 수능 점수(편의상 표준점수보다 변동이 적은 백분위평균으로 표시)를 살펴보면 다음과 같다. 최근 서울교대와 한국교원대 초등교육은 수능과목 백분위 평균 92점 정도이고, 경인교대 87점, 지방교대 들이 82점 정도로 낮아지고 있다. 물론 절대평가인 영어 등급과 표준 점수를 적용하는 학교들은 수능 분포를 고려해야한다. 특별전형 등 더 자세한 내용은 chapter 3 교대입시 학교별 분석을 참고하라. 아래 표는 2025학년 대학입학전형 시행계획을 간단히 요약정리하여 작성하였다.

① 일반 전형

학교	전형 명	모집 인원	전형방법	비고
경인 교대 '나'군	일반 전형	173	수능 100 - 수능반영방법 국(백), 수(백), 영(환), 탐(백) 각각 25% 수학(미적분/기하) 3% 가산점	• 최저학력기준 : 영어 3등급, 한국사 4등급 이내
공주 교대 '나'군	일반 학생	132	[1단계] 수능 100 (2배수) [2단계] 수능 90.1, 면접 9.9 - 수능반영방법 국(표), 수(표), 영(환), 탐(표) 각각 25%	• 성비적용 : 어느 한 성이 70% 초과하지 못함.
광주 교대 '나'군	일반 전형	95	수능 100 - 수능반영방법 국(백), 수(백), 영(환), 탐(백) 각각 25%	–
대구 교대 '나'군	일반 학생	92	수능 97.1, 면접 2.9 - 수능반영방법 국(표), 수(표) 각각 30%, 영(환) 20%, 탐(표) 20%	–
부산 교대 '나'군	일반 전형	123	수능 95.2, 면접 4.8 수능반영방법 국(백), 수(백), 영(환), 탐(백) 각각 25%	–
서울 교대 '나'군	일반 전형	159	[1단계] 수능 100 (1.5배수) [2단계] 수능 80, 면접 20 - 수능반영방법 국(표), 수(표), 탐(표) 각각 33.3%	• 최저학력기준 : 영어3등급, 한국사4등급이내
전주 교대 '나'군	일반 전형	110	[1단계] 수능 100 (2배수) [2단계] 수능 90, 면접 10 수능반영방법 국(백), 수(백), 영(환), 탐(백) 각각 25%	–
진주 교대 '나'군	일반 전형	104	[1단계] 수능 100 (2배수) [2단계] 수능 80, 면접 20 수능반영방법 국(백), 수(백), 영(환), 탐(백) 각각 25% 수학(미적분/기하) 2% 가산점	–
청주 교대 '나'군	일반 전형	90	수능 90.9, 면접 9.1 - 수능반영방법 국(표), 수(표), 영(환), 탐(표) 각각 25%	–
춘천 교대 '나'군	일반 학생	116	수능 100 - 수능반영방법 국어(표) 28.6, 수학(표) 28.6, 영어(환) 14.2, 탐구(표) 28.6	• 최저학력기준 : 국, 영, 수, 탐 4개 영역 등급 합 16

학교	전형 명	모집 인원	전형방법	비고
제주 교대 '나'군	일반 전형	33	수능100 - 수능반영방법 국(백) 30%, 수(백) 20%, 영(환) 20%, 탐(백) 30% 수학(미적분/기하) 5% 가산점	• 성비적용 : 어느 한 성이 70% 초과하지 못함
이화 여대 '가'군	일반 전형	16	수능100 국 30%, 수 30%, 탐 20%, 영어 20%	-
한국 교원대 '가'군	일반 전형	33	수능 100 - 수능반영방법 국(백) 27.5%, 수(백) 25%, 영(환) 25%, 탐(백) 22.5% 수학(미적분/기하) 10%가산점	-

② 특별 전형

학교	전형명	모집 인원	전형방법	비고
경인 교대 '나'군	저소득층 학생	7	수능 100 - 수능반영방법 국(백), 수(백), 영(환), 탐(백) 각각 25% 수학(미적분/기하) 3% 가산점	-
	탈북학생	3	면접 100	-
대구 교대 '나'군	기초생활 수급자 ·차상 위계층 ·한부모 가족	6	수능 97.1, 면접 2.9 수능반영방법 국(표), 수(표) 각각 30%, 영(환) 20%, 탐(표) 20% ※ 미인정(무단) 결석 1일당 1점 감점 (지각, 조퇴, 결과 3회당 결석 1일로 간주함)	-

	만학도	10	수능 97.1, 면접 2.9
			수능반영방법
			국(표), 수(표) 각각 30%, 영(환) 20%,
			탐(표) 20%
			※ 미인정(무단) 결석 1일당 1점 감점
			   (지각, 조퇴, 결과 3회당 결석 1일로 간주함)
				• 지원자격 :
				  만 30세 이상(2025년 3월 1일 기준)

교대입시

학교별

분석

교대입시 학교별 분석

　　교대입시 학교별분석은 10개의 교육대학과 3개의 종합대학 초등교육과 위주로 수시와 정시를 구분하여 모집전형, 평가기준, 전형일정, 최근 3개년도의 입시결과를 한눈에 보기 좋게 수록하였다. 이 책 chapter 2 교대입시 전형별 분석을 참고로 개략적인 전략을 생각했다면, chapter 3 교대입시 학교별 분석을 통해 구체적인 전략을 생각해 보기 바란다. 이 단원의 모든 자료는 각 대학별로 제공하는 2025 모집요강(또는 전형계획) 및 최근 3개년도의 입시결과를 인용하여 재구성한 것이다.

Ⅰ 경인교육대학교

경인교육대학교 입학처 ☎ 032) 540-1465

가. 수시모집

ⅰ. 모집 전형

전형 유형	전형 명		모집 인원	전형 방법	수능 최저	제출서류			면접
						학생부		추천서 (명단)	
						교과	비교과		
학생부 교과	학교장 추천		120	학생부교과 70, 면접 30	O	O	X	O	O
학생부 종합	고른 기회 입학 전형	교직적성전형	215	서류평가 100 ※전형자료에 교직 인성 평가를 위한 답변 녹화 동영상 제출	X	O	O	X	△
		국가보훈대상자	4		X	O	O	X	△
		저소득층학생	18		X	O	O	X	△
		농·어촌학생	21		X	O	O	X	△
		장애인학생	20		X	O	O	X	△
		서해5도학생	3		X	O	O	X	△
지원 자격									
학교장추천	국내 고등학교 졸업(예정)자로서 출신 고등학교장의 추천을 받은 자(2015 개정 교육과정 적용자, 2021년 2월 이후 졸업자) ※ 고교별 추천인원 제한 없음 ※ 고등학교 학교생활기록부를 제출할 수 없거나, 고등학교 학교생활기록부에서 5개 학기 이상의 　반영교과 점수를 산정할 수 없는 자는 지원 불가								

교직적성전형	고등학교 졸업(예정)자 또는 법령에 의하여 동등 이상의 학력이 있다고 인정된 자

※ 고른기회입학전형의 지원자격은 chapter Ⅱ 혹은 모집요강을 참고바람.

최저학력기준	
학교장추천	국어, 수학, 영어, 탐구(사탐/과탐) 4개 영역의 합이 12등급 이내 ※ 탐구 영역은 응시 과목 중 상위 등급 1개 과목을 반영. ※ 한국사 영역 응시 필수, 제2외국어와 한문은 반영하지 않음.

ⅱ. 평가 방법

(1) 서류 평가

① 학생부교과전형

– 평가 방법

구분	내용
반영학기	졸업예정자의 경우 5학기, 졸업자의 경우 6학기 반영
반영과목	반영학기 내 석차등급 및 성취도가 표기된 전 과목
가중치여부	학년별·과목별 가중치 없음
점수산정방식 및 배점구간	* 학교생활기록부에 기재된 교과목별 석차등급 또는 성취도를 대학 자체 교과성적 환산점수로 변환 *표 아래 참조* – 교과성적 환산점수 = 600 + {석차등급 및 성취도 환산점수 평균(㉠)] × 50} – 석차등급 및 성취도 환산점수 평균(㉠) $$= \frac{\Sigma(교과목별\ 석차등급\ 또는\ 성취도\ 환산점수\ \times\ 교과목별\ 이수단위수)}{\Sigma(교과목별\ 이수단위수)}$$ * 석차등급과 성취도가 모두 기재된 과목의 경우 석차등급을 우선하여 활용함 * 1단계 점수는 소수 넷째 자리에서 반올림하여 소수 셋째 자리로 산출

구분		석차 등급 및 성취도별 환산점수								
석차등급		1	2	3	4	5	6	7	8	9
성취도	3단계 평가	A	–	B	–	C	–	–	–	–
	5단계 평가	A	–	B	–	C	–	D	–	E
환산점수		8	7	6	5	4	3	2	1	0

② 학생부종합전형

– 평가 방법

지원자가 제출한 자료(학교생활기록부, 답변녹화 동영상 등)를 기반으로 학업역량, 교직적합성 및 잠재력, 교직인성 등을 정성적이고 종합적으로 평가

- 평가 항목 및 평가기준

구분	평가항목	평가기준
학업역량	학업역량	• 전 과목을 고르게 성취(학습, 이수)하였는가? • 학기별/학년별/교과별 성적의 변화 추이는 어떠한가? • 수업에 집중력을 갖고 적극적으로 참여하려는 태도를 보였는가?
교직적합성 및 잠재력	교직적합성	• 교직에 대한 흥미와 관심이 있는가? • 자신의 경험과 적성이 교직과 연관성이 있는가? • 교직에 관련된 다양한 활동을 하였는가?
	리더십 및 자기주도성	• 다양한 활동에서 협력하며, 책임감 있게 역할을 수행한 경험이 있는가? • 공동체 활동에 주도적·적극적으로 참여하고 조직을 긍정적으로 변화시킨 경험이 있는가?
교직인성	공감 및 소통능력	• 타인의 의견을 경청하고 공감적 이해를 바탕으로 문제해결방안 등을 제시한 경험이 있는가? • 수업 및 활동 등에서 자신의 의견을 효과적으로 표현하고 있는가? • 예비 교사로서 올바른 인간관, 아동관을 확인할 수 있는가?
	나눔과 배려	• 나눔을 지속적으로 실천한 경험이 있는가? • 타인에 대한 배려를 보여준 사례가 있는가? • 예비 교사로서 타인에 대한 이해를 확인할 수 있는가?

- 평가 항목별 반영 비율

평가항목별 반영비율				
학업역량	교직적합성	리더십 및 자기주도성	공감 및 소통능력	나눔과 배려
25	25	15	20	15

- 평가 자료 및 요소

구분		평가요소 및 대상
학교생활 기록부	교과 영역	• 대상: 전 학년 전 과목 교과영역 전체(예체능 포함) 　- 석차등급이 있는 과목: 교과목 이수현황, 단위수, 원점수, 과목평균, 표준편차, 수강자수, 석차등급, 학년별 성적 추이 　- 석차등급이 없는 과목: 교과목 이수현광, 단위수, 원점수, 과목평균, 성취도, 수강자수, 성취도별 분포비율 　- 체육·예술 과목: 교과목 이수현황, 단위수, 성취도 　- 과목별, 개인별 세부능력 및 특기사항 • 이상의 내용을 정성적으로 평가함
	비교과 영역	• 대상: 전 학년 비교과 영역 활동사항 　- 출결상황, 창의적체험활동, 봉사활동실적, 행동특성 및 종합의견 • 이상의 내용을 정성적으로 평가함
답변녹화 동영상		• 제시한 물음에 대한 답변 내용을 통해 교직인성(공감 및 소통능력, 나눔과 배려)을 평가
기타서류 (검정고시 성적증명서, 자기활동 보고서, 활동 증빙서류)		• 학교생활기록부가 없는 자(고등학교 졸업학력 검정고시 출신자, 국외 고등학교 졸업(예정)자 등)에 한하며, 제출한 서류를 바탕으로 상기의 평가항목과 동일하게 평가함

(2) 면접 평가

① 학생부교과전형

- 평가 방법

비대면 영상 업로드 형식으로 대학 자체 개발 면접문항을 활용하여 예비 초등교사로서의 교직인성 및 교직적성을 종합적으로 평가

- 평가 항목 및 평가기준

평가항목	평가기준
교직인성 교직적성	- 교육 및 교직에 대한 태도와 이해, 인간관 및 아동관 등이 교사로서 적절하다. - 문제의 핵심을 정확히 파악하고 대응한다. - 참신성, 현실성, 응용성이 높은 해결방안을 제시한다. - 기본적인 학문 소양과 교직에 대한 열정이 있어 교사로서의 발전 가능성이 엿보인다.

- 평가 방법 및 점수

구분	반영 비율	반영 점수	평가 방법	평가 기준 및 점수
면접평가	30%	300점	비대면 평가 (면접 동영상 온라인 업로드) ※공개된 문항에 대한 답변을 동영상으로 녹화하여 온라인으로 제출(지원자 전체 대상) ※수험생이 제출한 면접평가 동영상을 면접 위원이 Pass / Fail로 평가	• Pass : 300점 - 기한 내 면접평가 동영상을 제출하고, 면접평가 문항(교직인성 및 교직적성 관련 문항)에 대한 이해를 바탕으로 본인의 의견을 충실히 제시 • Fail : 0점(불합격) - 면접 동영상을 미제출한 경우 - 블라인드 면접평가 원칙을 위배한 경우 - 학교생활기록부 기재금지 항목 및 사교육 유발 원인이 되는 교외 활동을 언급한 경우 - 학교생활기록부 제도변화로 인해 대입 전형 자료로 반영되지 않는 사항에 대해 언급한 경우 - 문항과 관계없는 답변을 하거나, 답변 내용이 충실하지 않은 경우 - 대리시험 등 부정행위를 하거나, 불성실한 태도를 보인 경우 - 기타 우리대학이 정한 평가 기준에 위배되는 경우

iii. 전형 일정

원서접수	2024. 9. 9 (월) 9:00 ~ 9. 13 (금) 18:00
서류제출	2024. 9. 9 (월) ~ 9. 19 (목) (반드시 등기우편으로 제출)
학교장 추천 명단 제출 (학생부 교과 전형)	2024. 9. 19 (목) 9:00 ~ 9. 25 (수) 18:00 (원서접수 대행사 사이트 제출)
답변녹화 동영상 제출 (학생부 종합 전형)	2024. 9. 23 (월) 10:00 ~ 9. 25 (수) 11:00
면접평가 동영상 제출 (학생부 교과 전형)	2024. 9. 23 (월) 10:00 ~ 9. 25 (수) 11:00
최초합격자 발표	2024. 12. 13 (금) 14:00

iv. 2024 수시모집 결과

(1) 수시 선발인원 현황

전형유형		모집인원	지원인원	등록인원	충원합격인원
정원내	교직적성	78	757	76	145
	학교장추천	240	738	136	19
	국가보훈대상자	5	27	5	7
	저소득층학생	20	90	20	14
정원외	농·어촌학생	23	125	23	50
	장애인학생	20	42	19	19
	서해5도학생	3	3	2	0
합계		389	1,782	281	254

(2) 전형별 교과 평균등급 구간별 지원자 비율

– 학생부종합(학교장추천전형) [모집인원: 240명]

(단위 : 명, %)

교과 등급	지원자		최종등록자	
	해당인원	비율	해당인원	비율
1.0 ~ 1.49	14	1.9	2	1.5
1.5 ~ 1.99	124	16.8	21	15.4
2.0 ~ 2.49	223	30.3	53	39.0
2.5 ~ 2.99	152	20.6	43	31.6
3.0 ~ 3.49	73	9.9	15	11.0
3.5 ~ 3.99	48	6.5	2	1.5
4.0 ~ 4.49	38	5.2	0	0.0
4.50이상	65	8.8	0	0.0
합계	737*	100.0	136**	100.0

* 지원자격 미충족자(1명) 성적 미산출

** 미등록 및 등록포기에 따른 미충원 인원(104명)은 정시모집 수능(일반학생전형)으로 이월하여 선발함

– 최종 등록자(136명) 교과성적

최고	평균	최저
1.33	2.44	3.74

– 학생부종합(교직적성전형) [모집인원 : 78명]

(단위 : 명, %)

교과 등급	지원자		최종등록자	
	해당인원	비율	해당인원	비율
1.0 ~ 1.49	44	6.2	2	2.6
1.5 ~ 1.99	152	21.4	49	64.5
2.0 ~ 2.49	167	23.5	20	26.3
2.5 ~ 2.99	94	13.2	2	2.6
3.0 ~ 3.49	46	6.5	1	1.3
3.5 ~ 3.99	55	7.7	1	1.3
4.0 ~ 4.49	43	6.1	0	0.0
4.50이상	109	15.4	1	1.3
합계	710*	100.0	76**	100.0

* 성적을 산출할 수 없는 지원자(47명) 제외

** 미등록 및 등록포기에 따른 미충원 인원(2명)은 정시모집 수능(일반학생전형)으로 이월하여 선발함

– 최종 등록자(76명) 교과성적

최고	평균	최저
1.40	1.99	5.00

- 학생부종합(국가보훈대상자전형) [모집인원 : 5명]

(단위 : 명, %)

교과 등급	지원자		최종등록자	
	해당인원	비율	해당인원	비율
1.0 ~ 1.49	0	0.0	0	0.0
1.5 ~ 1.99	3	12.5	0	0.0
2.0 ~ 2.49	0	0.0	0	0.0
2.5 ~ 2.99	4	16.7	1	20.0
3.0 ~ 3.49	4	16.7	2	40.0
3.5 ~ 3.99	5	20.8	2	40.0
4.0 ~ 4.49	2	8.3	0	0.0
4.50이상	6	25.0	0	0.0
합계	24*	100.0	5	100.0

* 성적을 산출할 수 없는 지원자(3명) 제외

- 최종 등록자(5명) 교과성적

최고	평균	최저
2.50	3.31	3.84

- 학생부종합(저소득층학생전형) [모집인원 : 20명]

(단위 : 명, %)

교과 등급	지원자		최종등록자	
	해당인원	비율	해당인원	비율
1.0 ~ 1.49	2	2.5	0	0.0
1.5 ~ 1.99	7	8.9	1	5.0
2.0 ~ 2.49	16	20.3	9	45.0
2.5 ~ 2.99	14	17.7	6	30.0
3.0 ~ 3.49	12	15.2	4	20.0
3.5 ~ 3.99	9	11.4	0	0.0
4.0 ~ 4.49	3	3.8	0	0.0
4.50이상	16	20.3	0	0.0
합계	79*	100.0	20	100.0

* 성적을 산출할 수 없는 지원자(11명) 제외

- 최종 등록자(20명) 교과성적

최고	평균	최저
1.74	2.55	3.33

- 학생부종합(농·어촌학생전형) [모집인원 : 23명]

(단위 : 명. %)

교과 등급	지원자		최종등록자	
	해당인원	비율	해당인원	비율
1.0 ~ 1.49	8	6.5	0	0.0
1.5 ~ 1.99	36	29.3	9	39.1
2.0 ~ 2.49	50	40.7	14	60.9
2.5 ~ 2.99	15	12.2	0	0.0
3.0 ~ 3.49	4	3.3	0	0.0
3.5 ~ 3.99	5	4.1	0	0.0
4.0 ~ 4.49	0	0.0	0	0.0
4.50이상	5	4.1	0	0.0
합계	123*	100.0	23	100.0

* 성적을 산출할 수 없는 지원자(2명) 제외

- 최종 등록자(23명) 교과성적

최고	평균	최저
1.60	2.09	2.41

- 학생부종합(장애인학생전형) [모집인원 : 20명]

(단위 : 명. %)

교과 등급	지원자		최종등록자	
	해당인원	비율	해당인원	비율
1.0 ~ 1.49	0	0.0	0	0.0
1.5 ~ 1.99	2	5.1	1	5.3
2.0 ~ 2.49	0	0.0	0	0.0
2.5 ~ 2.99	8	20.5	4	21.1
3.0 ~ 3.49	8	20.5	3	15.8
3.5 ~ 3.99	7	17.9	1	5.3
4.0 ~ 4.49	4	10.3	4	21.1
4.50이상	10	25.6	6	31.6
합계	39*	100.0	19	100.0

* 성적을 산출할 수 없는 지원자(3명) 제외

- 최종 등록자(19명) 교과성적

최고	평균	최저
1.98	4.03	6.40

- 학생부종합(서해5도학생전형) [모집인원 : 3명]

(단위 : 명. %)

교과 등급	지원자		최종등록자	
	해당인원	비율	해당인원	비율
1.0 ~ 1.49	0	0.0	0	0.0
1.5 ~ 1.99	0	0.0	0	0.0
2.0 ~ 2.49	0	0.0	0	0.0
2.5 ~ 2.99	2	66.7	2	100.0
3.0 ~ 3.49	0	0.0	0	0.0
3.5 ~ 3.99	0	0.0	0	0.0
4.0 ~ 4.49	0	0.0	0	0.0
4.5이상	1	33.3	0	0.0
합계	3	100.0	2	100.0

- 최종 등록자(2명) 교과성적

최고	평균	최저
2.66	2.67	2.68

ⅴ. 2023 수시모집 결과

(1) 수시 선발인원 현황

전형유형		모집인원	지원인원	등록인원	충원합격인원
정원내	교직적성	245	951	240	118
	학교장추천	70	361	57	210
	국가보훈대상자	5	23	4	3
	저소득층학생	20	72	15	10
정원외	농·어촌학생	23	74	23	12
	장애인학생	20	66	12	13
	서해5도학생	3	5	2	1
합계		386	1,552	353	367

(2) 전형별 교과 평균등급 구간별 지원자 비율

– 학생부종합(교직적성전형) [모집인원 : 245명]

교과 평균등급	지원자		최종등록자	
	해당인원	비율	해당인원	비율
1.0 ～ 1.49	52	5.6	16	6.7
1.5 ～ 1.99	387	42.0	158	66.1
2.0 ～ 2.49	307	33.3	61	25.5
2.5 ～ 2.99	89	9.7	4	1.7
3.0 ～ 3.49	22	2.4	0	0.0
3.5 ～ 3.99	20	2.2	0	0.0
4.0 ～ 4.49	10	1.1	0	0.0
4.5이상	34	3.7	0	0.0
합계	921*	100.0	239**/***	100.0

* 성적 산출할 수 없는 지원자 30명 제외

** 성적 산출할 수 없는 지원자 1명 제외

*** 수시모집 미등록 및 등록포기에 따른 미충원인원 5명은 정시모집 수능(일반학생전형)으로 이월하여 선발

– 최종등록자 교과성적 평균 및 최고·최저

최종등록자 (239명)	최고	평균	최저
	1.23	1.85	2.67

– 학생부종합(학교장추천전형) [모집인원 : 70명]

교과 평균등급	지원자		최종등록자	
	해당인원	비율	해당인원	비율
1.0 ～ 1.49	198	54.8	33	57.9
1.5 ～ 1.99	133	36.8	22	38.6
2.0 ～ 2.49	15	4.2	2	3.5
2.5 ～ 2.99	4	1.1	0	0.0
3.0 ～ 3.49	6	1.7	0	0.0
3.5 ～ 3.99	1	0.3	0	0.0
4.0 ～ 4.49	3	0.8	0	0.0
4.5이상	1	0.3	0	0.0
합계	361	100.0	57*	100.0

* 수시모집 미등록 및 등록포기에 따른 미충원인원 13명은 정시모집 수능(일반학생전형)으로 이월하여 선발

– 최종등록자 교과성적 평균 및 최고·최저

최종등록자 (57명)	최고	평균	최저
	1.00	1.48	2.03

– 학생부종합(국가보훈대상자전형) [모집인원 : 5명]

교과 평균등급	지원자		최종등록자	
	해당인원	비율	해당인원	비율
1.0 ～ 1.49	0	0.0	0	0.0
1.5 ～ 1.99	1	4.8	0	0.0
2.0 ～ 2.49	4	19.0	1	25.0
2.5 ～ 2.99	5	23.8	1	25.0
3.0 ～ 3.49	3	14.3	2	50.0
3.5 ～ 3.99	0	0.0	0	0.0
4.0 ～ 4.49	2	9.5	0	0.0
4.5이상	6	28.6	0	0.0
합계	21*	100.0	4**	100.0

* 성적 산출할 수 없는 지원자 2명 제외
** 수시모집 미등록 및 등록포기에 따른 미충원인원 1명은 정시모집 수능(일반학생전형)으로 이월하여 선발

– 최종등록자 교과성적 평균 및 최고·최저

최종등록자 (4명)	최고	평균	최저
	2.20	2.84	3.23

– 학생부종합(저소득학생전형) [모집인원 : 20명]

교과 평균등급	지원자		최종등록자	
	해당인원	비율	해당인원	비율
1.0 ～ 1.49	0	0.0	0	0.0
1.5 ～ 1.99	11	16.4	0	0.0
2.0 ～ 2.49	16	23.9	9	60.0
2.5 ～ 2.99	7	10.4	1	6.7
3.0 ～ 3.49	15	22.4	5	33.3
3.5 ～ 3.99	7	10.4	0	0.0
4.0 ～ 4.49	1	1.5	0	0.0
4.5이상	10	14.9	0	0.0
합계	67*	100.0	15**	100.0

* 성적 산출할 수 없는 지원자 5명 제외
** 수시모집 미등록 및 등록포기에 따른 미충원인원 5명은 정시모집 수능(일반학생전형)으로 이월하여 선발

– 최종등록자 교과성적 평균 및 최고·최저

최종등록자 (15명)	최고	평균	최저
	2.03	2.58	3.38

– 학생부종합(농·어촌학생전형) [모집인원 : 23명]

교과 평균등급	지원자		최종등록자	
	해당인원	비율	해당인원	비율
1.0 ~ 1.49	7	9.6	3	13.0
1.5 ~ 1.99	23	31.5	13	56.5
2.0 ~ 2.49	29	39.7	6	26.1
2.5 ~ 2.99	7	9.6	1	4.4
3.0 ~ 3.49	3	4.1	0	0.0
3.5 ~ 3.99	1	1.4	0	0.0
4.0 ~ 4.49	1	1.4	0	0.0
4.5이상	2	2.7	0	0.0
합계	73*	100.0	23	100.0

* 성적 산출할 수 없는 지원자 1명 제외

– 최종등록자 교과성적 평균 및 최고·최저

최종등록자 (23명)	최고	평균	최저
	1.37	1.88	2.51

– 학생부종합(장애인학생전형) [모집인원 : 20명]

교과 평균등급	지원자		최종등록자	
	해당인원	비율	해당인원	비율
1.0 ~ 1.49	1	1.8	0	0.0
1.5 ~ 1.99	1	1.8	0	0.0
2.0 ~ 2.49	7	12.7	1	10.0
2.5 ~ 2.99	9	16.4	2	20.0
3.0 ~ 3.49	5	9.1	0	0.0
3.5 ~ 3.99	9	16.4	4	40.0
4.0 ~ 4.49	10	18.2	1	10.0
4.5이상	13	23.6	2	20.0
합계	55*	100.0	10**/***	100.0

* 성적 산출할 수 없는 지원자 11명 제외

– 최종등록자 교과성적 평균 및 최고·최저

최종등록자 (10명)	최고	평균	최저
	2.47	3.68	4.66

– 학생부종합(서해5도학생전형) [모집인원 : 3명]

교과 평균등급	지원자		최종등록자	
	해당인원	비율	해당인원	비율
1.0 ~ 1.49	0	0.0	0	0.0
1.5 ~ 1.99	0	0.0	0	0.0
2.0 ~ 2.49	0	0.0	0	0.0
2.5 ~ 2.99	1	25.0	1	50.0
3.0 ~ 3.49	1	25.0	0	0.0
3.5 ~ 3.99	0	0.0	0	0.0
4.0 ~ 4.49	1	25.0	1	50.0
4.5이상	1	25.0	0	0.0
합계	4*	100.0	2**	100.0

– 최종등록자 교과성적 평균 및 최고·최저

최종등록자 (2명)	최고	평균	최저
	2.59	3.45	4.32

vi. 2022 수시모집 결과

(1) 수시 선발인원 현황

전형유형		모집인원	지원인원	등록인원	충원합격인원
정원내	교직적성	247	1,279	246	133
	학교장추천	70	426	62	170
	국가보훈대상자	5	27	5	4
	저소득층학생	20	92	19	13
정원외	농·어촌학생	23	84	22	16
	장애인학생	20	68	18	13
	서해5도학생	3	6	3	–
합계		388	1,982	375	349

(2) 전형별 교과 평균등급 구간별 지원자 비율

– 교직적성 전형 (모집인원 : 247명)

교과 평균등급	지원자		최종등록자	
	해당인원	비율	해당인원	비율
1.0 ~ 1.49	122	9.6	42	17.1
1.5 ~ 1.99	518	40.9	167	67.9
2.0 ~ 2.49	325	25.7	37	15
2.5 ~ 2.99	153	12.1	0	0
3.0 ~ 3.49	60	4.7	0	0
3.5 ~ 3.99	31	2.5	0	0
4.0 ~ 4.49	19	1.5	0	0
4.50이상	37	2.9	0	0
합계	1,265*	100	246**	100

* 성적 산출할 수 없는 지원자 14명 제외

** 미충원인원 1명은 수시모집 충원합격자 발표 기간 이후 등록포기

최종등록자 (346명)	최고	평균	최저
	1.11	1.72	2.39

– 학교장추천 전형 (모집인원 : 70명)

교과 평균등급	지원자		최종등록자	
	해당인원	비율	해당인원	비율
1.0 ~ 1.49	190	44.6	42	67.7
1.5 ~ 1.99	145	34	20	32.3
2.0 ~ 2.49	38	8.9	0	0
2.5 ~ 2.99	19	4.5	0	0
3.0 ~ 3.49	14	3.3	0	0
3.5 ~ 3.99	6	1.4	0	0
4.0 ~ 4.49	3	0.7	0	0
4.50이상	11	2.6	0	0
합계	426	100	62*	100

* 수시모집 미등록 및 등록포기에 따른 미충원인원 7명은 정시모집 일반학생전형으로 이월하여 선발
* 미충원인원 1명은 수시모집 충원합격자 발표 기간 이후 등록포기

최종등록자 (62명)	최고	평균	최저
	1.03	1.39	1.89

– 국가보훈대상자 전형 (모집인원 : 5명)

교과 평균등급	지원자		최종등록자	
	해당인원	비율	해당인원	비율
1.0 ~ 1.49	1	4	0	0
1.5 ~ 1.99	3	12	0	0
2.0 ~ 2.49	5	20	2	40
2.5 ~ 2.99	3	12	1	20
3.0 ~ 3.49	3	12	2	40
3.5 ~ 3.99	3	12	0	0
4.0 ~ 4.49	0	0	0	0
4.50이상	7	28	0	0
합계	25*	100	5	100

* 성적 산출할 수 없는 지원자 2명 제외

최종등록자 (5명)	최고	평균	최저
	1.86	2.14	2.4

- 저소득층학생 전형 (모집인원 : 20명)

교과 평균등급	지원자		최종등록자	
	해당인원	비율	해당인원	비율
1.0 ～ 1.49	1	1.2	0	0
1.5 ～ 1.99	14	16.3	6	31.6
2.0 ～ 2.49	20	23.3	9	47.4
2.5 ～ 2.99	18	20.9	1	5.3
3.0 ～ 3.49	10	11.6	3	15.8
3.5 ～ 3.99	2	2.3	0	0
4.0 ～ 4.49	9	10.5	0	0
4.50이상	12	14	0	0
합계	86*	100	19**	100

* 성적 산출할 수 없는 지원자 6명 제외

** 미충원인원 1명은 수시모집 충원합격자 발표

최종등록자 (19명)	최고	평균	최저
	1.59	2.27	3.27

- 농·어촌학생 전형 (모집인원 : 23명)

교과 평균등급	지원자		최종등록자	
	해당인원	비율	해당인원	비율
1.0 ～ 1.49	17	20.2	7	31.8
1.5 ～ 1.99	34	40.5	11	50
2.0 ～ 2.49	20	23.8	3	13.6
2.5 ～ 2.99	3	3.6	0	0
3.0 ～ 3.49	1	1.2	0	0
3.5 ～ 3.99	2	2.4	1	4.5
4.0 ～ 4.49	2	2.4	0	0
4.50이상	5	6	0	0
합계	84	100	22*	100

* 수시모집 미등록 및 등록포기에 따른 미충원인원 7명은 정시모집 농·어촌학생전형으로 이월하여 선발

최종등록자 (22명)	최고	평균	최저
	1.22	1.79	3.56

- 장애인학생 전형 (모집인원 : 20명)

교과 평균등급	지원자		최종등록자	
	해당인원	비율	해당인원	비율
1.0 ~ 1.49	0	0	0	0
1.5 ~ 1.99	4	6.2	0	0
2.0 ~ 2.49	7	10.8	0	0
2.5 ~ 2.99	9	13.8	3	17.6
3.0 ~ 3.49	9	13.8	5	29.4
3.5 ~ 3.99	10	15.4	2	11.8
4.0 ~ 4.49	6	9.2	4	23.5
4.50이상	20	30.8	3	17.6
합계	65*	100	17**	100

* 성적 산출할 수 없는 지원자 3명 제외

** 성적 산출할 수 없는 최종등록자 1명 제외

** 수시모집 미등록 및 등록포기에 따른 미충원인원 1명은 정시모집 장애인학생전형으로 이월하여 선발

** 미충원인원 1명은 수시모집 충원합격자 발표기간 이후 등록포기

최종등록자 (17명)	최고	평균	최저
	2.81	3.75	5.19

- 서해5도학생 전형 (모집인원 : 3명)

교과 평균등급	지원자		최종등록자	
	해당인원	비율	해당인원	비율
1.0 ~ 1.49	0	0	0	0
1.5 ~ 1.99	1	16.7	1	33.3
2.0 ~ 2.49	0	0	0	0
2.5 ~ 2.99	3	50	2	66.7
3.0 ~ 3.49	1	16.7	0	0
3.5 ~ 3.99	0	0	0	0
4.0 ~ 4.49	1	16.7	0	0
4.50이상	0	0	0	0
합계	6	100	3	100

최종등록자 (3명)	최고	평균	최저
	1.82	2.34	2.62

나. 정시모집 (나군)

ⅰ. 모집전형

전형 유형	전형 명		모집 인원	전형 방법	수능 반영 비율 (백분위)			
					국어	수학	영어	탐구 사/과/직
수능 위주	고른 기회 입학 전형	일반학생	173	수능 100	25	25	25	25
		저소득층학생	7					
		농·어촌학생	수시 이월 인원					
		장애인학생	수시 이월 인원					
		서해5도학생	수시 이월 인원					
기타	탈북학생		3	면접 100	적용하지 않음			

– 수학(미적분/기하) 3% 가산점 부여

지원 자격	
일반학생	고등학교 졸업(예정)자 또는 법령에 의하여 동등 이상의 학력이 있다고 인정된 자로서, 2025학년도 대학수학능력시험에서 우리 대학이 반영하는 영역을 모두 응시한 자

※특별 전형 지원 자격은 모집요강을 참고바람.

최저학력기준	
일반학생	영어 3등급 이내, 한국사 4등급 이내

ⅱ. 평가 방법

(1) 수능위주전형 반영 방법

· 각 영역별 백분위를 활용하여 적용함(영어 등급에 따른 환산점수 부여, 한국사 등급별 감점).

· 수학(미적분/기하) 3% 가산점 부여

※ 단, 수학 가산점으로 인하여 합계 점수가 1,000점을 초과 할 수 없음.

• 영어 등급별 환산점수

구분	등급	1	2	3	4	5	6	7	8	9
일반학생	환산점수	100	95	90	–					
저소득층학생		100	95	90	85	80	75	70	65	60

• 한국사 등급별 반영점수(1,000점 만점)에서 최대 10점 감점

등급		1	2	3	4	5	6	7	8	9
일반학생	감점	0	0	0	0			−		
저소득층학생		0	0	0	0	2	4	6	8	10

• 반영점수 산출 방법 (1,000점 만점)

[국어(백분위)+수학(백분위)+영어(환산점수)+탐구(2개 과목 백분위 평균)]×2.5−한국사(감점 반영점수)

※ 수학(미적분/기하)은 본인이 취득한 백분위 × 1.03

(2) 탈북학생전형 면접평가 (2024학년도 기준)

− 평가 방법

대학 자체 개발 면접문항 등을 활용하여 예비초등교사로서의 교직적성 및 교직인성을 종합적으로 평가

− 평가 내용

	개인면접
평가시간	개인별 25분 내외
평가항목	교육과정 이수능력, 논리적 표현력, 이해 · 분석력, 교사로서 품성과 자질
평가방법	제시문과 문항을 숙지 후 발표 및 질의응답을 통해 교사로서의 품성과 자질 및 태도 등을 종합적으로 평가

iii. 2024 정시모집 결과

(1) 선발인원 현황

전형유형		모집인원	지원인원	등록인원	충원합격인원	이월인원
정원내	일반학생	341	1,249	337	124	106
	만학도	25	107	25	4	−
정원외	저소득층학생	9	41	8	4	−
	탈북학생	3	2	2	0	−
합계		378	1,399	372	132	106

(2) 합격자 성적 현황

전형명	구분 (인원)	수능 (1,000점 만점 환산)			면접 (300점 만점)	총점 (1,000점 만점)
		상위 20%	평균	하위20%	평균	평균
수능 (일반학생전형)	1단계 합격자 (510명)	879.775	867.487	854.375	–	–
	최초 합격자 (341명)	882.775	874.577	862.925	300.000	912.204
	최종 등록자 (337명)	879.375	868.181	856.250	300.000	907.727
수능 (만학도전형)	1단계 합격자 (38명)	862.500	838.491	801.250	–	–
	최초 합격자 (25명)	870.000	859.080	847.500	300.000	901.356
	최종 등록자 (25명)	866.975	853.736	838.875	300.000	897.615
수능 (저소득층학생전형)	1단계 합격자 (14명)	821.250	786.879	726.875	–	–
	최초 합격자 (9명)	821.725	814.614	792.500	300.000	870.230
	최종 등록자 (8명)	817.500	775.388	726.875	300.000	842.772

※ 정시모집 수능위주전형 면접(300점 만점)은 「Pass/Fail」 형태로 운영(「Pass」인 경우 면접점수 300점 부여)

iv. 2023 정시모집 결과

(1) 선발인원 현황

전형유형		모집인원	지원인원	등록인원	충원합격인원	이월인원
정원내	일반학생	259	348	256	50	24
	만학도	25	39	24	4	–
정원외	저소득층학생	9	21	9	1	–
	장애인학생	7	7	2	–	7
	서해5도	1	–	–	–	1
	탈북학생	3	–	–	–	–
합계		304	415	291	55	–

(2) 합격자 성적 현황

전형명	구분 (인원)	수능 (1,000점 만점 환산)			면접 (300점 만점)	총점 (1,000점 만점)
		상위 20%	평균	하위20%	평균	평균
수능 (일반학생전형)	1단계 합격자 (348명)	919.025	840.366	770.000	−	−
	최초 합격자 (255명)	921.375	900.105	889.475	296.562	926.635
	최종 등록자 (256명)	917.025	858.679	790.550	296.498	897.573
수능 (만학도전형)	1단계 합격자 (36명)	904.250	781.898	622.500	−	−
	최초 합격자 (25명)	905.650	841.273	751.300	295.506	884.397
	최종 등록자 (24명)	905.650	793.539	687.500	295.225	850.702
수능 (저소득층학생전형)	1단계 합격자 (14명)	781.250	685.775	592.500	−	−
	최초 합격자 (9명)	878.750	734.367	677.500	295.946	810.003
	최종 등록자 (9명)	781.250	712.561	677.500	295.017	793.810
수능 (장애인학생전형)	1단계 합격자 (7명)	756.250	584.825	352.500	−	−
	최초 합격자 (6명)	756.250	623.546	463.800	293.600	730.082
	최종 등록자 (2명)	741.250	518.125	295.000	296.884	659.572

ⅴ. 2022 정시모집 결과

(1) 선발인원 현황

전형유형		모집인원	지원인원	등록인원	충원합격인원	이월인원
정원내	일반학생	241	439	240	37	7
	만학도	25	61	23	4	−
정원외	저소득층학생	9	22	9	1	−
	농·어촌학생	1	3	1	−	1
	장애인학생	1	2	1	−	1
	탈북학생	3	8	3	−	−
합계		280	531	277	42	−

(2) 1단계 합격자 성적 현황

전형 명	대학별 전형점수 (수능 1,000점 만점)		
	20%	평균	80%
일반학생	932.5	899.87	865.55
만학도	921.525	900.549	882.925
저소득층학생	893.8	852.941	816.25

(3) 2단계 합격자 성적 현황

　　− 최초합격자

전형 명	수능 (1,000점 만점 환산)			면접 (300점 만점)	총점 (1,000점 만점)
	20%	평균	80%	평균	평균
일반학생	936.675	928.27	919.175	300*	949.789
만학도	925.5	917.93	911.45	300*	942.551
저소득층학생	893.8	868.742	853.75	300*	908.119

* 2022학년도 정시모집 면접은 수험생이 제출한 면접영상을 면접위원이 Pass / Fail 로 평가

- 최종등록자

전형 명	수능 (1,000점 만점 환산)			면접 (300점 만점)	총점 (1,000점 만점)
	20%	평균	80%	평균	평균
일반학생	935.2	922.707	913.375	300*	945.895
만학도	926.45	915.629	908.15	300*	940.941
저소득층학생	893.8	864.992	845	300*	905.494

* 2022학년도 정시모집 면접은 수험생이 제출한 면접영상을 면접위원이 Pass / Fail 로 평가

Ⅲ 공주교육대학교

공주교육대학교 입학처 ☎ 041) 850-1272, 1275

가. 수시모집

ⅰ. 모집 전형

전형 유형	전형 명	모집 인원	전형 방법	수능 최저	제출서류 학생부 교과	제출서류 학생부 비교과	제출서류 추천서 (명단)	면접
학생부 종합	교직적성인재	53	[1단계] 서류평가 100 (3배수) [2단계] 서류평가 50 개별면접 50	X	O	O	X	O
학생부 종합	지역인재선발	123	[1단계] 서류평가 100 (2배수) [2단계] 서류평가 50 개별면접 50	X	O	O	X	O
학생부 종합	국가보훈대상자	5		X	O	O	X	O
학생부 종합	농·어촌학생	14		X	O	O	X	O
학생부 종합	기회균형선발	5		X	O	O	X	O
학생부 종합	특수교육대상자	10		X	O	O	X	O
지원 자격								
교직적성인재	고등학교 졸업(예정)자 또는 법령에 따라 동등 이상의 학력이 있다고 인정된 자							
※특별 전형 지원 자격은 chapterⅡ 혹은 모집요강을 참고바람.								
성비								
없음								

ⅱ. 평가 방법

(1) 전형요소 반영 점수

　　- 학생부 종합

전형 명	최종점수	1단계 학교생활기록부 최고	1단계 학교생활기록부 최저	2단계 1단계 점수 최고	2단계 1단계 점수 최저	2단계 면접 최고	2단계 면접 최저
교직적성인재 지역인재선발 국가보훈대상자 농·어촌학생 기회균형선발 특수교육대상자	1,000	1,000	588	500	400	500	400

(2) 학생부 종합 전형 학교생활기록부 평가

구분	평가요소	평가지표
지적역량 (36%)	• 교과학습발달상황 • 과목별 세부 특기사항	- 전 교과 등급 및 이수단위(표준편차, 성취등급, 내신등급) - 공통과목, 선택과목(일반, 진로) 및 전문교과(Ⅰ) 반영 - 학업 수행능력 및 특기사항 (창의적 사고, 문제해결능력, 학업에 대한 태도 및 학업역량)
인성역량 (32%)	• 자율활동 • 행동특성 및 종합의견 • 출결사항 • 과목별 세부 특기사항 • 교내봉사활동	- 학교생활 중 드러난 봉사정신, 타인에 대한 공감 및 배려 - 활동과정에서 드러난 개별적 행동특성 및 참여도, 협력도, 활동 실적(리더십, 솔선수범의 자세) - 학교생활의 성실도 및 생활태도 - 미 인정 결석, 지각, 결과, 조퇴 등을 평가에 반영 - 수업 중에 드러난 학생의 인성역량
교직역량 (32%)	• 동아리 활동 • 진로활동 • 자율활동 • 과목별 세부 특기사항 • 봉사활동 • 교육봉사 실적	- 동아리활동을 통한 교직에 대한 관심 및 노력 - 진로희망 등의 내용 - 수업 중 드러난 학생의 교직역량(가르침, 발표 등의 역량) - 학교활동 중 교육봉사 및 교육기부 내역

※ 미반영 항목 : 수상경력 독서활동, 개인봉사활동실적(학교교육계획에 따라 교사가 지도한 실적은 반영), 자율동아리활동

(3) 면접 평가

- 면접 방식

구분	내용
소요시간	10분 내외 / 1인
면접방법	서류기반 면접고사
평가방법	2인 이상 면접위원이 종합평가

- 평가 영역

학교생활기록부(서류) 기재 내용을 기반으로 지적, 인성, 교직역량 등에 대한 종합적 평가

구분	내용
지적역량	• 고교 재학 중 기울인 학업역량 실천사례 • 대학진학 후 학업수행 계획
인성역량	• 교직 수행 중 요구되는 인성역량 함량 • 고교재학 중 인성역량 실천사례
교직역량	• 교육 및 교직에 대한 태도와 이해 • 교직에 대한 열의와 고교재학 중의 노력
의사소통 및 태도	• 명확한 내용 전달력 • 면접태도 및 예절

iii. 전형 일정

원서접수	2024. 9. 10 (화) 10:00 ～ 9. 12 (목) 18:00
서류 제출	2024. 9. 10 (화) ～ 2024. 9. 13 (금)
1단계 합격자 발표	2024. 11. 7 (목) 14:00
면접시험	지역인재선발, 농어촌학생 : 2024. 11. 21 (목) 13:00 ～ 그 외 전형 : 2024. 11. 22 (금) 13:00 ～
최초합격자 발표	2024. 12. 13 (금) 14:00

iv. 2024 전형 결과

(1) 최종등록자 현황

	전형명	모집인원	지원인원			경쟁률	등록인원		
			남	여	계		남	여	계
정원내	교직적성인재	80	194	605	799	9.99	9	41	50
정원내	지역인재선발	120	115	251	366	3.05	33	85	118
정원내	국가보훈대상자	5	14	10	24	4.80	3	1	4
정원외	농·어촌학생	14	19	58	77	5.50	0	0	0
정원외	기회균형선발	5	6	21	27	5.40	0	1	1
정원외	장애인 등 대상자	10	5	17	22	2.20	1	1	2
	계	234	353	962	1,315	5.62	46	129	175

(2) 추가합격 현황

전형유형	모집인원	최초합격인원	1차 추가합격인원	2차 추가합격인원	3차 추가합격인원	최종예비석차
교직적성인재	80	80	52	39	28	119
지역인재선발	120	120	37	18	9	64
국가보훈대상자	5	5	3	2	–	5
농·어촌학생	14	14	8	8	–	16
기회균형선발	5	5	1	–	–	1
장애인 등 대상자	10	10	3	–	–	3
합계	234	234	104	67	37	–

(3) 전형요소별 성적 결과

– 학생부 내신등급

전형 유형	모집 인원	최초합격				최종등록			
		합격인원	최고	평균	최저	등록인원	최고	평균	최저
교직적성인재	80	80	1.06	2.01	2.81	50	1.68	2.32	3.05
지역인재선발	120	120	1.14	2.25	3.43	118	1.21	2.6	3.95
국가보훈대상자	5	5	2.94	3.22	3.31	4	2.94	3.35	3.75
농·어촌학생	14	14	1.57	2.00	2.65	0	0	0	0
기회균형선발	5	5	1.7	2.46	3.09	1	2.73	2.73	2.73
장애인 등 대상자	10	10	1.29	3.91	6.77	2	1.29	4.03	6.77

※ 국가보훈대상자 최초등록자 중성적 산출할 수 없는 자 2명 제외

※ 수시모집의 모든 전형은 학생부종합전형으로 정성평가로 진행되므로, 내신 등급은 참고용으로만 활용하기 바람

– 최종 성적

전형 유형	구분	서류평가 (500점 만점)			면접고사 (500점)			총점 (1,000점)		
		최고	평균	최저	최고	평균	최저	최고	평균	최저
교직적성 인재	최초	487.39	479.85	473.75	488.68	483.37	477.17	970.26	963.22	959.34
	최종	483.55	476.49	437.57	488.68	478.71	467.75	966.07	955.20	943.25
지역인재 선발	최초	476.48	475.97	475.03	487.33	481.63	476.63	963.45	957.60	952.75
	최종	476.48	473.21	471.06	478.25	476.39	473.72	954.09	949.60	946.54
국가보훈 대상자	최초	484.06	481.83	477.93	485.71	482.79	479.88	969.42	964.63	959.10
	최종	478.28	478.28	478.28	477.93	477.93	477.93	956.21	956.21	956.21
농·어촌 학생	최초	485.88	477.69	473.03	490.65	482.25	477.39	976.53	959.94	955.73
	최종	–	–	–	–	–	–	–	–	–
기회균형 선발	최초	480.10	469.42	452.22	486.45	481.73	478.13	965.96	951.14	930.35
	최종	472.82	462.52	452.22	479.02	478.58	478.13	951.84	941.10	930.35
장애인 등 대상자	최초	488.68	476.99	467.84	487.90	482.58	474.37	972.02	959.58	952.68
	최종	484.91	473.06	463.52	486.58	480.60	472.16	967.11	953.67	943.86

※ • 서류평가: 최고 500점 / 최저 400점　　• 면접고사: 최고 500점 / 최저 400점

V. 2023 전형 결과

(1) 전형별 등록인원

전형유형	모집인원 (최종예비석차)	지원		등록	
		지원인원	경쟁률	등록인원	등록률
교직적성인재	80 (61)	653	8.16	52	65
지역인재선발	120 (110)	377	3.14	118	98.33
국가보훈대상자	5 (5)	40	8	2	40
농·어촌학생	14 (15)	110	7.86	1	7.14
기회균형선발	5 (2)	25	5	3	60
장애인 등대상자	10 (1)	23	2.3	4	40
소계	234	1,228	5.25	180	76.92

(2) 전형요소 별 성적 결과

- 학생부 내신등급

전형 유형	모집 인원	최초합격				최종등록			
		합격인원	최고	평균	최저	등록인원	최고	평균	최저
교직적성인재	80	80	1.23	1.82	2.61	52	1.35	1.91	2.78
지역인재선발	120	120	1.01	1.58	2.71	118	1.40	2.04	3.10
국가보훈대상자	5	5	1.63	2.47	2.77	2	2.47	2.57	2.67
농·어촌학생	14	14	1.27	1.57	1.66	1	1.63	1.63	1.63
기회균형선발	5	5	2.23	3.07	3.53	3	2.26	2.59	3.07
장애인 등대상자	10	10	3.19	3.99	5.65	4	3.19	4.41	5.65

- 최종 성적

전형 유형	최초합격인원 최종등록인원	서류평가 (500점 만점)			면접고사 (500점)			총점 (1,000점)		
		최고	평균	최저	최고	평균	최저	최고	평균	최저
교직적성 인재	최초(80명)	487.57	479.48	475.72	477.01	472.05	465.33	961.29	951.52	947.05
	최종(52명)	483.42	477.94	475.77	474.41	467.95	459.36	954.28	945.89	936.54
지역인재 선발	최초(120명)	491.25	479.94	470.69	479.04	471.81	462.59	966.28	951.75	945.97
	최종(118명)	486.46	475.37	470.69	479.04	468.58	459.48	957.85	943.95	933.19
국가보훈 대상자	최초(5명)	484.39	476.84	473.98	476.15	473.35	468.62	953.01	949.84	947.98
	최종(2명)	474.58	474.28	473.98	474.00	474.00	474.00	948.58	948.28	947.97
농·어촌 학생	최초(14명)	485.18	481.00	478.80	478.18	472.47	469.12	962.15	953.54	950.19
	최종(1명)	478.99	478.99	478.99	471.83	471.83	471.83	950.82	950.82	950.82
기회균형 선발	최초(5명)	477.85	474.87	472.12	471.31	469.81	468.09	951.85	944.85	942.31
	최종(3명)	474.22	473.07	471.92	468.09	468.09	468.09	942.31	941.34	940.01
장애인 등 대상자	최초(10명)	473.46	466.84	460.28	476.39	469.77	463.38	926.96	936.61	945.42
	최종(4명)	473.46	466.78	460.28	471.96	469.74	469.00	945.42	936.52	929.48

vi. 2022 전형 결과

(1) 전형별 등록인원

전형유형	모집인원	지원		등록	
		지원인원	경쟁률	등록인원	등록률
교직적성인재	80	726	9.08	56	70
지역인재선발	120	337	2.81	120	100
국가보훈대상자	5	37	7.4	3	60
농·어촌학생	14	60	4.29	5	35.7
기회균형선발	5	38	7.6	1	20
장애인 등대상자	10	35	3.5	7	70
소계	234	1,233	5.27	192	82.05

(2) 최종합격자 결과

– 학생부 내신등급

전형	선발인원	학생부 내신등급		
		평균	최고	최저
교직적성인재	56	1.85	1.38	2.6
지역인재선발	120	1.93	1	3.61
국가보훈대상자	3	4.47	3.05	7.09
농·어촌학생	5	1.93	1.46	2.36
기회균형선발	1		1.88	
장애인 등대상자	7	3.45	2.71	4.24

– 학생부 종합전형 합격자 성적

전형	서류평가 (500점)			면접평가 (500점)			총점 (1,000점)		
	평균	최고	최저	평균	최고	최저	평균	최고	최저
교직적성인재	480	483.7	478.37	479.07	489.44	471.66	959.07	967.88	950.56
지역인재선발	480.35	488.97	469.46	479.96	486.65	471.21	956.31	974.05	927.72
국가보훈대상자	473.49	474.15	473.16	479.65	485.35	473.63	953.14	958.51	947.78
농·어촌학생	477.49	480.33	475.51	482.87	487.95	478.66	960.37	964.24	954.17
기회균형선발		480.4			482.67			963.07	
장애인 등대상자	475.15	480.41	471.09	477.71	484.52	473.38	952.87	960.29	946.87

나. 정시모집 (나군)

ⅰ. 모집 전형

전형 유형	전형 명	모집인원	전형 방법	수능 반영 비율 (표준점수)			
				국어	수학	영어	탐구 사/과
수능 위주	일반학생	132	[1단계] 수능 100 (2배수) [2단계] 수능 90.1, 면접 9.9	25	25	25	25
	기회균형선발	수시이월인원					
	농·어촌학생	수시이월인원					
	특수교육대상자	수시이월인원					
– 수능성적 500점 만점 (최저 0점), 면접 100점 만점 (최저 45점)							
지원 자격							
일반학생		고등학교 졸업(예정)자 또는 동등 이상의 학력이 있다고 인정되는 자로서 2025학년도 대학수학능력시험 응시자					
※특별 전형 지원 자격은 모집요강을 참고바람.							
성비							
– 일반학생 전형은 남·여 어느 한 성이 70%를 초과할 수 없으며, 이는 1단계 및 2단계 모두 적용함.							

ⅱ. 평가 방법

(1) **수능 평가**

- 각 영역별 표준점수를 활용하여 적용함(영어 등급에 따른 환산점수 부여, 한국사 등급별 가산점).

• 반영점수 산출 방법 (500점 만점)

국어(표준점수) + 수학(표준점수) + 영어(환산점수) + 탐구(2과목 표준점수 합)] / 8×5 + 한국사(가산점)

– 영어 등급별 환산점수

등급	1	2	3	4	5	6	7	8	9
환산점수	200	190	180	170	160	140	120	100	80

– 한국사 등급별 가산점

등급	1	2	3	4	5	6	7	8	9
감점	2	2	1.75	1.75	1.5	1.5	1	1	0

(2) **면접 평가 (2024학년도 기준)**

　　- 개별면접: 공주교육대학교에서 자체 개발한 문항으로 교직관 및 교양 표현력, 태도 등을 종합적으로 평가

구분	내용
소요시간	10분 내외 / 1인
운영	수험생에게 동일하게 주어진 문제를 10분간 준비(3분 문제지 숙지) 후 문제에 대한 답변
평가	2인 이상 다수의 면접위원이 종합평가

　　- 평가 영역

구분	내용
교직관 및 교양	초등 교직에 대한 이해, 열의, 사명감, 신념, 인간관, 아동관, 가치관, 기본적 교양 등을 평가
표현력	답변의 명료성, 객관성, 논리성, 적절성 등을 평가
태도	면접 태도, 정서적 안정성 등을 평가

iii. 2024 정시모집 결과

(1) 최종등록자 현황

전형명		모집인원			지원인원			경쟁률	등록인원		
		계획	이월	계	남	여	계		남	여	계
정원내	일반학생	149	33	182	239	286	525	2.88	81	100	181
정원외	농·어촌학생	–	14	14	20	18	38	2.71	9	5	14
	기회균형선발	–	4	4	3	9	12	3.00	1	3	4
	장애인 등 대상자	–	8	8	2	–	2	0.25	2	0	2
계		149	59	208	264	313	577	2.77	93	108	201

(2) 추가합격 현황

전형 유형	모집 인원	합격인원	최고	평균	최저	등록인원
일반학생	179	179	9	5	9	23
농·어촌학생	14	14	–	–	1	1
기회균형선발	4	4	–	–	–	–
장애인 등대상자	8	2	–	–	–	–
합계	205	199	9	5	10	–

(3) 전형요소별 성적 결과

– 합격자 수능 등급현황

전형 유형	모집 인원	최초합격				최종등록			
		합격인원	최고	평균	최저	등록인원	최고	평균	최저
일반학생	182	179	1.75	3.08	3.88	181	1.75	3.14	3.88
농·어촌학생	14	14	2.75	3.32	3.88	14	2.75	3.35	3.88
기회균형선발	4	4	3.25	3.97	4.25	4	3.25	3.97	4.25
장애인 등대상자	6	2	4.13	5.63	7.13	2	4.13	5.63	7.13

– 최종 성적

전형 유형	구분	수능성적 (500점 만점)			면접고사 (100점)			총점 (600점)		
		최고	평균	최저	최고	평균	최저	최고	평균	최저
일반 학생	최초	368.25	338.43	323.00	100.00	89.12	72.39	449.45	427.55	418.46
	최종	368.25	337.07	323.00	100.00	88.65	72.39	445.13	425.71	415.75
농·어촌 학생	최초	341.38	331.79	316.13	94.76	90.74	84.11	434.62	422.53	410.89
	최종	341.38	330.99	316.13	94.76	90.35	84.11	434.62	421.33	410.76
기회균형 선발	최초	326.38	313.44	307.38	91.89	88.35	84.73	418.27	401.79	392.73
	최종	326.38	313.44	307.38	91.89	88.35	84.73	418.27	401.79	392.73
장애인 등 대상자	최초	315.75	269.38	223.00	80.45	76.80	73.15	388.90	346.18	303.45
	최종	315.75	269.38	223.00	80.45	76.80	73.15	388.90	346.18	303.45

※ 수능점수: 최고 500점/최조 0점

※ 면접고사: 최고 500점 / 최저 45점

iv. 2023 정시모집 결과

(1) 최종등록자 현황

전형유형	모집인원 (최종예비석차)	지원		등록	
		지원인원	경쟁률	등록인원	등록률
일반학생	182 (40)	337	1.88	181	99.45
농·어촌학생	13 (1)	28	2.15	13	100
기회균형선발	2 (1)	6	3	2	100
장애인 등대상자	6	1	0.17	0	0
소계	203	372	1.83	196	96.55

(2) 전형요소별 성적 결과

－ 합격자 수능 등급현황

전형 유형	모집 인원	최초합격				최종등록			
		합격인원	최고	평균	최저	등록인원	최고	평균	최저
일반학생	182	179	1.88	2.59	3.38	181	2.00	2.64	3.38
농·어촌학생	13	13	2.00	2.81	3.38	13	2.38	2.90	3.38
기회균형선발	2	2	3.00	3.13	3.25	2	3.00	3.50	4.00
장애인 등대상자	6	1	3.50	3.50	3.50	0	－	－	－

– 최종 성적

전형 유형	최초합격인원	수능성적 (500점 만점)			면접고사 (100점)			총점 (600점)		
	최종등록인원	최고	평균	최저	최고	평균	최저	최고	평균	최저
일반 학생	최초(179명)	360.75	350.00	337.00	98.71	90.70	80.76	454.39	440.86	433.66
	최종(181명)	360.75	349.00	337.00	98.71	89.72	76.75	454.39	438.97	429.66
농·어촌 학생	최초(13명)	356.38	344.34	331.38	97.75	89.97	82.02	441.88	434.31	426.52
	최종(13명)	350.13	342.99	331.38	97.75	90.32	82.02	441.88	433.31	425.39
기회균형 선발	최초(2명)	337.63	336.69	335.75	88.84	86.28	83.72	426.47	422.97	419.47
	최종(2명)	337.63	327.01	316.38	88.84	84.58	80.32	426.47	411.59	396.70
장애인 등 대상자	최초(1명)	330.50	330.50	330.50	90.54	90.54	90.54	421.04	421.04	421.04
	최종(0명)	–	–	–	–	–	–	–	–	–

※ 수능점수 : 최고 500점 / 최저 0점

※ 면접고사 : 최고 100점 / 최저 45점

ⅴ. 2022 정시모집 결과

(1) 전형별 등록인원

전형유형	모집인원	지원		등록	
		지원인원	경쟁률	등록인원	등록률
일반학생	175	431	2.47	175	100
농·어촌학생	9	20	2.22	9	100
기회균형선발	4	10	2.5	4	100
장애인 등대상자	3	3	1	0	0
소계	191	465	2.43	188	98.4

(2) 최종합격자 결과

– 합격자 수능 등급현황

전형	선발인원	영역별 평균등급				수능등급		
		국어	수학	영어	탐구	평균	최고	최저
일반학생	175	2.68	2.68	1.48	2.56	2.33	1.75	2.88
농·어촌학생	9	3.3	3.56	2.11	2.78	2.86	2.38	3.38
기회균형선발	4	3.42	4	2.25	3.25	3.13	3	3.25

– 전형별 합격자 성적

전형	수능성적 (550점)			면접평가 (50점)			총점 (600점)		
	평균	최고	최저	평균	최고	최저	평균	최고	최저
일반학생	391.55	407.63	381.5	44.1	48.22	37.15	434.65	455.11	428.34
농·어촌학생	377.68	387.69	371.19	44.84	47.49	42.72	422.52	433.27	413.91
기회균형선발	369.81	372.56	367.06	44.46	47.43	42.33	414.27	417.44	410.24

광주교육대학교 입학처 ☎ 062) 520-4292

가. 수시모집

ⅰ. 모집 전형

전형 유형	전형 명	모집 인원	전형 방법	수능 최저	제출서류 학생부 교과	제출서류 학생부 비교과	추천서 (명단)	면접
학생부 종합	교직적성우수자	40	[1단계] 서류평가 100 (4배수) [2단계] 서류평가 70 면접평가 30	X	O	O	X	O
	전라남도교육감추천	60	[1단계] 서류평가 100 (2배수) [2단계] 서류평가 70 면접평가 30	X	O	O	O	O
	광주인재	40		X	O	O	X	O
	전남인재	40		X	O	O	X	O
	사회통합	7	[1단계] 서류평가 100 (3배수) [2단계] 서류평가 70 면접평가 30	X	O	O	X	O
	다문화가정	7		X	O	O	X	O
	장애인대상자	10		X	O	O	X	O
	농·어촌학생	10		X	O	O	X	O
	기초생활수급자/ 차상위계층/ 한부모가족전형	7		X	O	O	X	O

※ 1단계 (기본점수 700점 + 실질반영점수 300점), 면접평가 (기본점수 200점 + 실질반영점수 100점)
※ 전라남도교육감추천전형 공통 추가서류: 전라남도교육청에서 요구한 추천자 관련서류(교육청 제출)

지원 자격	
교직적성우수자	고등학교 졸업(예정)자 또는 법령에 의하여 동등 이상의 학력이 있다고 인정된 자
사회통합	고등학교 졸업(예정)자 또는 법령에 의하여 동등 이상의 학력이 있다고 인정된 자로 국가보훈대상자, 자립지원대상아동, 만학도(2025. 3. 1 기준 만 30세 이상) 중 하나에 해당하는 자

※ 특별 전형 지원 자격은 chapterⅡ 혹은 모집요강을 참고바람.

ⅱ. 평가 방법

(1) 서류 평가

서류평가는 학교생활기록부(교과/비교과)를 바탕으로 정성적 종합평가하며, 학교생활기록부가 없는 자는 학교생활기록부 대체 확인서 및 증빙자료를 제출하여야 평가에 반영됨.

평가요소	평가항목	평가내용	배점
학업역량 (50%)	학업수행역량 (50%)	• 전 교과목의 학업성취 수준과 내용 • 학업관리역량을 통한 성장 정도 • 교과활동 중에 드러나는 문해력 및 탐구력 • 교과목 간 융합 및 연계를 통한 지적 호기심 해결 경험 • 학교교육과정의 교과위계에 따른 교과 이수의 충실성	150
	‒ 미래 초등교사로서 수업을 이끌어 갈 수 있는 역량		
교직적합성 (30%)	교직에 대한 흥미와 관심 (18%)	• 교과활동에서 예비 교사로서의 자질을 발휘한 경험 • 교과외활동에서 교직관련 탐색 수준과 활동 정도 • 다양한 문화 이해를 통한 활동 경험	54
	‒ 교직 전반의 이해를 돕기 위한 탐색 수준과 활동 정도		
	문제해결역량 (12%)	• 문제를 인지하고 대처하는 과정 및 태도 • 교과활동에서 습득한 지식을 활용하여 문제를 해결한 경험 • 독창적인 아이디어를 발휘하여 문제를 해결한 경험	36
	‒ 교육현장에서 발생하는 다양한 문제상황을 인식하고 해결할 수 있는 역량		
교직인성 (20%)	공동체역량 (10%)	• 구성원들과 협력하여 공동의 과제를 수행하고 완성한 경험 • 구성원들과 소통하여 합의를 이끌어 낸 경험 • 학교생활을 통해 리더십을 발휘한 경험 • 타인을 위해 양보, 배려, 나눔을 실천한 경험	30
	‒ 미래 인재 양성의 주체로서 교육공동체를 형성하고 이끌어 갈 수 있는 능력		
	성실성 (10%)	• 규칙과 규정을 준수하려는 노력 • 주어진 역할을 적극적이고 성실히 수행하는 태도 • 구성원들에게 모범이 되는 태도와 행동	30
	‒ 스스로의 삶을 책임감 있게 관리하고 타의 모범이 되는 태도와 행동		

※ 실질반영점수가 150점 이하인 자는 불합격 처리함

(2) 면접 평가

‒ 평가 내용

구분	내용
대상	1단계 합격자 전원
면접내용	면접은 지원자의 제출서류를 기반으로 진위 확인 및 관련 내용 질문을 바탕으로 평가요소(①문제해결역량 ②교직적합성 ③교직인성)의 역량을 정성적·종합적 평가
면접유형	지원자 1명을 평가위원 2인이 한 조로 구성되어 면접 실시
면접시간	지원자 1인당 10분 내외의 질의응답(전형에 따라 면접시간이 다소 변경될 수 있음)

- 평가 영역 및 평가지표

평가항목	평가요소	배점
문제해결역량 (40%)	• 문제인식 및 상황대처능력	20
	• 논리적 표현력	20
교직적합성 (30%)	• 예비교사로서 기본 소양 및 관심정도	20
	• 발전가능성	10
교직인성 (30%)	• 면접 참여의 태도와 적극성	20
	• 올바른 가치관과 도덕성	10

※ 실질반영점수가 50점 이하인 자는 불합격 처리함

iii. 전형 일정

원서접수	2024. 9. 9 (월) 09:00 ~ 9. 13 (금) 17:00
서류제출	2024. 9. 9 (월) 09:00 ~ 9. 20 (금) 18:00
1단계 합격자 발표	2024. 11. 8 (금) 14:00
면접시험	2024. 11. 23 (토)
최초합격자 발표	2024. 12. 13 (금) 14:00

iv. 2024 전형 결과

(1) 경쟁률 및 등록 현황

전형명	모집인원	지원인원	등록인원	경쟁률
교직적성우수자	46	429 (남198, 여231)	45 (남26, 여19)	9.33
전라남도교육감추천	80	171	80	2.14
광주인재	40	169	40	4.23
전남인재	40	93	40	2.33
사회통합	9	32	9	3.56
다문화가정	3	12	3	4
장애인대상자[정원외]	10	13	6	1.3
농·어촌학생[정원외]	10	51	10	5.1
기초생활수급자 및 차상위계층[정원외]	7	33	3	4.71
소계	245	1,003	236	4.09

(2) 최종 등록자 성적

전형명	구분	서류평가 (700점)	심층면접 (300점)	총점 (1,000점)	내신등급
교직적성우수자 (45명)	평균	663.58	289.79	953.37	2.44
	최고점	688.18	296.6	978.86	1.49
	최저점	647.05	278.77	928.31	3.16
전라남도 교육감추천 (80명)	평균	675.1	289.87	964.97	2.39
	최고점	696.19	300	988.36	1.65
	최저점	651.42	276.65	944.83	3.15
광주인재 (40명)	평균	673	290.96	963.5	2.86
	최고점	700	298.83	993.64	1.84
	최저점	656.74	274.62	946.99	3.78
전남인재 (40명)	평균	663.41	288.09	951.5	2.82
	최고점	691.6	298.71	990.31	1.76
	최저점	631.75	273.57	917.37	4.07
사회통합 (9명)	평균	654.73	291	945.84	4.79
	최고점	686.35	294	980.35	3.29
	최저점	601.3	287	892.3	6.56
다문화가정 (3명)	평균	680.4	290.83	971.23	2.73
	최고점	–	–	–	–
	최저점	–	–	–	–
장애인대상자 (6명)	평균	647.85	281.83	929.68	5.82
	최고점	661.15	285.5	946.15	5.23
	최저점	631.75	279.5	911.25	6.44
농·어촌학생 (10명)	평균	656.95	287	943.55	2.55
	최고점	673.75	296	964.75	2.3
	최저점	648.55	279.5	930.05	2.73
기초생활수급자/ 차상위계층/ 한부모가족 (3명)	평균	661.5	281.83	943.33	3.2
	최고점	–	–	–	–
	최저점	–	–	–	–

※ 모집인원 및 등록인원이 3명 이하인 전형은 평균 성적만 공개

(3) 추가합격자 현황

전형명	1단계 합격자	면접 결시	1차추합 (예비번호)	2차추합 (예비번호)	3차추합 (예비번호)	최종합격 (예비번호)
교직적성우수자	184 (남 93, 여 91)	48	남 18 여 14	남 28 여 19	남 32 여 22	남 46 여 36
전라남도교육감추천	160	7	8	13	16	17
광주인재	80	10	10	14	—	15
전남인재	80	8	9	11	—	16
사회통합	27	10	2	5	—	6
다문화가정	9	3	—	—	—	—
장애인대상[정원외]	13	3	—	—	—	(예비인원없음)
농·어촌학생[정원외]	30	3	8	13	16	17
기초생활수급자 및 차상위계층[정원외]	21	2	7	12	—	12 (예비인원없음)

ⅴ. 2023 전형 결과

(1) 경쟁률 및 등록 현황

전형명	모집인원	지원인원	등록인원	경쟁률
교직적성우수자	81	580 (남215, 여365)	35 (남23, 여12)	7.16
전라남도교육감추천	50	99	49	1.98
광주인재	40	105	38	2.63
전남인재	40	123	39	3.08
국가보훈대상자	5	27	4	5.4
다문화가정	3	17	3	5.67
장애인대상자[정원외]	10	32	10	3.2
농·어촌학생[정원외]	10	60	10	6
기초생활수급자 및 차상위계층[정원외]	7	46	5	6.57
소계	246	1,089	193	4.43

(2) 최종 등록자 성적

전형명	구분	서류평가 (700점)	심층면접 (300점)	총점 (1,000점)	내신등급
교직적성우수자 (35명)	평균	658.85	284.96	943.81	2.08
	최고점	676.17	292.80	965.81	1.58
	최저점	646.77	273.13	922.77	2.62
전라남도 교육감추천 (49명)	평균	665.89	288.81	954.70	2.3
	최고점	692.65	296.75	982.07	1.6
	최저점	635.95	270.46	925.87	2.77
광주인재 (38명)	평균	665.74	289.84	955.58	2.44
	최고점	681.1	296.99	967.91	1.7
	최저점	652.75	280.96	943.76	3.25
전남인재 (39명)	평균	688.90	289.65	978.55	2.17
	최고점	695.07	294.77	984.85	1.52
	최저점	684.73	284.68	974.72	2.74
국가보훈대상자 (4명)	평균	687.47	287.83	975.30	3.55
	최고점	694.72	294.29	987.75	2.64
	최저점	681.06	280.18	964.88	4.74
다문화가정 (3명)	평균	676.55	290.11	966.66	2.13
	최고점	–	–	–	–
	최저점	–	–	–	–
장애인대상자 (10명)	평균	678.13	282.59	960.72	4.35
	최고점	685.32	289.82	975.14	3.24
	최저점	671.24	274.03	945.27	5.55
농·어촌학생 (10명)	평균	685.61	285.23	970.84	1.95
	최고점	688.90	289.94	977.94	1.61
	최저점	683.00	276.70	960.00	2.14
기초생활수급자/ 차상위계층/ 한부모가족 (5명)	평균	663.88	291.80	972.09	2.49
	최고점	672.70	297.33	966.60	2.18
	최저점	656.95	275	947.7	2.69

※ 모집인원 및 등록인원이 3명 이하인 전형은 평균 성적만 공개

(3) 추가합격자 현황

전형명	1단계 합격자	면접 결시	1차추합 (예비번호)	2차추합 (예비번호)	3차추합 (예비번호)	최종합격 (예비번호)
교직적성우수자	324 (남130, 여194)	33	남 26 여 47	남 52 여 92	남 77 여 128	남 82 여 128 (예비인원없음)
전라남도교육감추천	99	2	10	13	14	14
광주인재	81	9	7	9	11	11
전남인재	80	6	9	15	17	18
국가보훈대상자	16	3	2	3	5	6
다문화가정	9	1	–	–	–	–
장애인대상[정원외]	28	9	3	6	–	6
농·어촌학생[정원외]	30	6	5	8	9	9
기초생활수급자 및 차상위계층[정원외]	21	8	3	5	6	6 (예비인원없음)

vi. 2022 전형 결과

(1) 경쟁률 및 등록 현황

전형명	모집인원	지원인원	등록인원	경쟁률
교직적성우수자	100	778 (남265, 여513)	42 (남23, 여19)	7.78
전라남도교육감추천	50	151	50	3.02
광주인재	25	96	25	3.84
전남인재	25	98	25	3.92
국가보훈대상자	5	23	5	4.6
다문화가정	3	12	3	4
장애인대상자[정원외]	10	25	5	2.5
농·어촌학생[정원외]	10	52	7	5.2
기초생활수급자 및 차상위계층[정원외]	7	36	6	5.14
소계	235	1,271	168	5.41

(2) 최종 등록자 성적

전형명	구분	서류평가 (700점)	심층면접 (300점)	총점 (1,000점)	내신등급
교직적성우수자 (42명)	평균	688.51	286.91	975.43	1.71
	최고점	698.32	296.94	992.41	1.07
	최저점	681.94	268.91	956.19	2.17
전라남도교육감추천 (50명)	평균	686.15	292.71	978.85	2.07
	최고점	691.46	296.08	986.48	1.14
	최저점	682.36	287.77	973.84	2.76
광주인재 (25명)	평균	689.44	290.07	979.52	2.04
	최고점	697.38	295.87	993.25	1.35
	최저점	683.2	284.74	973.63	2.5
전남인재 (25명)	평균	688.9	289.65	978.55	2.19
	최고점	695.07	294.77	984.85	1.49
	최저점	684.73	284.68	974.72	2.83
국가보훈대상자 (5명)	평균	687.47	287.83	978.3	3.5
	최고점	694.72	294.29	987.75	2.01
	최저점	681.06	280.18	964.88	4.81
다문화가정 (3명)	평균	686.75	290.36	977.11	3.25
	최고점	–	–	–	–
	최저점	–	–	–	–
장애인대상자 (5명)	평균	678.13	282.59	960.72	4.47
	최고점	685.32	289.82	975.14	3.54
	최저점	671.24	274.03	945.27	6.22
농·어촌학생 (7명)	평균	685.61	285.23	970.84	2.25
	최고점	688.9	289.94	977.94	1.67
	최저점	683	276.7	960	2.81
기초생활수급자 및 차상위계층 (6명)	평균	687.12	284.97	972.09	2.43
	최고점	692.9	291.87	979.17	1.44
	최저점	683.65	281.35	968.1	2.87

※ 모집인원 및 등록인원이 3명 이하인 전형은 평균 성적만 공개

(3) 추가합격자 현황

전형명	1단계 합격자	면접 결시	1차추합 (예비번호)	2차추합 (예비번호)	3차추합 (예비번호)	최종합격 (예비번호)
교직적성우수자	300 (남120, 여180)	24	남 30 여 47	남 54 여 92	남 66 여 108	남 66, 여 108 (예비인원없음)
전라남도교육감추천	100	3	–	5	–	8
광주인재	50	3	2	–	4	4
전남인재	50	1	5	7	–	7
국가보훈대상자	15	3	3	4		4
다문화가정	9	1	1	2	–	2
장애인대상[정원외]	22*	8	4	–	–	4 (예비인원없음)
농·어촌학생[정원외]	30	4	7	13	16	16 (예비인원없음)
기초생활수급자 및 차상위계층[정원외]	21	3	5	7	8	8

※ 장애인대상자전형의 경우 지원자는 25명이었으나, 1단계 서류평가 부적격 3명 포함

나. 정시모집 (나군)

ⅰ. 모집 전형

전형 유형	전형 명	모집 인원	전형 방법	수능 반영 비율 (백분위)			
				국어	수학	영어 영어	탐구 사/과/직
수능 위주	일반전형	95	수능 100	25	25	25	25

– 한국사 가산점으로 인하여 만점 초과 가능

지원 자격	
일반전형	고등학교 졸업(예정)자 또는 법령에 의해 이와 동등이상의 학력이 있다고 인정된 자로서 2025학년도 대학수학능력시험에 응시한 자.

※ 특별 전형 지원 자격은 모집요강을 참고바람.

ⅱ. 평가 방법

(1) 대학수학능력시험 성적 반영방법

과목	국어	수학	영어	탐구 (2과목)	한국사	합계
반영 방법	백분위	백분위	등급 (등급별 반영점수)	백분위	등급 (등급별 가산점)	
배점	250점	250점	250점	250점	–	1,000점
비율	25%	25%	25%	25%	–	100%
산출 공식	$\left(\dfrac{\text{국어·수학·탐구영역 백분위 합}}{300}\right) \times 750 +$ 영어 등급별 반영 점수 + 한국사 등급별 가산점					

– 영어 등급별 반영점수

구분	1등급	2등급	3등급	4등급	5등급	6등급	7등급	8등급	9등급
반영점수 (배점)	250	240	230	220	210	200	190	180	170

– 한국사 등급별 가산점

구분	1등급	2등급	3등급	4등급	5등급	6등급	7등급	8등급	9등급
가산점	2점		1.5점		1점		0.5점		0점

※ 수능은 국어, 수학, 탐구영역의 백분위를 반영

※ 영어는 등급별 반영점수 반영(1등급~9등급), 등급별 반영 점수표 참조

※ 탐구영역의 선택과목은 자유지정이고, 2과목의 백분위 평균을 산출하여 반영

iii. 2024 정시모집 결과

(1) 경쟁률 및 등록 현황

구분	총 모집인원	지원인원	등록인원	경쟁률
수능위주(일반전형)	109 (수시 이월 1명 포함)	295 (남150, 여145)	107* (남59, 여48)	2.71 : 1
수능위주 (장애인대상자전형)	4	0	0	0.00 : 1
수능위주 (기초생활수급자/차상위계층/ 한부모가족)	4	10	0	2.50 : 1
합계	117	305	107	2.61 : 1

* 충원통보 마감 및 최종 등록 마감 후 등록포기자(2명) 발생

(2) 최종 등록자 성적

– 일반전형 (170명)

구분	수능성적(1,000점)					
	국어 (백분위)	수학 (백분위)	탐구 (2과목 평균 백분위)	국어, 수학, 탐구(2과목 평균)영역 백분위 평균	영어 (등급)	전형점수 (1,000점 기준)
평균	78.68	78.74	76.96	78.13	3.03	817.47
최고점	94.00	88.00	85.50	89.17	2	910.75
80% Cut	77.00	80.00	59.50	72.17	3	773.25

(3) 최추가 합격자 현황

전형명	최초 합격자	1차 충원	2차 충원	3차 충원	4차 충원	최종합격 예비번호
수능위주(일반전형)	109명	28번	36번	38번	41번	51번
수능위주(기초생활수 급자/차상위계층/한 부모가족)	4명	–	–	–	–	–

iv. 2023 정시모집 결과

(1) 경쟁률 및 등록 현황

구분	총 모집인원	지원인원	등록인원	경쟁률
일반전형[나군]	154 (수시 이월 46명 포함)	307 (남156, 여151)	157 (남76, 여81)	1.99
기초생활수급자 / 차상위계층 / 한부모가족 [나군]	2	6	2	3

(2) 최종 등록자 성적

– 일반전형 (176명)

구분	수능성적	
	백분위합 (국어, 수학, 탐구(2과목) 평균)	점수 (1000점 기준)
평균	256.5 (85.50)	880.96
최고점	283.5 (94.50)	950.75
최저점	237.5 (79.17)	834.50

– 기초생활수급자 / 차상위계층 / 한부모가족 전형 (2명)

구분	수능성적	
	백분위합 (국어, 수학, 탐구(2과목) 평균)	점수 (1000점 기준)
평균	237 (79.0)	831
최고점	–	–
최저점	–	–

※ 모집인원 및 등록인원이 3명 이하인 전형은 평균 성적만 공개

(3) 최추가 합격자 현황

전형명	최초합격자	1차추합 (예비번호)	2차추합 (예비번호)	3차추합 (예비번호)	최종합격 (예비번호)
일반전형	154	남 22 여 25	남 32 여 34	남 35 여 39	남 47 여 44
기초생활수급자/차상 위계층/한부모가족	2	1	–	–	–

ⅴ. 2022 정시모집 결과

(1) 경쟁률 및 등록 현황

구분	총 모집인원	지원인원	등록인원	경쟁률
일반전형[나군]	176 (수시 이월 58명 포함)	376 (남179, 여197)	176 (남95, 여81)	2.14 : 1
농·어촌학생[나군]	3	7	3	2.33 : 1

(2) 최종 등록자 성적

– 일반전형 (176명)

구분	1단계(수능 1,000점)		2단계점수(1단계점수 900 + 면접 100점)	
	백분위합 (국수탐평균)	1단계점수 (1000점 기준)	면접 (100점 만점)	2단계점수 (1000점 기준)
평균	260 (86.68)	891.36	94.46	896.68
최고점	284 (94.67)	949.5	100	947.55
최저점	246.5 (82.17)	854.5	84	868.93

– 농·어촌학생 전형 (3명)

구분	1단계(수능 1,000점)		2단계점수(1단계점수 900 + 면접 100점)	
	백분위합 (국수탐평균)	1단계점수 (1000점 기준)	면접 (100점 만점)	2단계점수 (1000점 기준)
평균	239.2 (79.72)	836.58	93	845.93
최고점	–	–	–	–
최저점	–	–	–	–

※ 모집인원 및 등록인원이 3명 이하인 전형은 평균 성적만 공개

(3) 추가합격자 현황

전형명	1단계 합격자	면접결시	1차추합 (예비번호)	2차추합 (예비번호)	3차추합 (예비번호)	최종합격 (예비번호)
일반전형	352	32	남 5 여 5	남 7 여 6	남 8 여 6	남 9 여 8
농·어촌학생	4	0	–	–	–	–

Ⅳ 대구교육대학교

대구교육대학교 입학처 ☎ 053) 620-1276~9

가. 수시모집

ⅰ. 모집 전형

전형 유형	전형 명	모집 인원	1단계 선발 배수	전형 방법	수능 최저	제출서류			면접
						학생부		추천서 (명단)	
						교과	비교과		
학생부 종합 [정원내]	참스승 전형	50	5배수	[1단계] 서류평가 100 [2단계] 서류평가 68.8 면접평가 31.2	X	O	O	X	O
	대구지역인재	80	2배수		X	O	O	X	O
	경북지역인재	100	2배수		X	O	O	X	O
	국가보훈대상자	6	2배수		X	O	O	X	O
	기초생활수급자, 차상위계층, 한부모 가족 지원대상자	11	2배수		X	O	O	X	O
학생부 종합 [정원외]	농·어촌학생	15	2배수		X	O	O	X	O
	장애인 등 대상자	10	2배수		X	O	O	X	O
지원 자격									
참스승 전형	고등학교 졸업(예정)자 또는 법령에 의하여 동등이상의 학력이 있다고 인정된 자								
※ 특별 전형 지원 자격은 chapter Ⅱ 혹은 모집요강을 참고바람.									
성비									
참스승, 대구지역인재, 경북지역인재전형은 남·여 비율은 어느 한 성도 모집(선발)인원의 70%를 넘지 않도록 함. (1단계, 2단계 모두 적용)									

ⅱ. 평가 방법

(1) 서류 평가

	평가자료	평가방법
학생부 종합	학교생활기록부 (학생부 대체서류)	- 서류평가 영역에 대해 정성적으로 종합 평가함 - 지원자 1인의 서류에 대하여 다수의 평가위원이 독립 평가함 - 재학생(졸업예정자)은 3학년 1학기까지, 졸업생은 전학년 모두 평가함

평가영역	평가요소	학교생활기록부 항목
개인·사회적 역량	자기통제	• 출결상황 • 창의적 체험활동상황(자율/동아리 등) • 교과학습발달상황(세부능력 및 특기사항) • 봉사활동실적, 행동특성 및 종합의견
	타인배려 및 공감능력	
	협업능력	
	시민성 및 책임성	
교직소양	교직관	• 창의적 체험활동상황(자율/동아리/진로 등) • 교과학습발달상황(세부능력 및 특기사항) • 봉사활동실적 • 행동특성 및 종합의견
	사명감	
	교육에 대한 이해	
	교직에 대한 열정	
창의적 지식 활용 역량	기초학습능력	• 창의적 체험활동상황(자율/동아리) • 교과학습발달상황(학업성취도 & 세부능력 및 특기사항) • 행동특성 및 종합의견
	자기주도학습능력	
	환경변화적응력	
	지식처리·융합능력	
교직수행 역량	리더십	• 창의적 체험활동상황(자율/동아리/진로 등) • 교과학습발달상황(세부능력 및 특기사항) • 봉사활동실적 • 행동특성 및 종합의견
	매체활용능력	
	학습과 발달에 대한 이해	
	예체능능력	

(2) 면접평가

평가형태	면접시간	평가방법
개별면접	15분 이내	지원자 1인을 대상으로 면접평가 영역을 지원자가 제출한 서류를 활용하여 다수의 평가위원이 정성적으로 종합 평가함

평가영역	평가요소	평가항목
의사소통 능력	언어적 표현능력	질문 및 상황에 대한 이해력과 논리적인 표현력
	타인의 언어 이해능력	
	타인의 의견경청 및 존중	
	이해력	
문제해결 능력	논리성	질문 및 상황의 체계적 분석을 통한 창의적 문제해결능력
	비판력	
	지식정보 수집·분석·활용 능력	
	창의·융합적 사고	
교직소양 및 인성	교육에 대한 이해	교직에 대한 기본적 이해와 인성
	타인배려 및 공감 능력	
	협업능력	
	시민성 및 책임성	

iii. 전형 일정

원서접수	2024. 9. 9 (월) 10:00 ~ 9. 13 (금) 18:00	
서류제출	2024. 9. 9 (월) 10:00 ~ 9. 19 (목) 18:00	
1단계 합격자 발표	2024. 11. 15 (금) 10:00 예정	
면접시험	그 외 전형	2024 .11. 29 (금)
	대구지역인재 경북지역인재	2024. 11. 30 (토)
최초합격자 발표	2024. 12. 13 (금) 10:00 예정	

iv. 2024 전형 결과

(1) 지원 및 등록현황

구분	모집 인원	지원인원			지원율	최종 합격(등록)자 수			미충원 인원
		남자	여자	합계		남자	여자	합계	
참스승	42	191	315	506	12.05	15	21	36	6
지역인재	150	168	347	515	3.43	45	104	149	1
국가보훈	8	37			4.63	7			1
기초생활	14	60			4.29	12			2
농·어촌	15	80			5.33	10			5
장애인	14	26			1.86	10			4
서해5도	3	3			1.00	0			3
합계	246	1,227			4.99	224			22

(2) 학생부 종합전형 지원자 및 최종등록자 학생부 교과성적 분포

- 학생부종합(참스승전형)

학생부 교과 평균등급	지원자		최종합격(등록)자	
	인원(명)	비율(%)	인원(명)	비율(%)
1.0 ~ 1.5	7	1.4	0	0.0
1.51 ~ 2.0	49	9.7	2	5.6
2.01 ~ 2.5	119	23.5	11	30.5
2.51 ~ 3.0	113	22.3	16	44.4
3.01 ~ 3.5	59	11.7	5	13.9
3.51 ~ 4.0	49	9.7	2	5.6
4.01 이상	84	16.6	0	0.0
석차등급이 없는 자	26	5.1	0	0.0
합계	506	100	36	100

- 학생부종합(지역인재 특별전형)

학생부 교과 평균등급	지원자		최종합격(등록)자	
	인원(명)	비율(%)	인원(명)	비율(%)
1.0 ~ 1.5	11	2.1	2	1.3
1.51 ~ 2.0	81	15.7	36	24.2
2.01 ~ 2.5	105	20.4	55	36.9
2.51 ~ 3.0	100	19.4	41	27.5
3.01 ~ 3.5	60	11.7	13	8.7
3.51 ~ 4.0	37	7.2	2	1.3
4.01 이상	104	20.2	0	0.0
석차등급이 없는 자	17	3.3	0	0.0
합계	515	100	149	100

– 학생부종합(국가보훈대상자 특별전형)

학생부 교과 평균등급	지원자		최종합격(등록)자	
	인원(명)	비율(%)	인원(명)	비율(%)
1.0 ~ 1.5	0	0.0	0	0.0
1.51 ~ 2.0	0	0.0	0	0.0
2.01 ~ 2.5	0	0.0	0	0.0
2.51 ~ 3.0	4	10.8	1	14.3
3.01 ~ 3.5	6	16.2	2	28.5
3.51 ~ 4.0	7	18.9	1	14.3
4.01 이상	18	48.7	3	42.9
석차등급이 없는 자	2	5.4	0	0.0
합계	37	100	7	100

– 학생부종합(기초생활, 차상위계층, 한부모가족 지원대상자 특별전형)

학생부 교과 평균등급	지원자		최종합격(등록)자	
	인원(명)	비율(%)	인원(명)	비율(%)
1.0 ~ 1.5	0	0.0	0	0.0
1.51 ~ 2.0	2	3.3	1	8.3
2.01 ~ 2.5	8	13.3	0	0.0
2.51 ~ 3.0	12	20.0	4	33.3
3.01 ~ 3.5	11	18.3	2	16.7
3.51 ~ 4.0	5	8.4	1	8.3
4.01 이상	17	28.3	4	33.3
석차등급이 없는 자	5	8.4	0	0.0
합계	60	100	12	100

– 학생부종합(농·어촌학생 특별전형)

학생부 교과 평균등급	지원자		최종합격(등록)자	
	인원(명)	비율(%)	인원(명)	비율(%)
1.0 ~ 1.5	1	1.3	0	0.0
1.51 ~ 2.0	8	10.0	1	10.0
2.01 ~ 2.5	28	35.0	2	20.0
2.51 ~ 3.0	22	27.5	6	60.0
3.01 ~ 3.5	7	8.7	1	10.0
3.51 ~ 4.0	5	6.2	0	0.0
4.01 이상	9	11.3	0	0.0
석차등급이 없는 자	0	0.0	0	0.0
합계	80	100	10	100

– 학생부종합(장애인 등 대상자 특별전형)

학생부 교과 평균등급	지원자		최종합격(등록)자	
	인원(명)	비율(%)	인원(명)	비율(%)
1.0 ~ 1.5	0	0.0	0	0.0
1.51 ~ 2.0	1	3.8	0	0.0
2.01 ~ 2.5	0	0.0	0	0.0
2.51 ~ 3.0	6	23.1	3	30.0
3.01 ~ 3.5	4	15.4	2	20.0
3.51 ~ 4.0	5	19.3	2	20.0
4.01 이상	9	34.6	3	30.0
석차등급이 없는 자	1	3.8	0	0.0
합계	26	100	10	100

– 학생부종합(서해5도 특별전형)

학생부 교과 평균등급	지원자		최종합격(등록)자	
	인원(명)	비율(%)	인원(명)	비율(%)
1.0 ∼ 1.5	0	0.0	0	0.0
1.51 ∼ 2.0	0	0.0	0	0.0
2.01 ∼ 2.5	0	0.0	0	0.0
2.51 ∼ 3.0	2	66.7	0	0.0
3.01 ∼ 3.5	0	0.0	0	0.0
3.51 ∼ 4.0	0	0.0	0	0.0
4.01 이상	1	33.3	0	0.0
석차등급이 없는 자	0	0.0	0	0.0
합계	3	100	0	100

(3) 추가합격 현황

구분	참스승		지역인재		국가 보훈	기초 생활	농·어촌	장애인	서해5도
	남	여	남	여					
후보번호	21	52	16	52	–	–	13	6	–

※ 수시 참스승, 국가보훈, 기초생활 등, 농·어촌, 장애인 등 대상자 전형은 면접 참가자 모두 합격

v. 2023 전형 결과

(1) 지원 및 등록현황

구분	모집 인원	지원인원			지원율	최종 합격(등록)자 수			미충원 인원
		남자	여자	합계		남자	여자	합계	
참스승	65	155	383	538	8.28	26	20	46	19
지역인재	127	156	263	419	3.3	41	86	127	0
국가보훈	8		37		4.63		8		0
기초생활 (정원내)	14		56		4		14		0
농·어촌	15		88		5.87		12		3
장애인	14		33		2.36		12		2
기초생활 (정원외)	6		20		3.33		6		0
서해5도	3		3		1		0		3
합계	252		1,194		4.74		225		27

(2) 학생부 종합전형 지원자 및 최종등록자 학생부 교과성적 분포
 - 학생부종합(참스승전형)

학생부 교과 평균등급	지원자		최종합격(등록)자	
	인원(명)	비율(%)	인원(명)	비율(%)
1.0 ~ 1.5	48	8.9	4	8.7
1.51 ~ 2.0	149	27.7	18	39.1
2.01 ~ 2.5	225	41.8	22	47.8
2.51 ~ 3.0	57	10.6	2	4.4
3.01 ~ 3.5	27	5.0	0	0
3.51 ~ 4.0	13	2.4	0	0
4.01 이상	13	2.4	0	0
석차등급이 없는 자	6	1.2	0	0
합계	538	100	46	100

 - 학생부종합(지역인재 특별전형)

학생부 교과 평균등급	지원자		최종합격(등록)자	
	인원(명)	비율(%)	인원(명)	비율(%)
1.0 ~ 1.5	38	9.1	13	10.2
1.51 ~ 2.0	118	28.2	68	53.6
2.01 ~ 2.5	131	31.3	41	32.3
2.51 ~ 3.0	57	13.6	5	3.9
3.01 ~ 3.5	37	8.8	0	0
3.51 ~ 4.0	13	3.1	0	0
4.01 이상	24	5.7	0	0
석차등급이 없는 자	1	0.2	0	0
합계	419	100	127	100

– 학생부종합(국가보훈대상자 특별전형)

학생부 교과 평균등급	지원자		최종합격(등록)자	
	인원(명)	비율(%)	인원(명)	비율(%)
1.0 ～ 1.5	0	0	0	0
1.51 ～ 2.0	0	0	0	0
2.01 ～ 2.5	4	10.8	2	25.0
2.51 ～ 3.0	8	21.6	2	25.0
3.01 ～ 3.5	5	13.5	2	25.0
3.51 ～ 4.0	4	10.8	2	25.0
4.01 이상	14	37.9	0	0
석차등급이 없는 자	2	5.4	0	0
합계	37	100	8	100

– 학생부종합(기초생활, 차상위계층, 한부모가족 지원대상자 특별전형_정원내)

학생부 교과 평균등급	지원자		최종합격(등록)자	
	인원(명)	비율(%)	인원(명)	비율(%)
1.0 ～ 1.5	1	1.8	0	0
1.51 ～ 2.0	7	12.5	1	7.1
2.01 ～ 2.5	14	25.0	7	50.0
2.51 ～ 3.0	12	21.4	5	35.8
3.01 ～ 3.5	8	14.3	1	7.1
3.51 ～ 4.0	5	8.9	0	0
4.01 이상	8	14.3	0	0
석차등급이 없는 자	1	1.8	0	0
합계	56	100	14	100

– 학생부종합(농·어촌학생 특별전형)

학생부 교과 평균등급	지원자		최종합격(등록)자	
	인원(명)	비율(%)	인원(명)	비율(%)
1.0 ～ 1.5	5	5.7	0	0
1.51 ～ 2.0	26	29.6	4	33.3
2.01 ～ 2.5	40	45.5	6	50.0
2.51 ～ 3.0	12	13.6	2	16.7
3.01 ～ 3.5	1	1.1	0	0
3.51 ～ 4.0	1	1.1	0	0
4.01 이상	3	3.4	0	0
석차등급이 없는 자	0	0	0	0
합계	88	100	12	100

– 학생부종합(장애인 등 대상자 특별전형)

학생부 교과 평균등급	지원자		최종합격(등록)자	
	인원(명)	비율(%)	인원(명)	비율(%)
1.0 ～ 1.5	0	0	0	0
1.51 ～ 2.0	1	3.0	1	8.3
2.01 ～ 2.5	0	0	0	0
2.51 ～ 3.0	1	3.0	0	0
3.01 ～ 3.5	1	3.0	0	0
3.51 ～ 4.0	3	9.1	0	0
4.01 이상	23	69.7	10	83.4
석차등급이 없는 자	4	12.2	1	8.3
합계	33	100	12	100

– 학생부종합(기초생활, 차상위계층, 한부모가족 지원대상자 특별전형_정원외)

학생부 교과 평균등급	지원자		최종합격(등록)자	
	인원(명)	비율(%)	인원(명)	비율(%)
1.0 ~ 1.5	0	0	0	0
1.51 ~ 2.0	0	0	0	0
2.01 ~ 2.5	2	10.0	0	0
2.51 ~ 3.0	4	20.0	2	33.3
3.01 ~ 3.5	2	10.0	2	33.3
3.51 ~ 4.0	4	20.0	2	33.3
4.01 이상	6	30.0	0	0
석차등급이 없는 자	2	10.0	0	0
합계	20	100	6	100

– 학생부종합(서해5도 특별전형)

학생부 교과 평균등급	지원자		최종합격(등록)자	
	인원(명)	비율(%)	인원(명)	비율(%)
1.0 ~ 1.5	0	0	0	0
1.51 ~ 2.0	0	0	0	0
2.01 ~ 2.5	0	0	0	0
2.51 ~ 3.0	0	0	0	0
3.01 ~ 3.5	0	0	0	0
3.51 ~ 4.0	2	66.7	0	0
4.01 이상	1	33.3	0	0
석차등급이 없는 자	0	0	0	0
합계	3	100	0	0

(3) 추가합격 현황

구분	참스승		지역인재		국가 보훈	기초생활 (정원내)	농·어촌	장애인	기초생활 (정원외)	서해5도
	남	여	남	여						
후보번호	31	60	13	32	8	6	18	8	3	–

※ 수시 참스승, 농·어촌, 장애인 등 대상자 전형은 면접 참가자 모두 합격

vi. 2022 전형 결과

(1) 지원 및 등록현황

구분	모집인원	지원인원			지원율	최종 합격(등록)자 수			미충원인원
		남자	여자	합계		남자	여자	합계	
참스승	65	161	367	528	8.12	16	23	39	26
지역인재	127	147	330	477	3.76	39	87	126	1
국가보훈	8	40			5	8			0
기초생활 (정원내)	14	61			4.36	14			0
농·어촌	15	70			4.67	14			1
장애인	14	40			2.86	13			1
기초생활 (정원외)	6	28			4.67	6			0
서해5도	3	7			2.33	3			0
합계	252	1251			4.97	223			29

(1) 학생부 종합전형 지원자 및 최종등록자 학생부 교과성적 분포

교과 평균등급	참스승전형				지역인재			
	지원자		최종등록자		지원자		최종등록자	
	해당인원	비율	해당인원	비율	해당인원	비율	해당인원	비율
1.0 ~ 1.5	73	13.8	7	17.9	60	12.6	15	11.9
1.51 ~ 2.0	188	35.6	20	51.3	144	30.2	77	61.1
2.01 ~ 2.5	144	27.3	11	28.2	126	26.4	30	23.8
2.51 ~ 3.0	58	11	1	2.6	65	13.6	4	3.2
3.01 ~ 3.5	13	2.5	0	0	36	7.5	0	0
3.51 ~ 4.0	14	2.7	0	0	18	3.8	0	0
4.1 이상	27	5.1	0	0	25	5.2	0	0
성적 미확인자	11	2	0	0	3	0.7	0	0
합계	528	100	39	100	477	100	126	100

교과 평균등급	국가보훈대상자				기초생활 및 차상위계층, 한부모가족(정원내)			
	지원자		최종등록자		지원자		최종등록자	
	해당인원	비율	해당인원	비율	해당인원	비율	해당인원	비율
1.0 ~ 1.5	0	0	0	0	4	6.6	1	7.1
1.51 ~ 2.0	1	2.5	0	0	6	9.8	2	14.3
2.01 ~ 2.5	4	10	1	12.5	14	23	4	28.6
2.51 ~ 3.0	4	10	1	12.5	14	23	4	28.6
3.01 ~ 3.5	8	20	4	50	6	9.8	2	14.3
3.51 ~ 4.0	8	20	2	25	2	3.3	0	0
4.1 이상	14	35	0	0	14	23	1	7.1
성적 미확인자	1	2.5	0	0	1	1.5	0	0
합계	40	100	8	100	61	100	14	100

교과 평균등급	농·어촌학생				장애인 등 대상자			
	지원자		최종등록자		지원자		최종등록자	
	해당인원	비율	해당인원	비율	해당인원	비율	해당인원	비율
1.0 ~ 1.5	7	10	0	0	1	2.5	0	0
1.51 ~ 2.0	30	42.9	6	42.9	0	0	0	0
2.01 ~ 2.5	17	24.3	7	50	4	10	0	0
2.51 ~ 3.0	10	14.3	1	7.1	4	10	1	7.7
3.01 ~ 3.5	0	0	0	0	5	12.5	3	23.1
3.51 ~ 4.0	1	1.4	0	0	4	10	1	7.7
4.1 이상	4	5.7	0	0	19	47.5	6	46.2
성적 미확인자	1	1.4	0	0	3	7.5	2	15.3
합계	70	100	14	100	40	100	13	100

교과 평균등급	기초생활 및 차상위계층, 한부모가족(정원외)				서해5도			
	지원자		최종등록자		지원자		최종등록자	
	해당인원	비율	해당인원	비율	해당인원	비율	해당인원	비율
1.0 ~ 1.5	0	0	0	0	0	0	0	0
1.51 ~ 2.0	2	7.1	1	16.7	1	14.3	0	0
2.01 ~ 2.5	4	14.3	1	16.7	2	28.6	0	0
2.51 ~ 3.0	8	28.6	3	49.9	2	28.6	2	66.7
3.01 ~ 3.5	3	10.7	1	16.7	0	0	0	0
3.51 ~ 4.0	2	7.1	0	0	1	14.3	0	0
4.1 이상	8	28.6	0	0	1	14.3	1	33.3
성적 미확인자	1	3.6	0	0	0	0	0	0
합계	28	100	6	100	7	100	3	100

(3) 추가합격 현황

구분	참스승		지역인재		국가보훈	기초생활 (정원내)	농·어촌	장애인	기초생활 (정원외)	서해5도
	남	여	남	여						
후보번호	28	62	14	37	7	9	21	14	2	3

※ 수시 참스승, 농·어촌, 장애인 등 대상자 전형은 면접 참가자 모두 합격

나. 정시모집 (나군)

ⅰ. 모집 전형

전형 유형	전형 명	모집 인원	전형 방법	수능 반영 비율 (표준점수)			
				국어	수학	영어	탐구 사/과
수능 위주	일반학생	92	수능 97.1, 면접 2.9	30	30	20	20
	기초생활수급자/차상위 계층/한부모 가족	6					
	만학도	10					

– 수능성적 1,000점 만점 (최저 0점), 면접 100점 만점 (최저 70점)
– 출결상황 반영 : 미인정(무단) 결석 1일당 수능 성적에서 1점씩 감점(지각·조퇴·결과 3회당 결석 1일로 간주함)

지원 자격	
일반학생	고등학교 졸업(예정)자 또는 법령에 의하여 이와 동등 이상의 학력이 있다고 인정된 자로서 2025학년도 대학수학능력시험에 응시한 자
만학도	– 고등학교 졸업(예정)자 또는 법령에 의하여 이와 동등 이상의 학력이 있다고 인정된 자로서 2025학년도 대학수학능력시험에 응시한 자 – 2025년 3월 1일 기준으로 만 30세 이상인 자

※ 특별 전형 지원 자격은 chapterⅡ 혹은 모집요강을 참고바람.

ⅱ. 평가 방법

(1) 대학수학능력시험

• 각 영역별 표준점수를 활용 하여 적용함. (영어 등급에 따른 환산점수 부여, 한국사 응시)

• 영어 등급별 환산점수

등급	1	2	3	4	5	6	7	8	9
환산점수	200	195	190	185	180	175	170	165	0

※ 산출 방법 (1,000점 만점)

국어, 수학 영역 : (본인이 취득한 표준점수 / 전국 최고 표준점수) × 300

탐구영역 : [(본인이 취득한 1과목 표준점수 / 전국 최고 해당과목 표준점수) × 100] + [(본인이 취득한 1과목 표준점수 / 전국 최고 해당과목 표준점수) × 100]

(2) 면접평가

평가형태	평가영역	평가방법
집단면접	의사소통능력 문제해결능력 교직소양 및 인성	교직적성 교직인성을 확인하기 위해 본교의 자체 평가문항을 활용하여 평가위원이 정성적으로 종합 평가함

iii. 2024 정시모집 결과

(1) 지원 및 등록현황

구분	모집 인원	지원인원			지원율	최종 합격(등록)자 수			미충원 인원
		남자	여자	합계		남자	여자	합계	
일반학생	180	268	351	629	3.51	65	115	180	0
농·어촌	5	23			4.60	5			0
장애인 등 대상자	4	0			0.00	0			4
기초생활/차상위/ 한부모	6	21			3.50	6			0
서해5도	3	0			0.00	0			3
합계	197	673			3.42	191			7

(2) 합격 점수, 등급 커트라인

구분	수능성적 (1,000점)	면접성적 (100점)	총점 (1,100점)
일반학생	803.86	90.5	894.36
기초생활/차상위/ 한부모	778.27	90.5	868.77
농·어촌학생	832.38	87.5	919.88

(3) 최종합격자 평균 점수

구분	수능성적 (1,000점)	면접성적 (100점)	총점 (1,100점)
일반학생	841.32	91.07	932.22
기초생활/차상위/ 한부모	801.98	86.92	888.89
농·어촌학생	854.55	88.4	942.95

(4) 추가합격 현황

구분	일반	농·어촌
후보번호	43	1

iv. 2023 정시모집 결과

(1) 지원 및 등록현황

구분	모집인원	지원인원			지원율	최종 합격(등록)자 수			미충원인원
		남자	여자	합계		남자	여자	합계	
일반학생	189	155	179	334	1.77	96	91	187	2
농·어촌	3	6		2		3			0
장애인 등 대상자	2	0		0		0			2
서해5도	3	0		0		0			3
합계	197	340			1.73	190			7

(2) 합격 점수, 등급 커트라인

구분	수능성적		면접성적 (100점)	총점 (1100점)
	점수 (1,000점)	등급		
일반학생	884	3	95	979.76

(3) 최종합격자 평균 점수, 등급

구분	수능성적		면접성적 (100점)	총점 (1,100점)
	점수 (1,000점)	등급		
일반학생	900.46	2.41	94.54	994.87
농·어촌학생	868.7	2.93	94.83	963.53

(4) 추가합격 현황

구분	일반	농·어촌
후보번호	51	1

ⅴ. 2022 정시모집 결과

(1) 지원 및 등록현황

구분	모집 인원	지원인원			지원율	최종 합격(등록)자 수			미충원 인원
		남자	여자	합계		남자	여자	합계	
일반학생	196	178	219	397	2.03	81	114	195	1
농·어촌	1	3		3		1			0
장애인 등 대상자	1	1		1		1			0
합계	198	401			2.03	197			1

(2) 합격 점수, 등급 커트라인

구분	수능성적		학생부출결 (감점)	면접성적 (100점)	총점 (1,100점)
	점수 (1,000점)	등급	점수		
일반학생	872.34	2.8	0	100(P)	972.34

(3) 최종합격자 평균 점수, 등급

구분	수능성적		학생부출결 (감점)	면접성적 (100점)	총점 (1,100점)
	점수 (1,000점)	등급	점수		
일반학생	886.93	2.3	−0.18	100(P)	986.76

(4) 추가합격 현황

구분	일반	농·어촌	장애인
후보번호	32	0	0

Ⅴ 부산교육대학교

부산교육대학교 입학처 ☎ 051) 500-7561~3, 7565~7

가. 수시모집

ⅰ. 모집 전형

전형 유형	전형 명	모집 인원	전형 방법	수능 최저	제출서류		추천서 (명단)	면접
					학생부			
					교과	비교과		
학생부 종합 [정원내]	초등교직적성자	65	[1단계] 서류평가 100 (3배수) [2단계] 서류평가 60 면접평가 40 (71.4) (28.6)	X	O	O	X	O
	지역인재	125		X	O	O	X	O
	국가보훈대상자	3		X	O	O	X	O
학생부 종합 [정원외]	농·어촌학생	12		X	O	O	X	O
	장애인 등대상자	12		X	O	O	X	O
	저소득층학생	5		X	O	O	X	O
지원 자격								
초등교직적성자	고등학교 졸업(예정)자와 법령에 의한 동등 이상의 학력자							
※특별 전형 지원 자격은 chapter Ⅱ 혹은 모집요강을 참고바람.								

ⅱ. 평가 방법

(1) 전형 방법

사전 단계		1단계		필요 시		2단계				사정단계
지원 자격 검증	→	서류 종합평가 100%	→	서류검증 및 현장방문	→	1단계 점수 60% (실질반영 비율: 71.4%)	+	면접 점수 40% (실질반영 비율: 28.6%)	→	결과심의 및 승인

(2) 서류 평가

인재상 지표를 바탕으로 학교생활기록부의 교과 및 비교과 영역을 대학 내의 평가준거에 따라 정성적으로 종합 평가함.

평가항목	핵심역량 및 평가내용
공동체 리더십 역량	목표지향성, 공동체 협업 역량
다문화·글로벌 역량	다문화 역량, 글로벌 역량
공감·정서 조절 역량	공감능력, 긍정적 정서 조절 능력
자기관리 역량	인지 관리 능력, 동기 관리 능력, 행동 관리 능력

(3) 면접 평가

- 심층 면접
  - 면접 시간 : 1개 조당 25분 내외
  - 면접 형식 : 면접위원 3인이 지원자 3인 내외를 1개 조로 하여 多대多 면접 실시
- 진행 순서
  - 예비 초등교사로서의 인성, 자질에 관해 질문함
  - 교직 수행에 필요한 전문성 및 잠재력 여하를 질문함
- 평가 항목

평가항목	핵심역량	평가내용
의사소통역량	수용능력 표현능력 토론과 조정능력	타인의 의견을 수용하고 조정하여 표현할 수 있는가
교직인성 및 전문성 개발 역량	교직인성 교사전문성 개발 노력	교직인성을 함양하고 교사전문성 개발을 위한 노력을 확인할 수 있는가
창의융합역량	문제해결능력 창의성 정보기술 활용능력	창의성 및 정보기술 활용능력을 갖추고, 이를 문제해결능력으로 확장할 수 있는가

※ 면접에서 예비 초등교사로 부적격하다고 판단되는 자는 입학전형 성적과 관계없이 불합격 처리함

iii. 전형 일정

원서접수	2024. 9. 9 (월) 10:00 ~ 9. 13 (금) 17:00
서류제출 (해당자에 한함)	2024. 9. 9 (월) ~ 9. 19 (목)
1단계 합격자 발표	2024. 11. 15 (금) 예정
면접시험	2024. 11. 23 (토) 예정 오전반, 오후반 지정시간
최초합격자 발표	2024. 12. 13 (금) 예정

iv. 2024 전형 결과

(1) 선발인원 현황

전형유형		모집인원	지원인원	경쟁률	등록인원	미충원인원	추가합격자
정원내	초등교직적성자	74	703	9.50	74	–	87
	지역인재	119	680	5.71	118	1	53
	다문화가정	4	26	6.50	4	–	1
	국가보훈대상자	4	21	5.25	3	1	1
정원외	농·어촌학생	14	77	5.50	10	4	13
	장애인 등대상자	12	30	2.50	9	3	8
	저소득층학생	5	32	6.40	5	–	4
합계		232	1,569	6.76	223	9	167

(2) 신입생 성적 현황

전형		성적	
		1단계성적(60%)	심층면접(40%)
초등교직적성자	최고	592.078	400
	평균	567.173	377.586
	80% Cut	557.653	372.333
	표준편차	10.83	8.30
지역인재	최고	600	400
	평균	568.763	383.073
	80% Cut	558.691	377.333
	표준편차	12.03	7.76
다문화가정	최고	581.468	388.667
	평균	558.332	383.917
	80% Cut	544.599	386
	표준편차	15.91	5.99
*국가보훈대상자	최고	미공개	
	평균		
	80% Cut		
	표준편차		
농·어촌학생	최고	572.681	391.333
	평균	550.613	378.767
	80% Cut	542.613	372.333
	표준편차	10.93	9.12
장애인 등대상자	최고	573.554	386.333
	평균	516.537	372.926
	80% Cut	478.226	367.333
	표준편차	36.64	8.91
저소득층학생	최고	565.739	392.333
	평균	551.054	381.867
	80% Cut	549.655	378.333
	표준편차	8.37	8.76

* 최종등록인원 3명 이하로 전형성적을 공개하지 않음

※ 1단계 성적: 600점 만점 / 2단계 성적: 400점 만점

(3) 신입생 내신등급 현황

전형명	모집인원	교과평균등급			
		최고	중간	평균	80% Cut
학생부종합(초등교직적성자 전형)	74	1.71	2.36	2.43	2.65
학생부종합(지역인재 전형)	119	1.12	2.22	2.27	2.68
학생부종합(다문화가정 전형)	4	2.62	2.77	2.85	2.82
*학생부종합(국가보훈대상자 전형)	4	미공개			
학생부종합(농·어촌학생 전형)	14	2.29	2.74	2.83	3.02
학생부종합(장애인 등대상자 종합)	12	1.88	4.17	4.51	5.54
학생부종합(저소득층학생 전형)	5	2.91	3.00	3.05	3.10

* 최종등록인원 3명 이하로 전형성적을 공개하지 않음

ⅴ. 2023 전형 결과

(1) 선발인원 현황

전형유형		모집인원	지원인원	경쟁률	등록인원	미충원인원	추가합격자
정원내	초등교직적성자	74	519	7.01	37	37	111
	지역인재	119	559	4.7	116	3	56
	다문화가정	4	16	4	4	-	1
	국가보훈대상자	4	18	4.5	3	1	-
정원외	농·어촌학생	14	73	5.21	8	6	18
	장애인 등대상자	12	39	3.25	12	-	11
	저소득층학생	5	32	6.4	5	-	2
합계		232	1,256	5.41	185	47	199

(2) 신입생 성적 현황

전형		성적	
		1단계성적(60%)	심층면접(40%)
초등교직적성자	최고	571.64	395
	평균	558.58	377.32
	최저	549.65	359.33
	표준편차	6.95	8.66
지역인재	최고	600	400
	평균	564.87	383.26
	최저	541.67	354
	표준편차	12.78	8.13
다문화가정	최고	564.73	391.33
	평균	551.63	384.33
	최저	539.54	373.67
	표준편차	11.98	7.58
농·어촌학생	최고	574.52	389
	평균	555.34	379.58
	최저	547.60	367
	표준편차	10.08	7.59
장애인 등대상자	최고	570.27	391.33
	평균	525.54	375.72
	최저	494.35	356.67
	표준편차	27.42	11.9
저소득층학생	최고	578.32	392.67
	평균	559.59	382.73
	최저	551.71	368.67
	표준편차	10.84	10.22

※ 학생부종합(국가보훈대상자전형)은 등록인원 3명 이하로 전형성적을 공개하지 않음.

(3) 신입생 내신등급 현황

전형명	모집인원	교과평균등급			
		최고	중간	평균	최저
학생부종합(초등교직적성자 전형)	74	1.52	1.97	2.09	3.58
학생부종합(지역인재 전형)	119	1.25	1.89	1.92	2.91
학생부종합(다문화가정 전형)	4	2.62	3.15	3.21	3.94
학생부종합(농·어촌학생 전형)	14	1.22	2.16	2.14	2.57
학생부종합(장애인 등대상자 종합)	12	2.71	4.82	4.68	6.39
학생부종합(저소득층학생 전형)	5	1.64	2.79	2.58	3.30

※ 학생부종합(국가보훈대상자전형)은 등록인원 3명 이하로 전형성적을 공개하지 않음

Ⅴ. 2022 전형 결과

(1) 선발인원 현황

전형유형			모집인원	지원인원	경쟁률	등록인원	미충원인원
정원내	초등교직적성자	남	74	215	5.55	18(32)	23
		여		418		33(74)	
	지역인재	남	119	146	4.46	42(17)	–
		여		385		77(47)	
	다문화가정		4	22	5.5	4(1)	–
	국가보훈대상자		4	24	6	4(2)	–
정원외	농·어촌학생		14	67	4.79	13(14)	1
	장애인 등대상자		12	32	2.67	11(8)	1
	저소득층학생		5	51	10.2	4	1
합계			232	1,360	6.01	206	26

※ 면접에서 예비 ( ) 안의 숫자는 추가합격자를 의미함

※ 초등교직적성자, 지역인재 전형 남·여 성비가 어느 한 쪽도 65%를 초과할 수 없음

(2) 선발인원 현황

전형			성적	
			1단계성적(60%)	심층면접(40%)
초등교직적성자	남자	최고	576.63	386
		평균	562.55	371.87
		최저	551.61	354
		표준편차	9.54	9.46
	여자	최고	587.28	395
		평균	565.43	376
		최저	556.68	352.67
		표준편차	10.08	9.33
지역인재	남자	최고	570.36	396
		평균	548.97	380
		최저	533.59	365.67
		표준편차	14.15	10.11
	여자	최고	595.05	398.67
		평균	566.2	382.66
		최저	546.63	360.67
		표준편차	12.76	10.14
다문화가정		최고	576.12	384.67
		평균	555.26	375.58
		최저	536.6	370.67
		표준편차	16.57	5.65
국가보훈대상자		최고	581.34	378.33
		평균	560.08	365.5
		최저	549.66	355.67
		표준편차	21.36	9.77
농·어촌학생		최고	561.28	388.67
		평균	551.44	377.23
		최저	544.63	364.67
		표준편차	11.72	9.86
장애인 등대상자		최고	570.43	392.33
		평균	540.4	370.52
		최저	507.34	355.67
		표준편차	24.94	10.14
저소득층학생		최고	580.06	388.67
		평균	568.98	380
		최저	564.6	382.42
		표준편차	6.91	5.15

(3) 신입생 내신등급 현황

전형명	모집인원	교과평균등급			
		최고	중간	평균	최저
초등교직적성자	74	1.23	1.86	1.92	2.83
지역인재	119	1.28	1.89	1.98	4.9
다문화가정	4	1.68	2.35	2.36	3.07
국가보훈대상자	4	2.38	2.52	2.71	3.42
농·어촌학생	14	1.39	2.24	2.15	2.54
장애인 등대상자	12	2.13	5.25	5.08	7.21
저소득층학생	5	2.03	2.17	2.2	2.44

나. 정시모집 (나군)

ⅰ. 모집 전형

전형 유형	전형 명	모집 인원	전형 방법	수능 반영 비율 (백분위)			
				국어	수학	영어	탐구 사/과
수능 위주	일반전형	123	수능 95.2, 면접 4.8	25	25	25	25

- 수능성적 800점 만점 (최저 0점), 면접 200점 만점 (최저 160점)
- 수시 정원 내 정원의 미달, 미등록으로 인한 결원은 정시 일반 전형으로 이월하여 선발함
- 수시 정원 외 정원의 미달, 미등록으로 인한 결원은 정시 해당 특별전형으로 이월하여 선발함

지원 자격	
일반전형	고등학교 졸업(예정)자 또는 법령에 의하여 이와 동등 이상의 학력이 있다고 인정된 자로써 2025학년도 대학수학능력시험에 응시한 자

※특별 전형 지원 자격은 모집요강을 참고바람.

ⅱ. 평가 방법

(1) 대학수학능력시험 성적 반영방법

　　– 영어 등급별 환산점수

등급	1	2	3	4	5	6	7	8	9
환산점수	200	190	176	152	118	78	55	20	0

　　– 산출 방법

> [국어(백분위)+수학(백분위)]×2+영어(환산점수)+탐구(2과목 백분위 합)

(2) 면접평가

　　– 심층 면접

　　　• 면접 시간 : 1개 조당 25분 내외

　　　• 면접 형식 : 면접위원 3인이 지원자 3인 내외를 1개 조로 하여 多대多 면접 실시

　　　• 진행 순서

　　　　· 예비 초등교사로서의 인성, 자질에 관해 질문함

　　　　· 교직 수행에 필요한 전문성 및 잠재력 여하를 질문함

　　　• 평가 항목

평가항목	핵심역량	평가내용
의사소통역량	수용능력 표현능력 토론과 조정능력	타인의 의견을 수용하고 조정하여 표현할 수 있는가
교직인성 및 전문성 개발 역량	교직인성 교사전문성 개발 노력	교직인성을 함양하고 교사전문성 개발을 위한 노력을 확인할 수 있는가
창의융합역량	문제해결능력 창의성 정보기술 활용능력	창의성 및 정보기술 활용능력을 갖추고, 이를 문제해결능력으로 확장할 수 있는가

※ 면접에서 예비 초등교사로 부적격하다고 판단되는 자는 입학전형 성적과 관계없이 불합격 처리함

iii. 2024 정시모집 결과

(1) 선발인원 현황

전형유형		모집인원	지원인원	경쟁률	등록인원	미충원인원	추가합격자
정원내	일반	160	500	3.13	159	1	50
정원외	농·어촌학생	4	8	2.00	4	–	1
	장애인 등 대상자	3	3	1.00	3	–	–
합계		167	511	3.06	166	1	51

(2) 신입생 성적 현황 (최종등록자 기준)

전형유형		수능(95.2%)		면접(4.8%)
		백분위	점수	
일반전형	최고	89.83	729	199.333
	평균	81.1	672.3	191.371
	80% Cut	78.67	662	188.667
	표준편차	2.72	16.43	3.66

※ 수시 미충원인원 발생으로 이월된 전형은 상시 운영되는 전형이 아니므로 전형성적을 공개하지 않음

(3) 신입생 수능 등급 현황 (최종등록자 기준)

전형명	모집 인원	수능평균등급(4개영역)			
		최고	중간	평균	80% Cut
수능(일반전형)	160	2.00	2.88	2.79	3.0

※ 수시 미충원인원 발생으로 이월된 전형은 상시 운영되는 전형이 아니므로 전형성적을 공개하지 않음

ⅳ. 2023 정시모집 결과

(1) 선발인원 현황

전형유형		모집인원	지원인원	경쟁률	등록인원	미충원인원	추가합격자
정원내	일반	199	343	1.72	196	3	57
정원외	농·어촌학생	6	14	2.33	6	–	2
합계		205	357	1.74	202	3	59

(2) 신입생 성적 현황

전형유형		수능(95.2%)		면접(4.8%)
		백분위	점수	
일반전형	최고	95.5	791.65	198.67
	평균	81.7	692	191.36
	최저	59	554	171.33
	표준편차	8.44	58.72	4.06

※ 수시 미충원인원 발생으로 이월된 전형은 상시 운영되는 전형이 아니므로 전형성적을 공개하지 않음

(3) 신입생 수능 등급 현황

전형명	모집인원	수능평균등급(4개영역)			
		최고	중간	평균	최저
수능(일반전형)	199	1.25	2.37	2.63	4.25

※ 수시 미충원인원 발생으로 이월된 전형은 상시 운영되는 전형이 아니므로 전형성적을 공개하지 않음

iv. 2022 정시모집 결과

(1) 선발인원 현황

전형유형		모집인원	지원인원	경쟁률	등록인원	미충원인원
정원내	남	178	165	2.02	87(16)	3
	여		195		88(27)	
정원외	농·어촌학생	1	3	3	1	–
	장애인 등대상자	1	1	1	–	1
합계		180	364	2.01	176	4

※ ( ) 안의 숫자는 추가합격자를 의미함.

※ 정원 내 남·여 성비가 어느 한 쪽도 65%를 초과할 수 없음

(2) 신입생 성적 현황

구분			수능(95.2%)		면접(4.8%)
			백분위	점수	
일반	남자	최고	95.5	775.75	197.33
		평균	88.83	741	191.16
		최저	83.67	718.4	178
		표준편차	2.44	10.5	4.49
	여자	최고	93.83	781.25	198.67
		평균	89.11	742.35	191.87
		최저	84.5	718.4	173.33
		표준편차	2.14	13.82	4.76

※ 수시 미충원인원 발생으로 이월된 전형은 상시 운영되는 전형이 아니므로 전형성적을 공개하지 않음

※ 최종등록자 기준

(3) 신입생 수능 등급 현황

전형명	모집인원	수능평균등급(4개영역)			
		최고	중간	평균	최저
일반	178	1.38	2.13	2.11	2.63
농·어촌학생	1	2.63	2.63	2.63	2.63
장애인 등대상자	1	합격자 없음			

서울교육대학교 입학처 ☎ 02) 3475-2505~7

가. 수시모집

ⅰ. 모집 전형

전형유형	전형 명	모집인원	전형 방법	수능최저	제출서류 학생부 교과	제출서류 학생부 비교과	추천서(명단)	면접
학생부교과	학교장추천 전형	40	[1단계] 서류평가 100 (2배수) [2단계] 서류평가 80 면접평가 20 (심층면접)	O	O	X	O	O
학생부종합	교직인성우수자 전형	100	[1단계] 서류평가 100 (2배수) [2단계] 서류평가 50 면접평가 50 (심층면접)	O	O	O	X	O
학생부종합	국가보훈대상자 전형	5		O	O	O	X	O
학생부종합	농·어촌학생 전형	10		O	O	O	X	O
학생부종합	기초생활수급자등 전형	19		O	O	O	X	O
학생부종합	장애인 등대상자 전형	11		O	O	O	X	O
	재외국민 특별전형	7	면접평가 100	O	X	X	X	O
	북한이탈학생 특별전형	3		O	X	X	X	O

– 학교장추천 전형은 '학교장추천서'공문이 추가적으로 필요함.
– 별도의 제출서류 chapter Ⅱ 혹은 모집요강을 참고바람.

수능 최저 학력 기준

– 학교장추천 전형 및 교직인성우수자 전형
　국어, 수학, 영어, 탐구(사탐/과탐) 4개 영역의 합이 10등급 이내, 한국사 4등급 이내
– 그 외 전형
　국어, 수학, 영어, 탐구(사탐/과탐) 4개 영역의 합이 13등급 이내, 한국사 4등급 이내

지원 자격

학교장추천 전형	다음 '가', '나' 모든 항목을 충족하여야 함 가. 2025년 2월 국내 고등학교 졸업예정자(조기졸업예정자 제외)로서 2025학년도 　　대학수학능력시험에 응시한 자[국어, 수학, 영어, 탐구(사회/과학)2과목, 한국사] 나. 소속 고등학교장으로부터 추천을 받은 자(※고교별 추천 인원 고3 재적인원의 3% 이내)
교직인성우수자 전형	고교 졸업(예정)자 또는 이와 동등 이상의 학력이 있다고 인정된 자로서 2025학년도 대학수학능력시험에 응시한 자[국어, ·수학, 영어, 탐구(사회/과학)2과목, 한국사]

※특별 전형 지원 자격은 chapter Ⅱ 혹은 모집요강을 참고바람.

ⅱ. 평가 방법

(1) 서류평가

－ 학교장추천 전형

구분	내용
반영범위	3학년 1학기(5개 학기)까지 석차등급이 표기된 전 과목
가중치여부	학년별·학기별 가중치 없음
반영비율	석차 등급 및 성취도가 표기된 전 과목[진로선택과목 제외](70%), 진로선택과목(10%)
성적 산출법	－ 학교생활기록부에 표기된 석차등급(1~9등급)및 성취도에 의한 등급점수 활용 － 등급점수 (이수 P 과목은 반영하지 않음) _(표 참조)_ － 산출식 = 석차 등급 및 성취도가 표기된 전 과목(진로선택과목 제외) (㉠) × 25] + 500 + 진로선택과목 (㉡) × 2.5] + 80 ※평균석차 등급 및 성취도 점수(㉠) = (과목별 등급 및 성취도점수 × 이수단위)의 합 / 교과이수단위의 합 ※진로선택과목 (㉡) = (성취도 점수 × 이수단위)의 합 / 교과이수단위의 합 (소수 다섯째 자리에서 반올림함) － 외국교육과정 일부 이수자는 우리 대학이 자체 환산한 점수를 학생부 교과 성적으로 반영함 － 이수[P] 과목은 반영하지 않음

구분	석차 등급 및 성취도별 환산점수								
석차등급 및 성취도	1	2	3	4	5	6	7	8	9
	A	－	B	－	C	－	D	－	E
	A (우수)	－	B (보통)	－	C (미흡)	－	－	－	－
점수	8	7	6	5	4	3	2	1	0

－ 학교장추천 외 전형

구분		내용
평가자료	교직인성우수자 전형	학교생활기록부(교과·비교과)를 종합평가
	국가보훈대상자 전형	
	농·어촌학생 전형	
	기초생활수급자등 전형	
	장애인 등 대상자 전형	
평가내용 및 방법		제출서류에 대하여 복수의 평가위원이 평가기준에 따라 교직인성 및 적성을 정성적으로 종합평가

(2) 면접평가

- 심층 면접

복수의 면접위원이 교직인성, 교직적성, 교직교양 분야의 심층 문답을 통해 평가요소를
종합평가함.

평가 영역	평가 목적	평가 요소	
교직인성	교사로서의 인성적 자질 평가	공동체 역량 – 공감하고 배려하는 마음 – 공동체 의식 – 참여와 협업 능력	자기주도적역량 – 자기 이해 및 자기효능감 – 자기관리 능력 – 성실과 책임감
교직적성	교사로서의 잠재능력과 성장가능성 평가	탐구 혁신 역량 – 진취적 사고와 실천 – 반성적 사고와 성찰 – 복합적 문제해결 능력	의사소통 역량 – 자기표현 능력 – 타인 이해 능력 – 대인관계와 리더십
교직교양	교사로서 교육과 사회에 대한 이해 평가	창의 역량 – 유창성과 유연성 – 확장적 사고력 – 비판적 사고력	융합 역량 – 인문학적 소양 – 시사 이슈에 대한 이해 – 융합적 · 종합적 사고력

iii. 전형 일정

원서접수	2024. 9. 10 (화) 10:00 ～ 9. 13 (금) 18:00
지원 자격 서류 제출	2024. 9. 10 (화) ～ 9. 20 (금) (2024. 9. 20 일자 우체국 소인까지 인정)
학교장추천 대상자 입력	2024. 9. 19 (목) 9:00 ～ 9. 25 (수) 18:00 (학교장추천 전형)
1단계 합격자 발표	2024. 11. 15 (금) 10:00
면접시험	2024. 11. 23 (토)
최초합격자 발표	2024. 12. 13 (금) 10:00

v. 2024 전형 결과 (최종등록자)

전형명	모집인원	지원인원	경쟁률	내신평균	내신 70% cut 등급	내신 80% cut 등급	충원 인원
학교장추천	40	151	3.78	1.68	1.83	1.95	–
교직인성우수자	100	396	3.96	1.83	1.91	1.99	–
국가보훈대상자	5	23	4.60	2.58	2.58	2.58	–
농·어촌학생	10	34	3.40	1.59	1.64	1.64	–
기초생활수급자등	19	49	2.58	1.94	4.52	4.52	–
장애인 등 대상자	11	20	1.82	–	–	–	–
북한이탈학생	3	1	0.33	–	–	–	–
재외국민	7	0	–	–	–	–	–
합 계	195	674	–	–	–	–	–

vi. 2023 전형 결과 (최종등록자)

전형명	모집인원	지원인원	경쟁률	내신평균	내신 70% cut 등급	내신 80% cut 등급	충원 인원
학교장추천	50	98	1.96	1.77	1.9	2.43	–
교직인성우수자	100	347	3.47	1.58	1.66	1.68	–
사향인재추천	30	104	3.47	1.22	1.29	1.3	9
다문화가정자녀	5	18	3.6	1.55	1.76	1.76	–
국가보훈대상자	5	16	3.2	3.66	5.72	5.72	1
농·어촌학생	5	18	3.6	1.22	1.23	1.25	–
기회균형선발	19	58	3.05	2	2.03	2.6	1
장애인 등 대상자	11	37	3.36	2.23	2.28	2.56	3
북한이탈학생	3	5	1.67	–	–	–	–
재외국민	7	15	2.14	–	–	–	–
합 계	235	716	3.05	–	–	–	–

vii. 2022 전형 결과 (최종등록자)

전형명	모집인원	지원인원	경쟁률	내신평균	내신 70% cut 등급	내신 80% cut 등급
학교장추천	50	300	6	1.21	1.26	1.28
교직인성우수자	100	395	3.95	1.68	1.81	1.87
사향인재추천	30	133	4.43	1.32	1.44	1.47
다문화가정자녀	5	18	3.6	2.54	2.17	2.38
국가보훈대상자	5	20	4	1.83	1.61	1.97
농·어촌학생	5	28	5.6	1.23	1.16	1.37
기회균형선발	19	80	4.21	1.89	2.18	2.35
장애인 등 대상자	11	45	4.09	2.47	2.39	2.58
북한이탈학생	3	10	3.33	–	–	–
재외국민	7	21	3	–	–	–
합계	235	1,050	4.47	–	–	–

나. 정시모집 (나군)

ⅰ. 모집 전형

전형 유형	전형 명	모집 인원	전형 방법	수능 반영 비율			
				국어	수학	영어	탐구 사/과
수능 위주	일반전형	159	[1단계] 수능 100 (1.5배수) [2단계] 수능 80, 면접 20	33.3	33.3	3등급 이내	33.3
– 영어 3등급 이내, 한국사 4등급 이내							
지원 자격							
일반전형			고등학교 졸업(예정)자 또는 동등 이상의 학력이 있다고 인정된 자로서 2025학년도 대학수학능력시험에 응시한 자				
※특별 전형 지원 자격은 모집요강을 참고바람.							

ⅱ. 평가 방법

(1) 대학수학능력시험 성적 반영방법

– 산출 방법

국어 33.3%＋수학 33.3%＋탐구(사회/과학) 33.3% (표준점수)

(영어 3등급 이내, 한국사 4등급 이내)

[국어(표준점수)/160×266.7]＋[수학(표준점수)/160×266.7]＋[탐구(2과목 표준점수 합)/160×266.7]

※ 영역별 수능 표준점수가 160점을 초과할 경우 최고배점인 266.7점으로 반영함.

(2) 면접평가
　　　　－ 심층면접: 복수의 면접위원이 교직인성, 교직적성, 교직교양 분야의 심층 문답을 통해
　　　　　평가요소를 종합평가함.

평가 영역	평가 목적	평가 요소	
교직인성	교사로서의 인성적 자질 평가	공동체 역량 － 공감하고 배려하는 마음 － 공동체 의식 － 참여와 협업 능력	자기주도적역량 － 자기 이해 및 자기효능감 － 자기관리 능력 － 성실과 책임감
교직적성	교사로서의 잠재능력과 성장가능성 평가	탐구 혁신 역량 － 진취적 사고와 실천 － 반성적 사고와 성찰 － 복합적 문제해결 능력	의사소통 역량 － 자기표현 능력 － 타인 이해 능력 － 대인관계와 리더십
교직교양	교사로서 교육과 사회에 대한 이해 평가	창의 역량 － 유창성과 유연성 － 확장적 사고력 － 비판적 사고력	융합 역량 － 인문학적 소양 － 시사 이슈에 대한 이해 － 융합적·종합적 사고력

iii. 2024 전형 결과 (최종등록자)

전형명	모집 인원	지원 인원	경쟁률	수능 평균	수능 70% cut	수능 80% cut	충원 인원
일반전형	325	1,048	3.23	628.5063	623.4113	621.7445	62
기초생활수급자등	16	40	2.50	562.5703	545.0682	543.4013	2
장애인 등 대상자	11	5	0.45	516.7313	498.3956	486.7275	－

iv. 2023 전형 결과 (최종등록자)

전형명	모집인원	지원인원	경쟁률	수능평균	수능 70% cut	수능 80% cut	충원인원
일반전형	244	431	1.77	636.2328	633.0958	627.9452	63

v. 2022 전형 결과 (최종등록자)

전형명	모집인원	지원인원	경쟁률	수능평균	수능 70% cut	수능 80% cut
일반전형	235	493	2.1	661.3296	657.4823	655.9154

Ⅶ 전주교육대학교

전주교육대학교 입학처 ☎ 063) 281-7114

가. 수시모집

ⅰ. 모집 전형

전형 유형	전형 명	모집 인원	전형 방법	수능 최저	제출서류			면접
					학생부		추천서 (명단)	
					교과	비교과		
학생부 종합	교직적성우수자	35	[1단계] 서류평가 100 (3배수) [2단계] 서류평가 60 면접평가 40	O	O	O	X	O
	지역인재선발	101		O	O	O	X	O
	국가보훈대상자	5		X	O	O	X	O
	다문화가정자녀	2	[1단계] 서류평가 100 (2배수) [2단계] 서류평가 60 면접평가 40	X	O	O	X	O
	농·어촌학생	11		X	O	O	X	O
	기회균형선발	4		X	O	O	X	O
	장애인 등 대상자	8		X	O	O	X	O

– 서류평가 (기본점수 360점 + 실질반영점수 240), 면접평가 (기본점수 300점 + 실질반영점수 100)

수능 최저 학력 등급
– 교직적성우수자, 지역인재 : 국어, 수학, 영어, 탐구 4개 영역의 합이 15등급 이내, 한국사 4등급 이내

지원 자격	
교직적성우수자	고등학교 졸업(예정)자 또는 법령에 의하여 이와 동등이상의 학력이 있다고 인정된 자로서 2025학년도 대학수학능력시험에 응시한 자
지역인재선발	– 전라북도 소재 정규 고등학교에 입학하여 고교 3년 전 교육과정을 이수한 고교 졸업(예정)자 – 조기졸업자 및 검정고시 출신자는 제외 – 2025학년도 대학수학능력시험에 응시한 자
※특별 전형 지원 자격은 chapter Ⅱ 혹은 모집요강을 참고바람.	

ⅱ. 평가 방법

(1) 서류 평가

- 평가자료 : 학교생활기록부 교과 및 비교과 영역
- 평가내용 및 방법 :
- 지원자가 제출한 서류를 기반으로 3개 영역(지성, 인성, 창의)을 복수의 평가위원이 평가기준에 따라 정성적 이고 종합적으로 평가

- 학교생활기록부가 없는 지원자는 학교생활기록부 대체 확인서 및 증빙자료를 제출하여야 평가에 반영

영역	평가요소
지성영역	학업능력, 학업성취도, 자기주도 학습능력, 탐구능력 등
인성영역	리더십, 봉사정신, 소통공감력, 책임감 및 성실성, 교직적합성 등
창의영역	창의적 사고력, 자기주도력, 성장가능성, 도전정신 등

(2) 면접 평가

- 면접방법 : 개별 심층면접
- 면접시간 : 개인별 약 8분 내외
- 평가내용 : 예비 초등교사로서의 자질을 평가하기 위해 대학자체 개발 일반교양·교직 문항과 학생부 관련 질문 문항을 통해 학업적성 및 일반교양, 교직적성, 우수교사로서 잠재능력, 제출서류 신뢰도 등을 종합적으로 평가한다.

iii. 전형 일정

원서접수	2024. 9. 9 (월) 9:00 ~ 9. 13 (금) 17:00
서류제출(해당자)	2024. 9. 9 (월) ~ 9. 20 (금) 18:00
1단계 합격자 발표	2024. 11. 8 (금) 15:00
면접시험	2024. 11. 22 (금)
최초합격자 발표	2024. 12. 13 (금) 13:00

iv. 2024 전형 결과

(1) 입학자 현황

전형유형	전형 명	모집인원	지원자			최종합격자			최종입학자			경쟁률
			남	여	계	남	여	계	남	여	계	
학생부위주 (종합)전형	교직적성우수자	26	68	93	161	11	10	21	1	3	4	6.19
	지역인재선발	71	62	124	186	19	22	41	11	13	24	2.62
	국가보훈대상자	5	11	9	20	2	3	5	0	5	5	4
	다문화가정자녀	2	3	4	7	0	2	2	0	1	1	3.5
	농·어촌학생	11	19	30	49	4	7	11	3	1	4	4.45
	기회균형선발	8	3	15	18	2	2	4	2	2	4	4.5
	장애인 등 대상자	4	3	4	7	3	4	7	1	2	3	0.88
합계		127	169	279	448	41	50	91	18	27	45	3.53

(2) 전형별 교과등급 현황

구분	전형유형	전형명	추가합격 (예비후보 ○번까지 합격)	교과등급(80% cut)	
				1단계 합격자	최종 입학자
정원내	학생부위주 (종합)전형	교직적성우수자	0	2.68	2.68
		지역인재선발	0	3	3.23
		국가보훈대상자	2	3.45	3.38
		다문화가정자녀	1	3.92	비공개(1명 입학)
정원외		농·어촌학생	8	2.44	2.44
		기회균형선발	1	1.96	1.96
		장애인 등 대상자	0	5.87	4.86

(3) 전형요소별 성적 현황

- 학생부종합 전형
- 서류평가 성적 (600점 만점)

전형 명	580 이상	560 이상	540 이상	520 이상	500 이상	500 미만	계	평균점수
교직적성우수자	0	0	1	1	1	1	4	519.60
지역인재선발	0	0	6	8	6	4	24	520.23
국가보훈대상자	0	0	0	0	2	3	5	496.41
다문화가정자녀	비공개						1	비공개
농·어촌학생	1	0	1	2	0	0	4	545.08
기회균형선발	0	0	2	2	0	0	4	537.30
장애인 등 대상자	0	0	0	0	0	3	3	437.44
합계	1	0	10	13	9	11	45	

• 면접고사 성적 (400점 만점)

전형 명	380 이상	360 이상	340 이상	320 이상	300 이상	300 미만	계	평균점수
교직적성우수자	0	2	2	0	0	0	4	359.00
지역인재선발	5	13	6	0	0	0	24	370.40
국가보훈대상자	1	3	1	0	0	0	5	372.67
다문화가정자녀	비공개						1	
농·어촌학생	1	1	2	0	0	0	4	362.09
기회균형선발	0	4	0	0	0	0	4	367.08
장애인 등 대상자	1	0	2	0	0	0	3	365.44
합계	8	23	13	0	0	0	45	

ⅴ. 2023 전형 결과

(1) 입학자 현황

전형유형	전형 명	모집 인원	지원자			최종합격자			최종입학자			경쟁률
			남	여	계	남	여	계	남	여	계	
학생부위주 (종합)전형	교직적성우수자	40	50	148	198	2	26	28	1	7	8	4.95:1
	지역인재선발	57	52	128	180	10	47	57	10	39	49	3.16:1
	국가보훈대상자	5	9	13	22	3	2	5	1	1	2	4.40:1
	다문화가정자녀	2	2	7	9	0	2	2	1	1	2	4.50:1
	농·어촌학생	11	14	33	47	4	7	11	3	4	7	4.27:1
	장애인 등 대상자	8	11	10	21	2	6	8	0	1	1	2.63:1
	기회균형선발	4	11	18	29	1	3	4	0	0	0	7.25:1
합계		127	149	357	506	22	93	115	16	53	69	3.98:1

(2) 전형별 교과등급 현황

구분	전형유형	전형명	추가합격 (예비후보 ○번까지 합격)	교과등급(80% cut)	
				1단계 합격자	최종 입학자
정원내	학생부위주 (종합)전형	교직적성우수자	0	2.16	2.19
		지역인재선발	3	2.13	2.21
		국가보훈대상자	0	3.11	2.05
		다문화가정자녀	2	1.89	1.72
정원외		농·어촌학생	5	1.91	2.1
		장애인 등대상자	2	4.45	3.87
		기회균형선발	0	2.56	최종 입학자 없음

(3) 전형요소별 성적 현황

- 학생부종합 전형
- 서류평가 성적 (600점 만점)

전형 명	580 이상	560 이상	540 이상	520 이상	500 이상	500 미만	계	평균점수
교직적성우수자	0	2	3	3	0	0	8	545.89
지역인재선발	0	11	27	11	0	0	49	550.66
국가보훈대상자	0	0	0	0	1	1	2	495.86
다문화가정자녀	0	0	1	0	1	0	2	533.71
농·어촌학생	0	1	6	0	0	0	7	552.86
장애인 등 대상자	1명 입학						1	비공개
기회균형선발	최종 입학자 없음						0	비공개
합계	0	14	37	14	2	1	69	

• 면접고사 성적 (400점 만점)

전형 명	380 이상	360 이상	340 이상	320 이상	300 이상	300 미만	계	평균점수
교직적성우수자	0	4	3	1	0	0	8	359.71
지역인재선발	10	16	18	5	0	0	49	362.25
국가보훈대상자	0	0	0	2	0	0	2	335.67
다문화가정자녀	1	0	1	0	0	0	2	368.34
농·어촌학생	0	3	2	2	0	0	7	354.24
장애인 등 대상자	1명 입학						1	비공개
기회균형선발	최종 입학자 없음						0	비공개
합계	11	23	24	10	0	0	69	

vi. 2022 전형 결과

(1) 입학자 현황

전형유형	전형 명	모집 인원	지원자			최종합격자			최종입학자			경쟁률
			남	여	계	남	여	계	남	여	계	
학생부위주 (종합)전형	교직적성우수자	40	76	216	292	5	27	32	2	8	10	7.3
	지역인재선발	57	53	142	195	10	35	45	8	27	35	3.42
	국가보훈대상자	5	11	20	31	1	4	5	1	3	4	6.2
	다문화가정자녀	2	4	8	12	0	2	2	0	1	1	6
	농·어촌학생	11	14	37	51	4	7	11	1	3	4	4.64
	장애인 등 대상자	8	11	9	20	6	2	8	2	1	3	2.5
	기회균형선발	4	11	17	28	1	3	4	1	0	1	7
합계		127	180	449	629	27	80	107	15	43	58	4.95

(2) 전형별 교과등급 현황

구분	전형유형	전형명	추가합격 (예비후보 ○번까지 합격)	교과등급(80% cut)	
				1단계 합격자	최종 입학자
정원내	학생부위주 (종합)전형	교직적성우수자	0	2.2	2.15
		지역인재선발	0	2.35	2.3
		국가보훈대상자	2	2.91	2.9
		다문화가정자녀	2	2.68	비공개 (1명입학)
정원외		농·어촌학생	7	2	1.72
		장애인 등대상자	3	4.88	3.99
		기회균형선발	3	2.73	비공개 (1명입학)

(3) 전형요소별 성적 현황

– 학생부종합 전형

• 서류평가 성적 (600점 만점)

전형 명	580 이상	560 이상	540 이상	520 이상	500 이상	500 미만	계	평균점수
교직적성우수자	0	1	9	0	0	0	10	551.74
지역인재선발	0	11	14	10	0	0	35	549.59
국가보훈대상자	0	0	0	2	1	1	4	514.61
다문화가정자녀	1명 입학						1	비공개
농·어촌학생	0	1	3	0	0	0	4	552.81
장애인 등 대상자	0	0	0	0	0	3	3	467.18
기회균형선발	1명 입학						1	비공개
합계	0	13	26	12	1	4	58	

• 면접고사 성적 (400점 만점)

전형 명	380 이상	360 이상	340 이상	320 이상	300 이상	300 미만	계	평균점수
교직적성우수자	1	3	5	1	0	0	10	358.93
지역인재선발	3	12	17	3	0	0	35	359.05
국가보훈대상자	1	1	2	0	0	0	4	361.34
다문화가정자녀	1명 입학						1	비공개
농·어촌학생	0	1	2	1	0	0	4	351.5
장애인 등 대상자	0	3	0	0	0	0	3	371.44
기회균형선발	1명 입학						1	비공개
합계	5	20	26	5	0	0	58	

나. 정시모집 (나군)

ⅰ. 모집 전형

전형 유형	전형 명	모집 인원	전형 방법	수능 반영 비율 (백분위)			탐구 사/과
				국어	수학	영어	
수능 위주	일반학생	110	[1단계] 수능 100 (2배수) [2단계] 수능 90, 면접 10	25	25	25	25
	농·어촌학생	수시이월 인원					
	기회균형선발	수시이월 인원					
	장애인 등 대상자	수시이월 인원					
지원 자격							
일반전형	고등학교 졸업(예정)자 또는 법령에 의하여 이와 동등 이상의 학력이 있다고 인정되는 자로서, 2025학년도 대학수학능력시험에 응시한 자						

※ 특별 전형 지원 자격은 모집요강을 참고바람.

ⅱ. 평가 방법

(1) 수능 반영 방법

- 각 영역별 백분위를 활용 하여 적용함. (영어 등급에 따른 환산점수 부여)
- 영역별 가중치 없음.
- 영어 등급별 환산점수

등급	1	2	3	4	5	6	7	8	9
환산점수	225	202.5	180	157.5	112.5	90	67.5	45	0

- 반영점수 산출 방법

> [국어(백분위)+수학(백분위)+탐구(2과목 평균 백분위)] × 2.25 + 영어(환산점수)

(2) 면접평가

- 면접시간 : 지원자 1인당 약 5분 내외
- 평가내용 : 대학자체 개발 일반교양·교직 문항을 통해 교직관, 표현력을 평가

- 면접 방법
- 예비초등교사로서의 갖추어야 할 일반적인 교양과 교직에 대한 태도와 가치관 등을 종합적으로 평가
- 주어진 문항에 대하여 구술 답변

iii. 2024 정시모집 결과

(1) 입학자 현황

전형 명	모집인원	지원자			최종합격자			최종입학자			경쟁률
		남	여	계	남	여	계	남	여	계	
일반학생	251*	301	477	778	87	163	250	80	171	251	3.1 : 1
농·어촌학생	7	8	12	20	1	6	7	1	6	7	2.86 : 1
장애인 등 대상자	5	1	0	1	0	0	0	0	0	0	0.2 : 1
합계	263	310	489	799	88	169	257	81	177	258	3.04 : 1

* 정시모집 이후 수시모집 합격자 1명 포기로 인한 이월

(2) 전형별 수능 환산점수 현황

전형 명	추가합격 (예비후보 ○번까지 합격)	수능 환산점수(80% cut) (최종 입학자 기준)
일반학생	55	666.00
농·어촌학생	1	595.13
장애인 등 대상자	0	–

(3) 전형요소별 성적 현황

- 대학수학능력시험 성적 (900점 만점)

전형 명	780 이상	760 이상	740 이상	720 이상	700 이상	680 이상	660 미만	640 이상	640 미만	계	평균 점수
일반학생	2	3	9	19	54	85	61	18	0	251	293.87
농·어촌학생	0	0	0	0	0	0	2	1	4	7	629.52
장애인 등 대상자	합격자 없음										
합계	2	3	9	19	54	85	63	19	4	258	–

– 면접고사 성적 (100점 만점)

전형 명	95점 이상	90점 이상	85점 이상	80점 이상	계
일반학생	61	131	51	8	251
농·어촌학생	1	4	2	0	7
장애인 등 대상자	합격자 없음				0
합계	62	135	53	8	258

ⅳ. 2023 정시모집 결과

(1) 입학자 현황

전형 명	모집 인원	지원자			최종합격자			최종입학자			경쟁률
		남	여	계	남	여	계	남	여	계	
일반학생	224	178	289	467	88	136	224	83	138	221	2.08:1
농·어촌학생	4	6	5	11	1	3	4	1	3	4	2.75:1
기회균형선발	4	5	5	10	1	3	4	1	3	4	2.50:1
장애인 등 대상자	7	2	0	2	2	0	2	1	0	1	0.29:1
합계	239	191	299	490	92	142	234	86	144	230	2.05:1

(2) 전형별 수능 환산점수 현황

전형 명	추가합격 (예비후보 ○번까지 합격)	수능 환산점수(80% cut) (최종 입학자 기준)
일반학생	42	738.34
농·어촌학생	0	736.99
기회균형선발	0	747.45
장애인 등 대상자	0	비공개(1명 입학)

(3) 전형요소별 성적 현황

– 대학수학능력시험 성적 (900점 만점)

전형 명	840 이상	820 이상	800 이상	780 이상	760 이상	740 이상	720 미만	700 이상	700 미만	계	평균 점수
일반학생	1	5	17	35	80	43	27	13	0	221	765.36
농·어촌학생	0	0	0	0	1	1	1	0	1	4	732.69
기회균형선발	0	0	0	0	1	2	0	0	1	4	718.06
장애인 등 대상자	1명 입학									1	비공개
합계	1	5	17	35	82	46	28	13	2	230	

- 면접고사 성적 (100점 만점)

전형 명	100점	80점	계
일반학생	180	41	221
농·어촌학생	4	0	4
기회균형선발	2	2	4
장애인 등 대상자	1명 입학		비공개
합계	186	43	230

ⅴ. 2022 정시모집 결과

(1) 입학자 현황

전형 명	모집 인원	지원자			최종합격자			최종입학자			경쟁률
		남	여	계	남	여	계	남	여	계	
일반학생	237	204	319	523	97	139	236	100	134	234	2.22
농·어촌학생	7	12	9	21	5	2	7	6	1	7	3.00
기회균형선발	3	7	1	8	2	1	3	2	1	3	2.67
장애인 등 대상자	5	1	1	2	1	1	2	0	1	1	0.40
합계	252	224	330	554	105	143	248	108	137	245	2.21

(2) 전형별 수능 환산점수 현황

전형 명	추가합격 (예비후보 ○번까지 합격)	수능 환산점수(80% cut) (최종 입학자 기준)
일반학생	29	776.25
농·어촌학생	1	700.88
기회균형선발	1	720
장애인 등 대상자	0	비공개(1명 입학)

(3) 전형요소별 성적 현황

- 대학수학능력시험 성적 (900점 만점)

전형 명	860 이상	840 이상	820 이상	800 이상	780 이상	760 이상	760 미만	계	평균점수
일반학생	1	2	9	44	97	81	0	234	790.36
농·어촌학생	0	0	0	0	1	0	6	7	727.75
기회균형선발	0	0	0	0	0	0	3	3	707.69
장애인 등 대상자	1명 입학							1	비공개
합계	1	2	9	44	98	81	9	245	

– 면접고사 성적 (100점 만점)

전형 명	100점	80점	계	평균점수
일반학생	234	0	234	100
농·어촌학생	7	0	7	100
기회균형선발	3	0	3	100
장애인 등 대상자	1명 입학		1	비공개
합계	244	0	245	

진주교육대학교 입학처 ☎ 055) 740-1521~4

가. 수시모집

ⅰ. 모집 전형

전형 유형	전형 명	모집 인원	전형 방법	수능 최저	제출서류			면접
					학생부		추천서 (명단)	
					교과	비교과		
학생부 종합	21세기형 교직 적성자 선발	50	서류평가 100	O	O	O	X	X
	지역인재선발	123		O	O	O	X	X
	국가보훈대상자	3		O	O	O	X	X
	다문화(탈북)학생	3		O	O	O	X	X
	농·어촌학생	12		O	O	O	X	X
	기회균형선발	5		O	O	O	X	X
	장애인 등 대상자	12		O	O	O	X	X

－ 서류평가 (기본점수 420점 + 실질반영점수 280점)

수능 최저 학력 등급
－ 21세기형 교직적성자, 지역인재 : 국어, 수학, 영어, 탐구 4개 영역의 합이 12등급 이내, 한국사 4등급 이내 － 그 외 전형 : 국어, 수학, 영어, 탐구 4개 영역의 합이 14등급 이내, 한국사 4등급 이내 － 장애인 등대상자 : 국어, 수학, 영어, 탐구 4개 영역의 합이 16등급 이내, 한국사 4등급 이내

지원 자격	
21세기형 교직 적성자 선발	－ 고등학교 졸업(예정)자 또는 법령에 의하여 동등 이상의 학력이 있다고 인정되는 자 － 2025학년도 대학수학능력시험에 응시한 자
지역인재선발	－ 경상남도, 부산광역시, 울산광역시 소재 고등학교 졸업(예정)자로서 고교 교육과정을 모두(입학부터 졸업까지)이수한 자 (검정고시 합격자는 지원할 수 없음) － 2025학년도 대학수학능력시험에 응시한 자
※ 특별 전형 지원 자격은 chapter Ⅱ 혹은 모집요강을 참고바람.	

ⅱ. 평가 방법

(1) 서류평가

 - 전형자료 : 학교생활기록부

 - 반영기간 : 고등학교 전 학년 기록내용

 - 반영점수 : 700점

 - 평가방법

 • 학교 생활기록부 교과와 비교과 영역을 대상으로 고교 생활에 충실하고, 예비 초등교사로
   서의 잠재력을 갖춘 인재를 선발하기 위해 학업 및 인성역량을 종합적으로 정성 평가함

 • 지원자 1명의 전형 자료를 평가위원 3인이 교차 평가하고 그 평균점수를 산출함

 • 블라인드 평가 : 개인정보(수험번호·성명·출신고교·출신지역 등)를 블라인드 처리하여 평가

 - 평가기준 및 배점

평가항목	평가기준	배점
학업 수행 역량 (35%)	교과 교육과정의 내용 및 기능을 충실히 수행하여 교육과정의 성취기준을 이수하는데 필요한 능력	245
자기 주도 역량 (20%)	자신의 일상생활 및 학교생활 등에서 주도적으로 목표를 세우고 목표 달성을 위해 노력하며 그 결과를 성찰하고 책임 질 수 있는 능력	140
공감 및 소통 역량 (20%)	교실, 학교, 사회 및 세계의 구성원으로 타인의 감정과 입장을 이해하고, 소통·협업하여 공동체 구성원으로서의 역할을 충실히 수행할 수 있는 능력	140
교직에 대한 가치와 태도 (25%)	예비 교사로서 교직에 두는 가치와 좋은 예비교사로 성장하기 위해 필요한 자질·태도 및 잠재력	175

※ 서류평가 성적이 우리 대학교에서 정한 최저기준(500점)을 충족하지 못한 경우 선발하지 않음

ⅲ. 전형 일정

원서접수	2024. 9. 9 (월) 09:00 ∼ 9. 13 (금) 17:00
기타서류 제출	2024. 9. 9 (월) ∼ 9. 19 (목) [2024. 9. 19 (목) 우체국 발송 소인까지 인정]
최초합격자 발표	2024. 12. 13 (금) 14:00 예정

iv. 2024 전형 결과

(1) 지원 및 등록 현황

전형구분			모집인원	지원인원	경쟁률	최초합격자	추가합격자	최종등록인원
정원내	일반전형	학생부종합 (21세기형 교직 적성자)	50	449	8.98 : 1	50	41	13
	특별전형	학생부종합 (지역인재)	123	448	3.64 : 1	87	–	38
		학생부종합 (국가보훈대상자)	3	10	3.33 : 1	3	–	1
		학생부종합 (다문화(탈북)학생)	3	14	4.67 : 1	3	–	–
정원외		학생부종합 (농·어촌학생)	12	72	6.00 : 1	12	8	5
		학생부종합 (기회균형)	5	23	4.60 : 1	5	1	1
		학생부종합 (장애인 등 대상자)	12	9	0.75 : 1	2	–	–
계			208	1,025	4.93 : 1	162	50	58

※ 수시모집 정원 내 전형의 미충원 인원은 정시모집 수능(일반학생) 전형으로 이월 선발함.

※ 수시모집 정원 외 전형의 미충원 인원은 정시모십 해당 전형으로 이월하여 선발하며, 전형방식은 정시모집 수능(일반학생)전형과 동일함.

(2) 전형별 합격자(추가합격자 포함) 성적 결과

전형명			인원	전형총점(700점)			[참고자료] 학생부 내신 성적		
				최고	평균	최저	최고	평균	최저
정원내	일반전형	학생부종합 (21세기형 교직적성자)	91	686.941	613.155	513.137	1.49	2.93	5.56
	특별전형	학생부종합 (지역인재)	87	682.298	620.008	506.922	1.24	2.73	6.20
		학생부종합 (국가보훈 대상자)	3	622.000	613.111	591.333	3.45	3.66	3.77
		학생부종합 (다문화 (탈북)학생)	3	628.000	602.000	580.000	2.63	2.80	2.94
정원외		학생부종합 (농·어촌 학생)	20	666.724	615.433	581.943	1.69	2.62	4.67
		학생부종합 (기회균형)	6	675.333	603.333	519.333	1.93	4.05	7.88
		학생부종합 (장애인 등 대상자)	2	642.667	609.333	576.000	2.97	3.97	4.96

※ 수시모집 학생부종합전형 서류평가는 지원자의 학교생활기록부(교과, 비교과영역)에 대해 정성적 종합평가하므로, 내신등급은 참고자료로 활용바랍니다.

(3) 전형별 최종등록자 성적 결과

		전형명	인원	전형총점(700점)			[참고자료] 학생부 내신 성적		
				최고	평균	최저	최고	평균	최저
정원내	일반전형	학생부종합 (21세기형 교직적성자)	13	645.957	579.010	516.973	2.51	3.92	5.56
	특별전형	학생부종합 (지역인재)	38	682.298	605.723	506.922	1.83	3.12	6.20
정원외	특별전형	학생부종합 (농·어촌 학생)	5	600.724	594.789	586.610	2.83	3.39	4.67

※ 최종등록 인원이 3명 이하 전형의 경우 성적을 공개하지 않습니다.

※ 수시모집 학생부종합전형 서류평가는 지원자의 학교생활기록부(교과, 비교과영역)에 대해 정성적 종합평가하므로, 내신등급은 참고자료로 활용바랍니다.

ⅴ. 2023 전형 결과

(1) 지원 및 등록 현황

		전형구분	모집인원	지원인원	경쟁률	최초합격자	추가합격자	최종등록인원
정원내	일반전형	학생부종합 (21세기형 교직 적성자)	50	640	12.80:1	50	60	7
	특별전형	학생부종합 (지역인재)	123	473	3.85:1	123	59	123
		학생부종합 (국가보훈대상자)	3	24	8.00:1	3	5	0
		학생부종합 (다문화(탈북)학생)	3	21	7.00:1	3	4	2
정원외	특별전형	학생부종합 (농·어촌학생)	12	80	6.67:1	12	17	1
		학생부종합 (기회균형)	5	60	12.00:1	5	8	2
		학생부종합 (장애인 등 대상자)	10	36	3.60:1	10	11	0
계			206	1,334	6.48:1	206	164	135

※ 수시모집 학생부종합전형 중 정원 내 미충원 인원은 정시모집 수능(일반학생) 전형으로 이월 선발함

※ 수시모집 학생부종합전형 중 정원 외 「학생부종합(농·어촌학생)」, 「학생부종합(기회균형)」, 「학생부종합(장애인 등 대상자)」 전형의 미충원 인원이 발생하였을 시, 정시모집 해당 전형으로 이월하여 선발하며, 전형방식은 정시모집 수능(일반학생) 전형과 동일함

(2) 전형별 합격자(추가합격자 포함) 성적 결과

전형명		대상 인원	1단계 성적(700점)			심층면접(300점)			총점(1,000점)			[참고] 내신등급		
			최고	평균	최저	최고	평균	최저	최고	평균	최저	최고	평균	최저
일반전형	학생부종합 (21세기형 교직적성자)	110	690.000	659.642	645.333	293.297	272.152	244.964	971.873	931.794	895.298	1.14	1.90	4.12
특별전형	학생부종합 (지역인재)	182	693.333	635.048	598.000	291.536	267.945	244.869	961.369	902.993	873.300	1.22	2.26	3.54
	학생부종합 (국가보훈 대상자)	8	682.667	647.917	626.667	266.667	259.958	248.333	946.000	906.875	878.333	1.07	2.39	3.28
	학생부종합 (다문화 (탈북)학생)	7	661.333	631.047	614.000	271.667	264.048	251.667	933.000	895.095	865.667	1.36	2.36	3.68
	학생부종합 (농·어촌 학생)	29	670.667	647.058	620.667	274.745	261.782	244.745	937.745	908.839	875.948	1.29	1.94	2.47
	학생부종합 (기회균형)	13	650.000	635.590	618.000	273.333	260.385	245.000	921.667	895.974	863.000	1.70	2.39	3.89
	학생부종합 (장애인 등 대상자)	21	662.667	609.587	551.333	283.009	262.857	239.675	930.691	872.444	817.675	2.09	3.92	5.83

※ 2023학년도 수시모집 학생부종합전형 서류평가는 지원자의 학교생활기록부(교과, 비교과영역)에 대한 **정성적 종합 평가** 하며, 내신등급은 참고 자료로 활용 바랍니다.

(3) 전형별 최종등록자 성적 결과

전형명		대상 인원	1단계 성적(700점)			심층면접(300점)			총점(1,000점)			[참고] 내신등급		
			최고	평균	최저	최고	평균	최저	최고	평균	최저	최고	평균	최저
일반전형	학생부종합 (21세기형 교직적성자)	7	664.667	654.953	646.667	279.075	266.025	253.104	937.075	920.978	901.771	2.08	2.56	4.12
특별전형	학생부종합 (지역인재)	123	693.333	632.488	598.000	291.536	267.437	245.764	952.472	899.924	873.300	1.33	2.33	3.54

※ 최초등록 인원이 3명 이하 전형의 경우 성적을 공개하지 않습니다.

※ 2023학년도 수시모집 학생부종합전형 서류평가는 지원자의 학교생활기록부(교과, 비교과영역)에 대한 **정성적 종합 평가** 하며, 내신등급은 참고 자료로 활용 바랍니다.

vi. 2022 전형 결과

(1) 지원 및 등록 현황

전형구분			모집인원	지원인원	경쟁률	추가합격자	최종등록인원
정원내		21세기형 교직 적성자 선발	60	717	11.95	83	18
		지역인재선발	113	506	4.48	53	113
	특별전형	국가보훈대상자	3	30	10	4	1
		다문화(탈북)학생	3	22	7.33	5	2
정원외		농·어촌전형	12	68	5.67	16	0
		기회균형선발	5	39	7.8	6	3
		장애인 등대상자	10	21	2.1	–	2

※ 수시모집 학생부 종합전형 중 '21세기형 교직 적성자 선발', '지역인재 선발' 의 경우 남 여 성비 적용

– 각 전형마다 모든 단계에 남 여 어느 한성이 모집인원의 80%를 초과하지 못함.

– 특별전형의 경우 남 여 성비를 적용하지 않음

※ 수시모집 미충원 인원은 정시모집(정원내 일반전형, 정원외 해당전형)으로 이월하여 선발함.

(2) 1단계 합격자 결과

전형명		합격인원	총점(700점)			내신등급		
			최고	평균	최저	최고	평균	최저
21세기형 교직적성자	남	32	677.333	643.646	632	1.03	1.76	2.38
	여	125	685.333	647.435	635.333	1	1.75	5.05
	계	157	685.333	646.662	632	1	1.75	5.05
지역인재	남	63	665.333	627.503	606	1.25	2.16	3.4
	여	228	678	629.861	606	1.11	2.11	3.42
	계	291	678	629.35	606	1.11	2.12	3.42
국가보훈대상자		8	635.333	612.583	602	1.93	2.91	4.17
다문화(탈북)학생		8	654.667	632.125	600	1.55	2.34	3.91
농·어촌학생		30	668	642.822	628	1.25	1.81	2.69
기회균형선발		13	655.333	629.538	610.667	2.04	2.9	3.95
장애인 등대상자		16	652.667	604.042	522	1.35	3.56	4.93

※ '학생부종합' 전형으로 1단계 서류평가는 학교생활기록부(교과, 비교과)에 대한 정성적 종합평가임

(3) 최초 합격자 결과

전형명		1단계 성적(700점)			심층면접(300점)			총점(1,000점)			내신등급		
		최고	평균	최저	최고	평균	최저	최고	평균	최저	최고	평균	최저
21세기형 교직적성자 선발	남	677.333	649.795	633.333	270.275	257.228	245.275	936.203	907.002	899.942	1.23	1.64	1.93
	여	685.333	653.83	638	278.275	264.392	251.002	952.537	918.222	907.831	1	1.66	2.55
	계	685.333	652.956	633.333	278.275	262.84	245.275	952.537	915.795	899.942	1	1.66	2.55
지역인재 선발	남	665.333	641.536	619.333	270.184	257.58	241.986	928.046	899.116	886.532	1.52	1.95	2.42
	여	678	642.407	622	283.091	262.046	245.926	947.88	904.453	886.319	1.16	1.89	2.84
	계	678	642.23	619.333	283.091	261.137	241.986	947.88	903.367	886.319	1.16	1.9	2.84
국가보훈대상자		635.333	621.778	608	278.333	263.333	253.333	888.666	885.111	880.333	1.97	2.36	2.81
다문화(탈북)학생		654.667	649.556	646.667	270	261.667	246.667	824.667	911.222	893.334	1.55	1.86	2.36
농·어촌학생		665.333	649.556	638	278.333	265.139	246.667	926.666	914.694	900.667	1.25	1.66	2.11
기회균형선발		655.333	637.466	627.333	261.667	257.333	255	910.333	894.8	882.333	2.55	2.64	3.23
장애인 등대상자		652.667	612.2	522	268.333	253	226.667	921	865.2	748.667	1.35	3.35	4.78

(4) 최종 등록자 결과 [추가합격자 포함]

전형명		1단계 성적(700점)			심층면접(300점)			총점(1,000점)			내신등급		
		최고	평균	최저	최고	평균	최저	최고	평균	최저	최고	평균	최저
21세기형 교직적성자 선발	남	–	–	–	–	–	–	–	–	–	–	–	–
	여	669.333	641.822	635.333	267.506	257.139	249.002	924.608	898.961	881.335	1.43	2.17	5.05
	계	669.333	642.889	635.333	267.506	255.631	245.275	924.608	898.519	881.335	1.43	2.1	5.05
지역인재 선발	남	665.333	636.261	614	270.184	256.282	241.579	928.046	892.543	870.056	1.26	2.02	2.99
	여	674	634.541	612	283.091	260.011	243.88	947.88	894.552	877.723	1.16	2.11	3.09
	계	674	634.891	612	283.091	259.252	241.579	947.88	894.143	870.056	1.16	2.09	3.09
국가보훈대상자		–	–	–	–	–	–	–	–	–	–	–	–
다문화(탈북)학생		–	–	–	–	–	–	–	–	–	–	–	–
농·어촌학생		–	–	–	–	–	–	–	–	–	–	–	–
기회균형선발		–	–	–	–	–	–	–	–	–	–	–	–
장애인 등대상자		–	–	–	–	–	–	–	–	–	–	–	–

※ 최종 등록자 인원이 3명 이하의 경우 성적을 공개하지 않음

나. 정시모집 (나군)

ⅰ. 모집 전형

전형 유형	전형 명	모집 인원	전형 방법	수능 반영 비율 (백분위)			
				국어	수학	영어	탐구 사/과
수능 위주	일반전형	104	[1단계] 수능 100 (2배수) [2단계] 수능 80, 면접 20	25	25	25	25

- 수능성적 800점 만점 (최저 0점), 면접 200점 만점 (최저 150점)
- 수학(미적분/기하) 2% 가산점 부여
- 수시 미충원 인원으로 이월 된 특별전형의 경우 국어, 수학, 영어, 탐구 4개 영역의 합이 16등급 이내

지원 자격	
일반전형	고등학교 졸업(예정)자 또는 법령에 의하여 이와 동등 이상의 학력이 있다고 인정된 자로서 2025학년도 대학수학능력시험 5개 영역에 응시한 자

※특별 전형 지원 자격은 모집요강을 참고바람.

ⅱ. 평가 방법

(1) 대학수학능력시험 성적 반영방법

과목	국어	수학	영어	탐구 (2과목)	한국사 (필수응시)	합계
반영방법	백분위	백분위	등급 (등급별 반영점수)	백분위	–	
배점	200점	200점	200점	200점	–	800점
비율	25%	25%	25%	25%	–	100%
산출공식	[국어(백분위)+수학(백분위)]×2+영어(환산점수)+탐구(2과목 백분위 합)					

– 영어 등급별 반영점수

구분	1등급	2등급	3등급	4등급	5등급	6등급	7등급	8등급	9등급
반영점수 (배점)	200	190	180	160	140	100	60	20	0

※ 수능은 국어, 수학, 탐구영역[사회, 과학]의 백분위를 반영

※ 영어는 등급별 반영점수 반영(1등급~9등급), 등급별 반영 점수표 참조

※ 탐구영역의 선택과목은 자유지정이고, 2과목의 백분위 평균을 산출하여 반영

※ 수학(미적분/기하) 선택 시 해당과목 백분위 점수의 2%의 가산점을 부여함

(2) **면접평가**

- 평가대상 : 1단계 합격자
- 평가방식 : 개별면접(블라인드 평가)
- 면접시간 : 1인 10분 내외
- 평가방법 :

    우리대학에서 출제한 문항과 수험생이 작성한 면접카드를 바탕으로 면접위원 3인이 지
    원자 1명에 대해 질의응답을 통한 심층면접 평가(3:1면접)
- 평가기준 :

    예비초등교사로서 갖추어야 할 교양, 교직관, 표현력, 인성을 각 영역으로 구분하여, 4
    개 기준으로 종합평가

iii. 2024 정시모집 결과

(1) 모집인원 및 최종 등록인원 현황

구분		전형명	모집 인원	지원 인원	경쟁률	최초 합격자	추가 합격자	최종 등록자	2024 정시 미충원 인원
정원 내	일반 전형	수능 (일반학생)	267 (140)	773	2.90:1	267	34	265	2
정원 외	특별 전형	수능 (농·어촌 학생)	7 (0)	25	3.57:1	7	1	7	—
		수능 (기회균형)	4 (0)	10	2.50:1	4	1	3	1
		수능 (장애인 등 대상자)	12 (0)	—	—	—	—	—	12
계			290	808	2.79:1	278	36	275	15

※ 정시모지 일반전형 모집인원 당초 141명 ➡ 수시모집 학생부종합전형 정원 내 미충원 인원 127명 이월 ➡ 일반전형
모집인원 총 267명 선발

※ 수시모집 학생부종합 정원 외 전형의 미충원 인원 발생 시 정시모집 특별전형으로 이월하여 선발

(2) 전형별 합격자(추가합격자 포함) 성적

전형명		인원	1단계(수능)성적(800점)			면접고사(200점)			전형총점(1,000점)			[참고자료] 수능등급		
			최고	평균	최저	최고	평균	최저	최고	평균	최저	최고	평균	최저
일반전형	수능(일반학생)	301	726,900	642,280	605,300	198,813	186,349	168,674	910,744	828,629	797,507	2.13	3.21	3.75
특별전형	수능(농·어촌학생)	8	648,500	631,263	613,000	190,000	186,667	180,000	835,500	817,929	801,667	2.88	3.24	3.50
	수능(기회균형)	5	600,300	572,400	543,700	189,667	186,200	182,000	788,633	758,600	725,700	3.50	3.70	4.00

(3) 전형별 최종등록자 성적 결과

전형명		인원	1단계(수능)성적(800점)			면접고사(200점)			전형총점(1,000점)			[참고자료] 수능등급		
			최고	평균	최저	최고	평균	최저	최고	평균	최저	최고	평균	최저
일반전형	수능(일반학생)	265	726,900	641,700	605,300	198,813	186,676	170,137	910,744	828,376	797,507	2.13	3.22	3.75
특별전형	수능(농·어촌학생)	7	648,500	632,657	613,000	190,000	186,381	180,000	835,500	819,038	801,667	2.88	3.24	3.50

※ 정시모집 수능위주 전형은 수능 백분위 성적을 활용하고 있으며, 수능등급은 참고 자료로 활용 바랍니다.

※ 합격자 수가 3인 이하인 수능(기회균형) 전형에 대해서는 성적을 공개하지 않습니다.

ⅳ. 2023 정시모집 결과

(1) 모집인원 및 최종 등록인원 현황

구분		전형명	모집인원	지원인원	경쟁률	최초합격자	추가합격자	최종등록자	2023 정시미충원 인원
정원내	일반전형	수능(일반학생)	155(108)	284	1.83:1	155	27	153	2
정원외	특별전형	수능(농·어촌학생)	11(0)	27	2.45:1	11	–	10	1
		수능(기회균형)	3(0)	8	2.67:1	3	–	3	–
		수능(장애인 등 대상자)	10(0)	1	0.10:1	1	–	1	9
계			179	320	1.79:1	170	27	167	12

※ 2023학년도 정시모집 일반전형 모집인원은 당초 108명 → 수시모집 학생부종합전형 정원 내 **미충원 인원 47명**을 이월하여 **총 155명 선발**

※ 2023학년도 정시모집 특별전형은 수시모집 학생부종합전형 중 정원 외 「학생부종합(농·어촌학생)」, 「학생부종합(기회균형)」, 「학생부종합(장애인 등 대상자)」 전형의 미충원 인원을 정시모집 해당 전형으로 이월하여 선발

(2) 전형별 합격자(추가합격자 포함) 성적 결과

전형명		대상인원	1단계(수능) 성적(800점)			면접고사(200점)			전형총점(1,000점)			[참고]수능등급		
			최고	평균	최저	최고	평균	최저	최고	평균	최저	최고	평균	최저
일반전형	수능(일반학생)	182	751.800	691.046	619.000	198.000	186.835	167.000	933.300	877.881	809.600	1.63	2.66	3.63
특별전형	수능(농·어촌학생)	11	698.000	684.255	661.000	192.333	182.909	177.000	877.000	867.164	844.200	2.25	2.73	3.00

※ 2023학년도 정시모집 전형에서는 **수능 백분위 성적을 활용**하고 있으며, **수능등급은 참고 자료로 활용** 바랍니다.

※ 합격자 수가 3인 이하인 전형[수능(기회균형), 수능(장애인 등 대상자)]에 대해서는 성적 공개하지 않음

(3) 전형별 최종등록자 성적 결과

전형명		대상인원	1단계(수능) 성적(800점)			면접고사(200점)			전형총점(1,000점)			[참고]수능등급		
			최고	평균	최저	최고	평균	최저	최고	평균	최저	최고	평균	최저
일반전형	수능(일반학생)	153	751.800	689.783	619.000	198.000	187.105	167.000	932.800	876.888	809.600	1.63	2.67	3.63
특별전형	수능(농·어촌학생)	10	698.000	683.380	661.000	192.333	183.300	177.000	877.000	866.680	844.200	2.25	2.73	3.00

※ 2023학년도 정시모집 전형에서는 **수능 백분위 성적을 활용**하고 있으며, **수능등급은 참고 자료로 활용** 바랍니다.

※ 합격자 수가 3인 이하인 전형[수능(기회균형), 수능(장애인 등 대상자)]에 대해서는 성적 공개하지 않음

ⅴ. 2022 정시모집 결과

(1) 지원 및 등록 현황

전형구분			모집인원	지원인원	경쟁률	추가합격자	최종등록인원
정원내	일반학생		185	451	2.44	7	185
정원외	특별 전형	농·어촌학생	12	35	2.92	–	12
		기회균형선발	2	5	2.5	–	2

※ 정시모집 일반전형의 모집인원은 수시모집 학생부 종합 전형 이월 인원 명을 포함 선발

※ 정시모집 특별전형은 수시모집 학생부 종합전형 중 정원 외 농·어촌학생, 기회균형선발, 특수교육대상자 미충원 인
원을 정시모집 해당 전형으로 이월 선발

※ 일반전형의 경우 남·여 성비를 적용하며 어느 한 성이 모집인원의 70%를 초과할 수 없으며, 전 단계에 적용함

※ 특별전형의 경우 남·여 성비를 적용하지 않음

(2) 일반전형·특별전형 1단계 합격자 성적

전형명		1단계 합격자	대학수학능력시험					
			최고		평균		최저	
			점수	등급	점수	등급	점수	등급
일반 전형	남	179	771	1.5	676.892	2.82	577.6	3.5
	여	191	744.8	2.12	673.856	2.8	580.6	3.75
	계	370	771	1.5	675.325	2.81	577.6	3.5
농·어촌학생		25	718	2.13	651.944	3.05	599	3.5
기회균형선발		4	674.4	3	600.85	3.72	502	4.75

(3) 일반전형 최초 합격자 성적

전형 명		대학수학능력시험(800)						면접(200)			총점(1,000)		
		최고		평균		최저		최고	평균	최저	최고	평균	최저
		점수	등급	점수	등급	점수	등급						
일반 전형	남	771	1.5	706.21	2.54	687.9	2.63	193.769	184.934	173.443	951.014	891.144	874.002
	여	744.5	2.13	702.959	2.5	684	2.75	194.041	186.77	174.118	930.241	889.729	873.571
	계	771	1.5	704.435	2.52	684	2.75	194.041	185.937	173.443	951.014	890.37	873.571

(4) 일반전형·특별전형 최종 등록자 성적 [추가합격자 포함]

전형 명		대학수학능력시험(800)						면접(200)			총점(1,000)		
		최고		평균		최저		최고	평균	최저	최고	평균	최저
		점수	등급	점수	등급	점수	등급						
일반 전형	남	750.2	2	704.623	2.56	687.9	2.63	193.769	184.978	173.443	932.041	889.601	872.054
	여	744.8	2.13	702.446	2.51	683	2.88	194.041	186.815	174.118	930.241	889.260	872.102
	계	750.2	2	703.434	2.54	683	2.88	194.041	185.981	173.443	932.041	889.415	842.054
농·어촌학생		718	2.13	683.233	2.79	659.6	3.25	193.333	184.5	174	896	867.733	843.267

※ 기회균형전형 : 최종 등록자가 3명 이하인 경우 성적 비공개

(5) 일반전형 커트라인 합격자의 성적

전형 명		대학수학능력시험(800)		면접(200)	총점(1,000)
		점수	등급		
일반 전형	남	692	2.75	180.054	872.054
	여	685	2.63	187.102	872.102

※ 수능 성적의 등급보다는 백분위 성적이 높아야 함(수능 등급은 참고 사항임)

Ⅸ 청주교육대학교

청주교육대학교 입학처 ☎ 043) 299-0622, 0854

가. 수시모집

ⅰ. 모집 전형

전형유형	전형 명	모집인원	전형 방법	수능최저	제출서류 학생부 교과	제출서류 학생부 비교과	추천서(명단)	면접
학생부종합	충북인재	42	[1단계] 서류평가 100 (4배수) [2단계] 서류평가 60 면접평가 40	X	O	O	X	O
학생부종합	지역인재	112	[1단계] 서류평가 100 (2배수) [2단계] 서류평가 60 면접평가 40	X	O	O	X	O
학생부종합	국가보훈대상자	5	[1단계] 서류평가 100 (3배수) [2단계] 서류평가 60 면접평가 40	X	O	O	X	O
학생부종합	다문화가족자녀	5		X	O	O	X	O
학생부종합	농·어촌학생	7		X	O	O	X	O
학생부종합	장애인학생	10		X	O	O	X	O
학생부종합	기회균형선발제	8		X	O	O	X	O
지원 자격								
배움나눔인재	고등학교 졸업(예정)자 또는 법령에 의하여 동등 이상의 학력이 있다고 인정된 자							
지역인재	충청북도, 세종특별자치시, 대전광역시에 소재한 고등학교에서 입학일 부터 졸업(예정)일 까지 전 교육과정을 이수하고 해당 기간 동안 학교생활기록부 제출이 가능한 자							

※특별 전형 지원 자격은 chapter Ⅱ 혹은 모집요강을 참고바람.

ⅱ. 평가 방법

(1) 서류평가

- 평가 방법 : 복수의 입학사정관이 지원자 1인에 대하여 정성·종합 평가함.

- 평가 자료 : 학교생활기록부

- 평가 영역 :

서류평가는 학교생활기록부(교과 및 비교과)를 바탕으로 정성·종합 평가하며, 학교생활기록부가 없는 자는 학교생활기록부 대체 확인서 및 증빙서류를 제출하여야 평가에 반영됨

평가영역	평가요소	반영비율
교직 인·적성	① 교직적합성	균등 비율로 반영
	② 자기성찰역량 및 공감 및 소통 능력	
창의적 탐구 역량	③ 학업 수행 능력	
	④ 탐구 활동	
변화 리더십	⑤ 잠재적 성장 가능성	
	⑥ 공동체 의식	

– 서류평가 기준
• 교직 인·적성: 교사로서의 사명감과 적성, 자신과 타인에 대한 이해 및 소통 능력을 평가
• 창의적 탐구 역량: 자기 주도적인 학습 능력과 창의력을 갖추고 다양한 탐구 활동에 적극적으로 참여할 수 있는지를 평가
• 변화리더십: 공동체 의식을 바탕으로 미래 사회에 맞는 진취적 리더십을 발휘할 수 있는지를 평가

(2) 면접 평가
　– 평가 방법 :
• 복수의 면접위원이 종합평가함
• 학교생활기록부 등 수험생의 제출서류를 활용함
　– 면접 방법
• 개별면접(10분): 제출서류를 참조하면서 면접위원이 지원자를 상대로 질의
　– 평가 영역 : 교사로서의 적성과 인성 등을 종합적으로 평가함

평가영역	평가기준
교직 인·적성 (40%)	• 교직에 적합한 인성을 갖추고 있는가? • 교직의 특성을 이해하고 적합한 소질이 있는가?
창의적 탐구 및 리더십 역량 (40%)	• 창의적 탐구 역량이 있는가? • 리더십을 가지고 있는가?
의사소통 능력 (20%)	• 자신의 생각을 명료하게 표현하며 소통할 수 있는가?

iii. 전형 일정

원서접수	2024. 9. 9 (월) 09:00 ~ 9. 13 (금) 17:00
서류제출(해당자에 한함)	2024. 9. 9 (월) 09:00 ~ 9. 19 (목) 18:00
1단계 합격자 발표	2024. 11. 8 (금) 10:00
면접시험	2024. 11. 22 (금)
최초합격자 발표	2024. 12. 13 (금) 10:00

iv. 2024 전형 결과

(1) 최종 등록자 현황

구분	전형 명	모집인원	지원자				최종 등록자			
			남	여	계	경쟁률	남	여	계	등록률
정원내	학생부종합(배움나눔인재전형)	50	196	497	693	13.9	6	22	28	56.0
	학생부종합(지역인재전형)	100	87	203	290	2.9	22	78	100	100
	학생부종합(국가보훈대상자전형)	7	21	20	41	5.9	3	1	4	57.1
	학생부종합(다문화가족자녀전형)	5	11	17	28	5.6	1	4	5	100
정원외	학생부종합(농·어촌학생전형)	7	49	17	66	9.4	1	2	3	42.9
	학생부종합(장애인학생전형)	10	12	13	25	2.5	3	3	6	60.0
	학생부종합(기회균형선발제전형)	8	15	29	44	5.5	3	5	8	100
계		187	391	796	1,187	6.3	39	115	154	82.4

※ 수시모집 미충원 인원(31명)은 정시모집으로 이월하여 모집함(미충원 31명 + 마감이후 포기인원 2명)

(2) 전형별 교과등급 현황

구분	전형 명	지원자		최종 등록자	
		최저(80%)	평균	최저(80%)	평균
정원내	학생부종합(배움나눔인재전형)	4.12	3.17	2.75	2.50
	학생부종합(지역인재전형)	3.91	3.20	3.14	2.73
	학생부종합(국가보훈대상자전형)	5.10	4.17	4.21	4.07
	학생부종합(다문화가족자녀전형)	3.99	3.40	3.38	3.10
정원외	학생부종합(농·어촌학생전형)	3.41	2.94	2.25	2.48
	학생부종합(장애인학생전형)	6.07	5.22	5.86	5.50
	학생부종합(기회균형선발제전형)	4.43	3.48	3.54	3.22

※ 교과등급은 평가요소 중 하나이므로 참고용으로만 활용하기 바람

※ 교과등급을 산출 할 수 없는 62명 제외

(3) 추가합격자 현황

구분	전형 명	최초 합격인원	1차 추가 합격인원	2차 추가 합격인원	3차 추가 합격인원	4차 추가 합격인원	예비 번호
정원 내	학생부종합 (배움나눔인재전형)	50	39	31	25	8	103
	학생부종합 (지역인재전형)	100	29	15	4	–	48
	학생부종합 (국가보훈대상자전형)	7	5	2	2	–	9
	학생부종합 (다문화가족자녀전형)	5	1	–	–	–	1
정원 외	학생부종합 (농·어촌학생전형)	7	6	4	2	–	12
	학생부종합 (장애인학생전형)	10	7	2	–	–	9
	학생부종합 (기회균형선발제전형)	8	4	2	1	1	8
계		187	91	56	34	9	190

(4) 추가합격 통계

구분	전형 명	2020학년도 예비번호	2021학년도 예비번호	2022학년도 예비번호	2023학년도 예비번호
정원 내	학생부종합(배움나눔인재전형)	33	123	163	63
	학생부종합(지역인재전형)	5	25	23	50
	학생부종합(국가보훈대상자전형)	5	0	12	8
	학생부종합(다문화가족자녀전형)	2	1	10	4
정원 외	학생부종합(농·어촌학생전형)	2	10	14	9
	학생부종합(장애인학생전형)	3	10	16	14
	학생부종합(기회균형선발제전형)	3	8	13	8
계		53	177	251	156

(5) 전형요소별 점수분포(최종 등록자 기준)

－ 서류평가 성적 (600점)

구분	전형 명	600~500	499~400	399~300	299~200	199~0	평균점수
정원 내	학생부종합(배움나눔인재전형)	0	3	25	0	0	370.39
	학생부종합(지역인재전형)	0	5	86	9	0	347.76
	학생부종합(국가보훈대상자전형)	0	0	4	0	0	317.33
	학생부종합(다문화가족자녀전형)	0	0	5	0	0	347.69
정원 외	학생부종합(농·어촌학생전형)	0	1	2	0	0	383.49
	학생부종합(장애인학생전형)	0	1	3	2	0	327.98
	학생부종합(기회균형선발제전형)	0	0	8	0	0	343.85

－ 면접고사 성적 (400점)

구분	전형명	400~300	299~200	199~100	99~0	평균점수
정원 내	학생부종합(배움나눔인재전형)	0	18	8	2	202.10
	학생부종합(지역인재전형)	1	62	37	0	206.42
	학생부종합(국가보훈대상자전형)	0	1	3	0	182.35
	학생부종합(다문화가족자녀전형)	0	5	0	0	243.03
정원 외	학생부종합(농·어촌학생전형)	0	2	1	0	211.05
	학생부종합(장애인학생전형)	0	2	2	2	146.86
	학생부종합(기회균형선발제전형)	0	3	5	0	184.89

－ 총점 (1,000점)

구분	전형 명	1,000~600	599~500	499~400	399~300	299~0	평균점수
정원 내	학생부종합(배움나눔인재전형)	10	16	2	0	0	572.49
	학생부종합(지역인재전형)	18	65	17	0	0	554.18
	학생부종합(국가보훈대상자전형)	0	3	1	0	0	499.68
	학생부종합(다문화가족자녀전형)	3	2	0	0	0	590.72
정원 외	학생부종합(농·어촌학생전형)	2	1	0	0	0	594.54
	학생부종합(장애인학생전형)	0	0	1	3	2	327.98
	학생부종합(기회균형선발제전형)	1	4	3	0	0	528.74

ⅴ. 2023 전형 결과

(1) 최종 등록자 현황

구분	전형 명	모집 인원	지원자				최종 등록자			
			남	여	계	경쟁률	남	여	계	등록률
정원 내	학생부종합(배움나눔인재전형)	75	193	459	652	8.7	6	28	34	45.3
	학생부종합(지역인재전형)	75	73	173	246	3.3	19	56	75	100
	학생부종합(국가보훈대상자전형)	7	13	24	37	5.3	2	3	5	71.4
	학생부종합(다문화가족자녀전형)	5	5	28	33	6.6	0	5	5	100
정원 외	학생부종합(농·어촌학생전형)	7	13	30	43	6.1	3	4	7	100
	학생부종합(장애인학생전형)	10	19	12	31	3.1	6	4	10	100
	학생부종합(기회균형선발제전형)	8	18	32	50	6.3	2	6	8	100
계		187	334	758	1,092	5.8	38	106	144	77.0

※ 수시모집 미충원 인원(43명)은 정시모집으로 이월하여 모집함(미충원 42명 + 마감이후 포기인원 1명)

(2) 전형별 교과등급 현황

구분	전형 명	지원자		최종 등록자	
		최저(80%)	평균	최저(80%)	평균
정원내	학생부종합(배움나눔인재전형)	2.82	2.38	2.18	1.94
	학생부종합(지역인재전형)	2.76	2.38	2.44	2.16
	학생부종합(국가보훈대상자전형)	4.75	3.88	4.16	3.62
	학생부종합(다문화가족자녀전형)	3.68	2.93	2.88	2.63
정원외	학생부종합(농·어촌학생전형)	2.95	2.57	2.26	2.30
	학생부종합(장애인학생전형)	5.55	4.63	6.72	5.19
	학생부종합(기회균형선발제전형)	5.03	3.64	3.18	3.28

※ 교과등급은 평가요소 중 하나이므로 **참고용으로만 활용하기 바람**

※ 교과등급을 산출 할 수 없는 36명 제외

(3) 추가합격자 현황

구분	전형 명	최초 합격인원	1차 추가 합격인원	2차 추가 합격인원	3차 추가 합격인원	4차 추가 합격인원	4차 이후 합격인원	예비 번호
정원 내	학생부종합 (배움나눔인재전형)	75	52	11	0	0	0	63
	학생부종합 (지역인재전형)	75	22	9	5	3	11	50
	학생부종합 (국가보훈대상자전형)	7	2	2	2	1	1	8
	학생부종합 (다문화가족자녀전형)	5	2	0	0	0	2	4
정원 외	학생부종합 (농·어촌학생전형)	7	3	3	1	1	1	9
	학생부종합 (장애인학생전형)	10	8	2	2	2	0	14
	학생부종합 (기회균형선발제전형)	8	5	2	1	0	0	8
계		187	94	29	11	7	15	156

(4) 전형요소별 점수분포(최종 등록자 기준)

- 서류평가 성적 (600점)

구분	전형 명	600~500	499~400	399~300	299~200	199~0	평균점수
정원 내	학생부종합(배움나눔인재전형)	0	1	33	0	0	362.63
	학생부종합(지역인재전형)	0	4	59	12	0	336.35
	학생부종합(국가보훈대상자전형)	0	0	5	0	0	341.60
	학생부종합(다문화가족자녀전형)	0	0	5	0	0	367.11
정원 외	학생부종합(농·어촌학생전형)	0	0	7	0	0	332.70
	학생부종합(장애인학생전형)	0	0	4	3	3	260.13
	학생부종합(기회균형선발제전형)	0	0	8	0	0	342.89

– 면접고사 성적 (400점)

구분	전형명	400~300	299~200	199~100	99~0	평균점수
정원 내	학생부종합(배움나눔인재전형)	0	25	9	0	217.05
	학생부종합(지역인재전형)	0	32	43	0	193.42
	학생부종합(국가보훈대상자전형)	0	0	5	0	163.74
	학생부종합(다문화가족자녀전형)	0	5	0	0	232.89
정원 외	학생부종합(농·어촌학생전형)	0	5	2	0	210.94
	학생부종합(장애인학생전형)	0	2	6	2	159.18
	학생부종합(기회균형선발제전형)	0	3	5	0	187.97

– 총점 (1,000점)

구분	전형 명	1,000~600	599~500	499~400	399~300	299~0	평균점수
정원 내	학생부종합(배움나눔인재전형)	12	22	0	0	0	579.58
	학생부종합(지역인재전형)	12	34	29	0	0	529.77
	학생부종합(국가보훈대상자전형)	0	3	2	0	0	505.35
	학생부종합(다문화가족자녀전형)	3	2	0	0	0	599.99
정원 외	학생부종합(농·어촌학생전형)	0	6	1	0	0	543.63
	학생부종합(장애인학생전형)	1	1	4	2	2	419.30
	학생부종합(기회균형선발제전형)	0	6	2	0	0	530.86

vi. 2022 전형 결과

(1) 최종 등록자 현황

구분	전형 명	모집 인원	지원자			최종 등록자			경쟁률
			남	여	계	남	여	계	
정원내	배움나눔인재전형	90	295	941	1,236	15	17	32	13.7
	충북인재전형	60	44	139	183	7	53	60	3.1
	국가보훈대상자전형	7	22	33	55	2	5	7	7.9
	다문화가족자녀전형	5	10	24	34	0	2	2	6.8
정원외	농·어촌학생전형	7	18	41	59	2	2	4	8.4
	장애인학생전형	10	26	29	55	3	1	4	5.5
	기회균형선발제전형	8	33	52	85	2	2	4	10.6
계		187	448	1,259	1,707	31	82	113	9.1

※ 수시모집 미충원 인원(72명)은 정시모집으로 이월 모집함

(2) 전형별 교과등급 현황

구분	전형 명	교과등급(80% cut)	
		지원자	최종 등록자
정원내	배움나눔인재전형	2.42	2.00
	충북인재전형	3.01	2.42
	국가보훈대상자전형	2.42	3.23
	다문화가족자녀전형	4.92	–
정원외	농·어촌학생전형	4.20	–
	장애인학생전형	2.53	–
	기회균형선발제전형	4.91	–

※ 교과등급은 평가요소 중 하나이므로 참고용으로만 활용하기 바람

※ 교과등급을 산출 할 수 없는 63명 제외

※ 최종등록자가 5명 이하인 전형의 교과등급은 공개하지 않음

(3) 추가합격자 현황

구분	전형 명	최초 합격인원	1차 추가 합격인원	2차 추가 합격인원	3차 추가 합격인원	4차 추가 합격인원	4차 이후 합격인원
정원내	배움나눔인재전형	90	64	66	33	0	0
	충북인재전형	60	16	3	1	3	0
	국가보훈대상자전형	7	5	3	2	1	1
	다문화가족자녀전형	5	3	4	3	0	0
정원외	농·어촌학생전형	7	7	5	2	0	0
	장애인학생전형	10	8	7	1	0	0
	기회균형선발제전형	8	8	5	0	0	0
계		187	111	93	42	4	1

(4) 전형요소별 점수분포(최종 등록자 기준)

  – 서류평가 성적 (600점)

구분	전형 명	600~500	499~400	399~300	299~200	199~0	평균점수
정원내	배움나눔인재전형	0	8	24	0	0	381.58
	충북인재전형	0	8	47	5	0	348.84
	국가보훈대상자전형	0	0	7	0	0	347.60
	다문화가족자녀전형	–	–	–	–	–	386.07
정원외	농·어촌학생전형	–	–	–	–	–	351.27
	장애인학생전형	–	–	–	–	–	328.48
	기회균형선발제전형	–	–	–	–	–	363.76

※ 최종등록자가 5명 이하인 전형의 점수분포는 공개하지 않음

  – 면접고사 성적 (400점)

구분	전형명	400~300	299~200	199~100	99~0	평균점수
정원내	배움나눔인재전형	0	21	11	0	212.47
	충북인재전형	0	38	22	0	208.87
	국가보훈대상자전형	0	2	5	0	180.62
	다문화가족자녀전형	–	–	–	–	204.56
정원외	농·어촌학생전형	–	–	–	–	170.97
	장애인학생전형	–	–	–	–	184.97
	기회균형선발제전형	–	–	–	–	180.28

※ 최종등록자가 5명 이하인 전형의 점수분포는 공개하지 않음

  – 총점 (1,000점)

구분	전형 명	1,000~600	599~500	499~400	399~300	299~0	평균점수
정원내	배움나눔인재전형	16	15	1	0	0	594.05
	충북인재전형	10	47	3	0	0	557.71
	국가보훈대상자전형	0	5	2	0	0	528.22
	다문화가족자녀전형	–	–	–	–	–	590.63
정원외	농·어촌학생전형	–	–	–	–	–	522.24
	장애인학생전형	–	–	–	–	–	513.45
	기회균형선발제전형	–	–	–	–	–	544.04

※ 최종등록자가 5명 이하인 전형의 점수분포는 공개하지 않음

나. 정시모집 (나군)

ⅰ. 모집 전형

전형 유형	전형 명	모집 인원	전형 방법	수능 반영 비율(표준점수)				
				국어	수학	영어	탐구	
							사/과/직	
수능 위주	일반	90	수능 90.9, 면접 9.1	25	25	25	25	

– 수능 800점(최저 0점), 면접 200점(최저 120점)

지원 자격	
일반전형	고등학교 졸업(예정)자 또는 법령에 의해 이와 동등이상의 학력이 있다고 인정된 자로서 2025학년도 대학수학능력시험에 응시한 자.

※특별 전형 지원 자격은 모집요강을 참고바람.

ⅱ. 평가 방법

(1) 대학수학능력시험 성적 반영방법

수능성적 활용지표	수능영역별 반영비율(100%)				비고
	국어영역	수학영역	영어영역	탐구영역	
				사회/과학/직업	
표준점수	25	25	25	25	한국사는 응시 필수

– 영어 등급별 반영점수

구분	1등급	2등급	3등급	4등급	5등급	6등급	7등급	8등급	9등급
반영점수 (배점)	200	192	178	154	120	80	46	22	0

– 산출 방법

국어(표준점수)＋수학(표준점수)＋탐구(2과목 표준점수 합)＋영어(환산점수)

(2) 면접 평가

– 면접방법 : 개별면접
- 면접위원이 지원자를 상대로 인·적성 관련 개방형 질문을 함
- 복수의 면접위원이 종합평가함

– 면접시간 : 지원자 1인당 답변 10분 이내

– 평가영역 : 교사로서의 적성과 인성 등을 종합적으로 평가함

평가영역	평가기준
교직 인성 (40%)	– 교직에 적합한 인성을 갖추고 있는가?
교직 적성 (40%)	– 교직의 특성을 이해하고 적합한 소질이 있는가?
의사소통 능력 (20%)	– 자신의 생각을 명료하게 표현하며 소통할 수 있는가?

iii. 2024 정시모집 결과

(1) 최종등록자 현황

구분	전형 명	모집 인원	지원자				최종 등록자			
			남	여	계	경쟁률	남	여	계	경쟁률
정원 내	수능(일반전형)	147	163	338	501	3.4	46	103	149*	101.4
정원 외	수능(농·어촌학생전형)	4	10	3	13	3.3	3	1	4	100
	수능(장애인학생전형)	4	1	0	1	0.3	1	0	1	25
합계		155	174	341	515	3.3	50	104	154	99.4

※ 모집인원 155명은 **수시모집 미충원 이월인원(31명)**이 합산된 인원임

* 수시 미충원 인원(마감시간 이후등록포기 2명)을 정시 추가합격 인원에 포함하여 선발된 인원임

(2) 전형별 수능등급 현황

구분	전형명	지원자		최종 등록자	
		최저(80%)	평균	최저(80%)	평균
정원 내	수능(일반전형)	3.63	3.33	3.38	3.16
정원 외	수능(농·어촌학생전형)	4.38	4.09	–	–
	수능(장애인학생전형)	–	–	–	–

※ 수능등급은 4과목(국어, 수학, 영어, 탐구영역) 평균등급

※ 최종등록자가 5명 이하인 전형의 점수분포는 공개하지 않음

(3) 추가합격자 현황

구분	전형명	최초 합격인원	1차 추가 합격인원	2차 추가 합격인원	3차 추가 합격인원	3차 이후 합격인원	예비 번호
정원 내	수능(일반전형)	147	8	6	4	1	19
정원 외	수능(농·어촌학생전형)	4	0	0	0	0	0
	수능(장애인학생전형)	1	0	0	0	0	0
계		152	8	6	4	1	19

(4) 추가합격 통계

구분	전형명	2020학년도 예비번호	2021학년도 예비번호	2022학년도 예비번호	2023학년도 예비번호
정원내	수능(일반전형)	4	9	18	28
	수능(국가보훈대상자전형)	–	–	–	0
	수능(다문화가족자녀전형)	–	–	0	
정원외	수능(농·어촌학생전형)	–	1	2	
	수능(장애인학생전형)	0	–	1	–
	수능(기회균형선발제전형)	0	1	0	–
합계		4	11	21	28

(5) 전형요소별 점수분포 (최종 등록자 기준)
   – 대학수학능력시험 성적 (800점)

구분	전형 명	800~600	599~580	579~560	559~540	539~0	평균점수
정원 내	수능(일반전형)	0	0	2	60	87	537
정원 외	수능(농·어촌학생전형)	–	–	–	–	–	–
	수능(장애인학생전형)	–	–	–	–	–	–

※ 최종등록자가 5명 이하인 전형의 점수분포는 공개하지 않음

- 면접고사 성적(200점)

구분	전형 명	800~600	599~580	579~560	559~540	평균점수
정원 내	수능(일반전형)	0	103	46	0	162.74
정원 외	수능(농·어촌학생전형)	–	–	–	–	–
	수능(장애인학생전형)	–	–	–	–	–

※ 면접 기본점수: 120점
※ 최종등록자가 5명 이하인 전형의 점수분포는 공개하지 않음

- 총점 (1,000점)

구분	전형 명	1,000~750	749~740	739~730	729~720	719~0	평균점수
정원 내	수능(일반전형)	0	0	1	2	146	699.87
정원 외	수능(농·어촌학생전형)	–	–	–	–	–	–
	수능(장애인학생전형)	–	–	–	–	–	–

※ 최종등록자가 5명 이하인 전형의 점수분포는 공개하지 않음

iv. 2023 정시모집 결과

(1) 최종등록자 현황

구분	전형 명	모집 인원	지원자				최종 등록자			
			남	여	계	경쟁률	남	여	계	경쟁률
정원 내	수능(일반전형)	165	158	242	400	2.4	54	110	164	99.4
	수능(국가보훈대상자전형)	2	7	3	10	5.0	1	1	2	100
	합계	167	165	245	410	2.5	55	111	166	99.4

※ 모집인원 167명은 수시모집 미충원 이월인원(42명)이 합산된 인원임

(2) 전형별 수능등급 현황

구분	전형명	지원자		최종 등록자	
		최저(80%)	평균	최저(80%)	평균
정원내	수능(일반전형)	3.00	2.82	2.75	2.53
	수능(국가보훈대상자전형)	5.00	4.41	–	–

※ 수능등급은 4과목(국어, 수학, 영어, 탐구영역) 평균등급
※ 최종등록자가 5명 이하인 전형의 점수분포는 공개하지 않음

(3) 추가합격자 현황

구분	전형명	최초 합격인원	1차 추가 합격인원	2차 추가 합격인원	3차 추가 합격인원	3차 이후 합격인원	예비 번호
정원 내	수능(일반전형)	165	11	8	4	5	28
	수능(국가보훈대상자전형)	2	0	0	0	0	0
	합계	167	11	8	4	5	28

(4) 전형요소별 점수분포 (최종 등록자 기준)

– 대학수학능력시험 성적 (800점)

구분	전형 명	800~600	599~580	579~560	559~540	539~0	평균점수
정원 내	수능(일반전형)	0	1	125	38	0	563.58
	수능(국가보훈대상자전형)	–	–	–	–	–	540.10

※ 최종등록자가 5명 이하인 전형의 점수분포는 공개하지 않음

– 면접고사 성적(200점)

구분	전형 명	800~600	599~580	579~560	559~540	평균점수
정원 내	수능(일반전형)	0	132	32	0	164.02
	수능(국가보훈대상자전형)	–	–	–	–	161.18

※ 면접 기본점수: 120점
※ 최종등록자가 5명 이하인 전형의 점수분포는 공개하지 않음

– 총점 (1,000점)

구분	전형 명	1,000~750	749~740	739~730	729~720	719~0	평균점수
정원 내	수능(일반전형)	2	7	45	90	21	727.60
	수능(국가보훈대상자전형)	–	–	–	–	–	701.28

※ 최종등록자가 5명 이하인 전형의 점수분포는 공개하지 않음

ⅴ. 2022 정시모집 결과

(1) 최종등록자 현황

구분	전형 명	모집인원	지원자			최종 등록자			경쟁률
			남	여	계	남	여	계	
정원내	일반전형	181	199	280	479	71	112	183	2.6
	다문화가족자녀전형	3	2	1	3	2	1	3	1.0
정원외	농·어촌학생전형	3	4	4	8	2	1	3	2.7
	장애인학생전형	6	5	2	7	3	0	3	1.2
	기회균형선발제전형	4	5	2	7	2	2	4	1.8
합계		197	215	289	504	80	116	196	2.6

※ 모집인원 197명은 수시모집 미충원 이월인원(72명)이 합산된 인원임

(2) 추가합격자 현황

구분	전형명	최초합격인원	1차 추가합격인원	2차 추가합격인원	3차 추가합격인원	3차 이후합격인원
정원내	일반전형	181	15	1	1	1
	다문화가족자녀전형	3	0	0	0	0
정원외	농·어촌학생전형	3	1	1	0	0
	장애인학생전형	6	1	0	0	0
	기회균형선발제전형	4	0	0	0	0
합계		197	17	2	1	1

(3) 전형요소별 합격자 점수분포(최종)

– 대학수학능력시험 성적 (800점)

구분	전형명	800~600	599~580	579~560	559~540	539~0	평균점수
정원내	일반전형	0	6	144	33	0	565.64
	다문화가족자녀전형	–	–	–	–	–	424.58
정원외	농·어촌학생전형	–	–	–	–	–	549.05
	장애인학생전형	–	–	–	–	–	438.72
	기회균형선발제전형	–	–	–	–	–	513.25

※ 대학수학능력시험 반영점수 산출 방법

① 국어, 수학: 수능 표준점수

② 영어 : 등급별 환산점수

③ 사회, 과학 : 2과목 수능 표준점수의 합

※ 최종등록자가 5명 이하인 전형의 점수분포는 공개하지 않음

– 면접고사 성적 (200점)

구분	전형명	200~180	179~160	159~140	139~120	평균점수
정원내	일반전형	0	129	54	0	163.57
	다문화가족자녀전형	–	–	–	–	150.59
정원외	농·어촌학생전형	–	–	–	–	163.10
	장애인학생전형	–	–	–	–	156.43
	기회균형선발제전형	–	–	–	–	163.99

※ 면접 기본점수 : 120점

※ 최종등록자가 5명 이하인 전형의 점수분포는 공개하지 않음

– 총점 (1,000점)

구분	전형명	1,000~750	749~740	739~730	729~720	719~0	평균점수
정원내	일반전형	2	11	56	114	0	729.20
	다문화가족자녀전형	–	–	–	–	–	575.17
정원외	농·어촌학생전형	–	–	–	–	–	712.15
	장애인학생전형	–	–	–	–	–	595.14
	기회균형선발제전형	–	–	–	–	–	677.24

※ 최종등록자가 5명 이하인 전형의 점수분포는 공개하지 않음

X 춘천교육대학교

춘천교육대학교 입학처 ☎ 033) 260-6803~5

가. 수시모집

ⅰ. 모집 전형

전형 유형	전형 명	모집 인원	전형 방법	수능 최저	제출서류		추천서 (명단)	면접
					학생부			
					교과	비교과		
학생부 종합	교직 적·인성인재	101	서류 100	O	O	O	X	X
	강원교육인재	60		O	O	O	X	X
	국가보훈대상자	4		O	O	O	X	X
	다문화가정의자녀	2		O	O	O	X	X
	농·어촌학생	12		O	O	O	X	X
	기초생활수급자 및 차상위계층	5		O	O	O	X	X
	특수교육대상자	5		O	O	O	X	X
수능 최저 학력 등급								
– 교직적·인성인재 : 국어, 수학, 영어, 탐구(사탐/과탐) 4개 영역의 합 12 이내, 한국사 4이내 – 그 외 전형 : 국어, 수학, 영어, 탐구(사탐/과탐) 4개 영역의 합 14 이내, 한국사 4이내 – 특수교육대상자 : 국어, 수학, 영어, 탐구(사탐/과탐) 4개 영역의 합 16 이내, 한국사 4이내								
지원 자격								
교직 적·인성인재	고등학교 졸업(예정)자 또는 법령에 의하여 이와 동등 이상의 학력이 있다고 인정되는 자							
※ 특별 전형 지원 자격은 chapter Ⅱ 혹은 모집요강을 참고바람.								

ⅱ. 평가 방법

(1) 서류평가

– 평가 방법 :

다수의 입학사정관이 지원자 1인에 대하여 평가자료를 바탕으로 학업역량, 공동체역량,

진로역량을 정성·종합 평가함.

– 평가 자료 : 고등학교 학교생활기록부

- 반영 범위

국내 고교 졸업(예정)자	1학년 1학기부터 졸업예정자의 경우 3학년 1학기까지, 졸업자의 경우 3학년 2학기까지의 교과 및 비교과를 범위로 함
검정고시자, 해외고교 졸업(예정)자	자기활동기록부)학교생활기록부 대체 서식) (비인가학교 학생부 제출자의 경우 그 학생부의 교과 및 비교과)
해외고교 일부 이수 국내고교 졸업(예정)자	해외 및 국내 고교 학교생활기록부의 교과 및 비교과

	교과영역	비교과 영역
국내 고교 졸업(예정)자	− 교과학습발달상황 − 세부능력 및 특기사항	− 출결상황 − 창의적체험활동상황 − 행동특성 및 종합의견 − 학적사항 − 교과 영역을 제외한 학생부 전체
검정고시자	− 검정고시 성적 (비인가 학교 학생부 제출자의 경우 그 학생부로 대체함)	− 자기활동기록부 (학교생활 기록부 대체 서식) − 비인가학교 학생부 제출자 (그 학생부로 대체함)
해외고교 졸업(예정)자 해외고교 일부 이수 국내고교 졸업(예정)자	− 해외 고교 성적증명서 − 국내 고교 학생부 (교과학습발달 상황, 세부능력 및 특기사항)	− 자기활동기록부 내용 − 해외고교 학생부 비교과영역 − 국내고교 학생부 비교과 영역

- 평가영역별 등급 및 배점

평가영역		배점								
		A+	A	A−	B+	B	B−	C+	C	C−
학업역량	38	38	36.1	34.2	32.3	30.4	28.5	26.6	24.7	22.8
공동체역량	34	34	32.3	30.6	28.9	27.2	25.5	23.8	22.1	20.4
진로역량	28	28	26.6	25.2	23.8	22.4	21	19.6	18.2	16.8
합계		100	95	90	85	80	75	70	65	60

※ 서류평가 성적산출 결과 취득 점수가 70점 이하인 경우 과락으로 판정하며, 선발인원이 미달하더라도 불합격으로 처리함

ⅲ. 전형 일정

원서접수	2024. 9. 9 (월) 9:00 ∼ 9. 13 (금) 17:00
서류제출	2024. 9. 9 (월) 9:00 ∼ 9. 20 (금) 18:00 도착분에 한함
최초합격자 발표	2024. 12. 13 (금) 14:00

ⅳ. 2024 전형 결과

(1) 지원인원 현황

전형 명	모집인원	지원인원			경쟁률
		남	여	계	
교직적·인성인재	96	273	510	783	8.16
강원교육인재	70	70	138	208	2.97
국가보훈대상자	4	3	10	13	3.25
다문화가정의 자녀	2	2	9	11	5.50
농·어촌학생	8	16	45	61	7.63
기초생활수급자 및 차상위계층	9	13	21	34	3.78
특수교육대상자	5	3	6	9	1.80
계	194	380	739	1,119	5.77

(2) 서류평가 점수

전형 명	최초 합격			최종 등록		
	최고	평균	최저	최고	평균	최저
교직적·인성인재	100	95.13	91.93	98.06	87.19	71.22
강원교육인재	99.57	93.56	83.52	97.00	90.75	83.52
국가보훈대상자	99.41	94.84	90.27	–	–	–
다문화가정의 자녀	93.64	93.64	93.64	–	–	–
농·어촌학생	98.24	95.01	91.17	88.24	85.35	80.58
기초생활수급자 및 차상위계층	96.93	90.36	80.37	80.42	80.39	80.37
특수교육대상자	90.31	84.30	79.42	–	–	–

※ 면접고사 폐지로 1단계 없습니다.(서류평가 → 수능최저 충족 → 최초합 → 최종등록)

(3) 교과내신 점수

전형 명	원서접수단계			최초합격단계			최종등록단계		
	최고	평균	최저	최고	평균	최저	최고	평균	최저
교직적·인성인재	1.33	3.18	7.50	1.33	2.11	2.90	1.80	3.27	5.72
강원교육인재	1.27	3.20	8.12	1.27	2.17	3.73	1.78	2.50	3.73
국가보훈대상자	1.70	4.61	7.97	1.70	2.56	3.42	–	–	–
다문화가정의 자녀	2.63	4.08	6.30	2.63	2.63	2.63	–	–	–
농·어촌학생	1.48	2.65	6.89	1.50	1.78	2.29	2.55	2.98	3.45
기초생활수급자 및 차상위계층	1.97	4.01	8.11	1.97	3.60	7.09	7.09	7.09	7.09
특수교육대상자	2.73	3.52	5.32	2.90	3.54	4.64	–	–	–

※ 수시 전형은 학생부 종합전형으로 정성평가입니다. 내신등급을 정량적 평가로 사용하지 않습니다. 참고용으로만 활용하십시오. 내신성적은 많은 판단 기준의 하나일 뿐입니다.

(4) 수능 등급

전형 명	최초 합격			최종 등록		
	최고	평균	최저	최고	평균	최저
교직적·인성인재	1.63	2.68	3.00	1.88	2.73	3.00
강원교육인재	1.75	2.64	3.00	2.13	2.76	3.00
국가보훈대상자	2.88	3.13	3.38	–	–	–
다문화가정의 자녀	2.75	2.75	2.75	–	–	–
농·어촌학생	2.63	3.11	3.50	2.50	3.21	3.50
기초생활수급자 및 차상위계층	2.75	3.27	3.50	3.38	3.44	3.50
특수교육대상자	3.50	3.69	3.75	–	–	–

(5) 등록통계

전형 명	모집 인원	지원 인원	등록 인원	등록률 (%)	최종 전형석차	추가 합격자 수	이월
교직적·인성인재	96	783	56	58.3	190	94	40
강원교육인재	70	208	12	17.1	29		58
국가보훈대상자	4	13	–	–	2	–	4
다문화가정의 자녀	2	11	–	–	1	–	2
농·어촌학생	8	61	6	75.0	21	13	2
기초생활수급자 및 차상위계층	9	34	2	22.2	7	–	7
특수교육대상자	5	9	–	–	4	–	5
계	194	1,119	76	39.2			

v. 2023 전형 결과

(1) 지원인원 현황

전형 명	모집인원	지원인원			경쟁률
		남	여	계	
교직적·인성인재	96	252	783	1,035	10.78
강원교육인재	70	96	156	252	3.60
국가보훈대상자	4	5	16	21	5.25
다문화가정의 자녀	2	3	6	9	4.50
농·어촌학생	8	19	36	55	6.88
기초생활수급자 및 차상위계층	9	9	25	34	3.78
특수교육대상자	5	5	5	10	2.00
계	194	389	1,027	1,416	7.30

(2) 서류평가 점수

전형 명	최초 합격			최종 등록		
	최고	평균	최저	최고	평균	최저
교직적·인성인재	98.53	95.03	93.03	96.23	90.50	87.73
강원교육인재	97.33	91.34	82.70	96.38	90.29	82.70
국가보훈대상자	–	–	–	–	–	–
다문화가정의 자녀	89.09	88.96	88.83	89.09	88.96	88.83
농·어촌학생	95.21	93.15	90.52	94.19	91.07	88.21
기초생활수급자 및 차상위계층	95.15	88.63	73.67	73.67	73.67	73.67
특수교육대상자	89.12	84.52	77.16	77.16	77.16	77.16

※ 면접고사 폐지로 1단계 없습니다.(서류평가 → 수능최저 충족 → 최초합 → 최종등록)

(3) 교과내신 점수

전형 명	원서접수단계			최초합격단계			최종등록단계		
	최고	평균	최저	최고	평균	최저	최고	평균	최저
교직적·인성인재	1.14	2.56	7.14	1.20	1.75	2.60	1.59	2.29	3.51
강원교육인재	1.14	2.96	6.79	1.35	2.27	4.81	1.44	2.46	4.81
국가보훈대상자	2.17	4.52	7.97	–	–	–	–	–	–
다문화가정의 자녀	1.92	4.10	6.75	2.81	3.83	4.84	2.81	3.83	4.84
농·어촌학생	1.57	2.98	6.04	1.98	2.22	2.50	1.98	2.38	2.73
기초생활수급자 및 차상위계층	1.70	3.73	7.42	2.02	3.42	7.22	7.22	7.22	7.22
특수교육대상자	2.10	4.40	5.93	2.10	3.64	4.90	4.90	4.90	4.90

※ 수시 전형은 학생부 종합전형으로 정성평가입니다. 내신등급을 정량적 평가로 사용하지 않습니다. 참고용으로만 활용하십시오. 내신성적은 많은 판단 기준의 하나일 뿐입니다.

(4) 수능 등급

전형 명	최초 합격			최종 등록		
	최고	평균	최저	최고	평균	최저
교직적·인성인재	1.50	2.59	3.00	1.63	2.65	3.00
강원교육인재	1.75	2.66	3.00	1.75	2.72	3.00
국가보훈대상자	–	–	–	–	–	–
다문화가정의 자녀	1.75	2.38	3.00	1.75	2.38	3.00
농·어촌학생	2.50	2.61	2.88	2.38	2.63	2.88
기초생활수급자 및 차상위계층	2.13	2.35	2.75	2.13	2.13	2.13
특수교육대상자	3.25	3.34	3.38	3.38	3.38	3.38

(5) 등록통계

전형 명	모집인원	지원인원	등록인원	등록률(%)	최종전형석차	추가합격자 수	이월
교직적·인성인재	96	1,035	95	99.0	281	185	1
강원교육인재	70	252	40	57.1	63	–	29
국가보훈대상자	4	21	0	0.0	–	–	4
다문화가정의 자녀	2	9	2	100.0	2	–	0
농·어촌학생	8	55	8	100.0	12	4	0
기초생활수급자 및 차상위계층	9	34	1	11.1	4	–	8
특수교육대상자	5	10	1	20.0	3	–	4
계	194	1,416	147	75.8			

※ 강원교육인재 1명은 등록기간 종료 후 포기

vi. 2022 전형 결과

(1) 지원인원 현황

전형 명	모집인원	지원인원			경쟁률
		남	여	계	
교직적·인성인재	· 96	225	754	979	10.20:1
강원교육인재	72	119	174	293	4.07:1
국가보훈대상자	4	88	20	28	7.00:1
다문화가정의 자녀	2	5	6	11	5.50:1
농·어촌학생	8	21	33	54	6.75:1
기초생활수급자 및 차상위계층	9	24	23	47	5.22:1
특수교육대상자	5	11	9	20	4.00:1
계	196	413	1,019	1,432	7.31:1

(2) 서류평가 점수

전형 명	최초 합격			최종 등록		
	최고	평균	최저	최고	평균	최저
교직적·인성인재	98.34	95.00	92.57	96.72	88.70	85.40
강원교육인재	99.90	90.75	84.78	97.39	86.84	77.32
국가보훈대상자	89.02	88.66	88.29	88.29	88.29	88.29
다문화가정의 자녀	89.51	89.51	89.51	89.51	89.51	89.51
농·어촌학생	97.73	92.28	88.45	95.34	85.46	75.67
기초생활수급자 및 차상위계층	95.53	90.53	82.65	92.12	87.82	82.65
특수교육대상자	92.27	90.70	87.71	—	—	—

※ 면접고사 폐지로 1단계 없음.(서류평가 → 수능최저 충족 → 최초합 → 최종등록)

(3) 교과내신 점수

전형 명	원서접수단계			최초합격단계			최종등록단계		
	최고	평균	최저	최고	평균	최저	최고	평균	최저
교직적·인성인재	1	2.53	7.3	1	1.54	2.39	1.45	2.22	4.4
강원교육인재	1.2	2.75	6.96	1.2	2.07	4.92	2.3	2.53	4.92
국가보훈대상자	1.22	4.44	7.97	2.6	2.7	2.8	2.6	2.6	2.6
다문화가정의 자녀	1.93	3.97	7.43	2.28	2.28	2.28	2.28	2.28	2.28
농·어촌학생	1.3	2.8	5.64	1.3	1.72	2.02	1.63	2.59	4.32
기초생활수급자 및 차상위계층	1.6	3.29	6.6	1.6	2.37	3.75	2.26	2.8	3.75
특수교육대상자	1.32	3.07	6.3	1.72	2.11	3.13	—	—	—

※ 학생부 종합전형은 지성, 품성, 잠재력을 측정함(내신등급은 참고용으로만 활용하십시오.)

(4) 수능 등급

전형 명	최초 합격			최종 등록		
	최고	평균	최저	최고	평균	최저
교직적·인성인재	1.50	2.53	3.00	1.88	2.62	3.00
강원교육인재	1.63	2.67	3.00	2.13	2.75	3.00
국가보훈대상자	2.75	2.75	2.75	2.75	2.75	2.75
다문화가정의 자녀	2.38	2.38	2.38	2.38	2.38	2.38
농·어촌학생	2.00	2.44	3.00	2.00	2.53	3.00
기초생활수급자 및 차상위계층	2.25	2.70	3.00	2.25	2.63	3.00
특수교육대상자	3.25	3.43	3.63	–	–	–

(5) 등록통계

전형 명	모집 인원	지원 인원	등록 인원	등록률 (%)	최종 전형석차	추가 합격자 수	이월
교직적·인성인재	96	979	96	100	285	189	0
강원교육인재	72	293	66	91.67	98	26	6
국가보훈대상자	4	28	1	25	2	–	3
다문화가정의 자녀	2	11	1	50	1	–	1
농·어촌학생	8	54	8	100	13	5	0
기초생활수급자 및 차상위계층	9	47	4	44.44	9	–	5
특수교육대상자	5	20	0	0	9	4	×
계	196	1,432	176	89.80			

※ 특수교육대상자 미충원 인원은 정시로 이월하지 않음

나. 정시모집 (나군)

ⅰ. 모집 전형

전형 유형	전형 명	모집 인원	전형 방법	수능 반영 비율 (표준점수)			
				국어	수학	영어	탐구 사/과
수능 위주	일반학생	116	수능 100	28.6	28.6	14.2	28.6
	강원교육 인재	수시 이월 이원					
최저학력기준							
국어, 수학, 영어, 탐구 4개 영역 등급 합 16등급 이내 (탐구 2과목 평균)							
지원 자격							
일반학생	고등학교 졸업(예정)자 또는 법령에 의하여 이와 동등 이상의 학력이 있다고 인정된 자로써 2025학년도 대학수학능력시험에 응시한 자						
※특별 전형 지원 자격은 chapterⅡ 혹은 모집요강을 참고바람.							

ⅱ. 평가 방법

(1) 대학수학능력시험 성적 반영방법

− 영어 영역 환산점수

등급	1	2	3	4	5	6	7	8	9
환산점수	100	95	88	76	59	39	22	10	0

− 한국사 가산점

등급	1등급	2등급	3등급	4등급	5등급	6등급	7등급	8등급	9등급
점수	10	9.8	9.6	9.4	0	0	0	0	0

− 산출 방법

> 국어(표준점수)＋수학(표준점수)＋영어(환산점수)＋탐구(2과목 표준점수의 합)＋한국사(가산점)

※ 700점을 초과할 경우 700점으로 함

iii. 2024 정시모집 결과

(1) 지원인원 현황

전형 명	모집인원			지원인원			경쟁률
	당초	이월	계	남	여	계	
일반학생	130	46	176	247	396	643	3.65 : 1
강원교육인재	20	58	78	90	82	172	2.21 : 1
농·어촌학생	0	2	2	2	4	6	3.00 : 1
기초생활수급자 및 차상위계층	0	7	7	14	7	21	3.00 : 1
특수교육대상자	0	5	5	–	–	–	–
계	150	118	268	353	489	842	3.14 : 1

(2) 정시 수능 점수 및 등급

전형 명	구분	최초 합격			최종 등록		
		최고	평균	최저	최고	평균	최저
일반학생	표준	507.00	463.62	457.80	475.00	460.56	452.00
	등급	1.63	2.80	3.13	2.38	2.87	3.38
강원교육인재	표준	478.00	451.06	435.80	467.00	444.14	426.00
	등급	2.38	3.14	3.75	2.63	3.31	3.88
농·어촌학생	표준	450.00	449.20	448.40	450.00	423.70	397.40
	등급	3.13	3.19	3.25	3.25	3.82	4.38
기초생활수급자 및 차상위계층	표준	435.60	405.97	389.00	435.60	403.40	382.40
	등급	3.75	4.31	4.63	3.75	4.34	4.75

※ 표준점수 산출방법 : 입학홈페이지 모집요강 참고

※ 등급산출 : 수능 국, 수, 영, 탐(2)의 평균등급

iv. 2023 정시모집 결과

(1) 지원인원 현황

전형 명	모집인원			지원인원			경쟁률
	당초	이월	계	남	여	계	
일반학생	129	5	134	116	187	303	2.26:1
강원교육인재	20	29	49	35	52	87	1.78:1
기초생활수급자 및 차상위계층	0	8	8	13	10	23	2.88:1
특수교육대상자	0	4	4	1	1	2	0.50:1
계	149	46	195	165	250	415	2.13:1

(2) 정시 수능 점수 및 등급

전형 명	구분	최초 합격			최종 등록		
		최고	평균	최저	최고	평균	최저
일반학생	표준	492.82	476.76	461.00	492.82	466.15	440.80
	등급	1.75	2.41	3.25	1.75	2.76	3.75
강원교육인재	표준	490.00	469.73	455.27	487.81	464.05	447.00
	등급	1.75	2.61	3.25	2	2.8	3.38
기초생활수급자 및 차상위계층	표준	479.00	464.48	455.00	471.80	461.33	453.80
	등급	2.38	2.93	3.25	2.75	3.03	3.25
특수교육대상자	표준	463.00	463.00	463.00	463.00	463.00	463.00
	등급	2.88	2.88	2.88	2.88	2.88	2.88

※ 표준점수 산출방법 : 입학홈페이지 모집요강 참고

※ 등급산출 : 수능 국, 수, 영, 탐(2)의 평균등급

ⅴ. 2022 정시모집 결과

(1) 지원인원 현황

전형 명	모집인원			지원인원			경쟁률
	당초	이월	계	남	여	계	
일반학생	109	4	113	138	144	282	2.50:1
강원교육인재	38	6	44	52	44	96	2.18:1
기초생활수급자 및 차상위계층	0	5	5	8	5	13	2.60:1
계	147	15	162	198	193	391	2.41:1

(2) 정시 수능 점수 및 등급

전형 명	구분	최초 합격			최종 등록		
		최고	평균	최저	최고	평균	최저
일반학생	표준	500.87	486.75	482.69	500.87	485.57	479
	등급	1.75	2.17	2.63	1.75	2.19	2.63
강원교육인재	표준	496.63	475.98	464	496.63	474.03	462.51
	등급	1.88	2.47	3.25	1.88	2.52	3.25
기초생활수급자 및 차상위계층	표준	485.6	452.85	428	485.6	452.85	428
	등급	1.88	2.47	3.25	1.88	2.52	3.25

※ 등급산출 : 수능 국, 수, 영, 탐(2)의 평균등급

제주대학교 입학처 ☎ 064) 754-3990~1

가. 수시모집

ⅰ. 모집 전형

전형 유형	전형 명	모집 인원	전형 방법	수능 최저	제출서류		추천서 (명단)	면접
					학생부			
					교과	비교과		
학생부 교과	일반학생 [교과]	30	학생부 교과 100	O	O	X	X	X
	지역인재	28		O	O	X	X	X
학생부 종합	일반학생 [종합]	9	[1단계] 서류평가 100 (3배수) [2단계] 서류평가 70 면접평가 30	X	O	O	X	O
	농·어촌	2	서류평가 100	X	O	O	X	X
	특수교육대상자	2		X	O	O	X	X

2단계 반영점수(학생부 종합 일반학생 전형)
서류평가(기본점수 280점 + 실질반영점수 420점), 면접평가(기본점수 120점 + 실질반영점수 180점)

수능 최저 학력 기준(학생부 교과)
국어, 수학, 영어, 탐구 4개 합 8등급 이내 (탐구 2과목 평균 반영 소수점 이하 절사)

지원 자격	
일반학생 [교과]	고등학교 졸업(예정)자 또는 법령에 의한 이와 동등 이상의 학력이 있다고 인정되는 자 ※『학생부 성적 반영방법』에 따라 학생부 성적 산출이 불가능한 자는 지원할 수 없음
일반학생 [종합]	고등학교 졸업(예정)자 또는 법령에 의한 이와 동등 이상의 학력이 있다고 인정되는 자

※특별 전형 지원 자격은 chapter Ⅱ 혹은 모집요강을 참고바람.

성비(학생부 교과)
남·여 비율은 어느 한 성이 모집인원의 70%를 초과하지 못함 (단, 어느 한 성이 30%에 미달되는 경우 그 미달되는 인원은 다른 성에서 선발함) ※예비후보자는 남·여 비율을 적용하지 않고 선발함

ⅱ. 평가 방법

(1) 서류평가

- 학생부교과 성적 반영교과(목) 및 반영방법

• 2022년 2월 이후 졸업(예정)자

구분	반영과목	활용지표
공통교과과목	기초·탐구 교과영역 전 과목	석차등급, 이수단위
일반선택과목	기초·탐구 교과영역 전 과목	석차등급, 이수단위
진로선택과목	진로선택 3과목	성취도(A, B, C)

구분	교과별 반영비율		
	공통교과	일반선택	진로선택
전 과목이 있을 경우	30%	70%	
공통교과 과목이 없을 때	–	70%	30%
일반선택 과목이 없을 때	70%	–	30%
진로선택 과목이 없을 때	40%	60%	–
1개 교과 성적만 있을 경우	100%		

※ 국내고교 학생부 성적이 최소 2개 학기 이상 있어야 함

- 반영방법 : 교과목별 석차등급(성취도) 환산 점수표에 따라 과목별 석차등급(성취도)을 점수화하여 반영함

교과(군)	1등급(A)	2등급(B)	3등급(C)	4등급	5등급	6등급	7등급	8등급	9등급
공통, 일반선택	1,000	980	960	940	920	900	880	860	840
진로선택	1,000	970	940	–	–	–	–	–	–

➡ 교과성적 산출 : $\dfrac{\Sigma(과목별\ 환산점수 \times 과목별\ 단위수)}{\Sigma 교과목별\ 단위\ 수} \times 교과별\ 반영비율$

• 2021년 2월 이전 졸업자

이수학년	반영과목	활용지표
1학년	국어, 수학, 영어, 사회(역사/도덕), 과학	석차등급
2·3학년	국어, 수학, 영어, 사회(역사/도덕)	석차등급

반영 교과(목)	학년별 반영비율		
	1학년	2학년	3학년
전 학년 성적이 있는 경우	30%	70%	
1학년 성적이 없을 때	–	100%	
2학년 성적이 없을 때	40%	–	60%
3학년 성적이 없을 때	40%	60%	–
1개 학년 성적만 있는 경우	100%		

※ 국내고교 학생부 성적이 최소 2개 학기 이상 있어야 함

학생부 교과성적 기재방식에 따라 석차백분율(%)로 석차등급(9등급제)와 같이 변환하여 점수부여

석차백분율=(석차/재적수)×100

– 반영방법 : 아래 교과목별 등급(석차백분율) 환산 점수표에 따라 과목별 석차등급(석차로 기재 시 석차 백불율)을 점수화하여 반영함

석차등급	1등급	2등급	3등급	4등급	5등급	6등급	7등급	8등급	9등급
석차배분율 (%, 이상~미만)	0~4	4~11	11~23	23~40	40~60	60~77	77~89	89~96	96~100
환산점수	1,000	980	960	940	920	900	880	860	840

➡ 학년별 교과성적 산출 : $\dfrac{\Sigma(\text{과목별 환산점수} \times \text{과목별 단위수})}{\Sigma\text{교과목별 단위 수}} \times$ 학년별 반영비율

– 1998년 2월 이전 고교 졸업자 학생부 성적 산출방법

• 학년별 종합석차(계열석차) 백분율에 해당하는 점수에 학년별 반영비율을 곱하여 반영점수 산출

• 학교생활기록부에 학년별 종합석차가 기재되어 있지 않을 경우 아래와 같이 종합석차백분율 산출

석차백분율=(석차/재적수)×100

– 학생부 종합 전형 서류평가 방법

- 지원자의 평가자료를 바탕으로 전공적합성, 자기주도성, 인성·공동체기여도에 대하여 종합적으로 독립평가

(2) **면접 평가**

– 평가대상 : 서류평가 1단계 합격자

– 평가방법 :

- 다수의 면접위원이 지원자 1인당 15분 내외로 개별면접 실시
- 학교생활기록부를 바탕으로 1단계 평가 자료 확인 질문에 대한 답변 등을 평가영역별 평가기준에 따라 종합평가
- 전공적합성·학업역량·인성 등과 관련된 질문을 통해 역량 심층 파악

– 평가영역별 평가요소 및 평가내용 : 서류평가와 동일

(3) 학생부종합전형 평가영역별 평가 요소 및 평가 내용

평가 영역		평가요소	평가 내용	배점(비율)	
				서류	면접
전공적합성	태도	전공 관심도	– 희망 전공에 대한 선택 동기가 명확하고 지속적인 전공 탐색 노력을 하였는가? – 희망 전공에 대한 지속적인 관심을 가져왔으며, 학업을 수행할 열정을 가지고 있는가?	100 (10%)	90 (30%)
	내용	기초지식 및 학업역량	– 희망 전공 관련 교과의 학습경험과 학업성취도가 대학에서 학업을 수행할 수 있는 역량을 보여주는가?	300 (30%)	
		전공 관련 활동	– 희망 전공과 관련된 활동에 꾸준히 참여하였는가?		
자기주도성	태도	목표지향과 도전정신	– 자신의 목표를 이루기 위해 많은 시간과 노력을 기울였는가? – 자기주도학습 능력을 갖추었으며 학교생활에 자발적으로 참여하였는가?	150 (15%)	90 (30%)
		문제해결능력	– 직면한 문제에 대한 창의적인 해결능력을 갖추고 있는가? – 역경을 극복한 경험이 있으며 그를 통해 극복 의지가 드러나는가?	150 (15%)	90 (30%)
	내용	성실성	– 학교에서 성실하고 책임감 있게 생활하였는가? – 전체 교과의 학업성취도가 고르게 나타나며, 적극적으로 교내 활동에 참여하였는가?	150 (15%)	
		리더십	– 학급이나 조직의 목표를 달성하기 위해 구성원들을 이끄는 역량을 갖추고 있는가?		
인성·공동체 기여도	태도	인성	– 도덕성과 품성을 갖추어 모범적인 학교생활을 하였는가? – 자신이 맡은 일에 책임감과 끈기를 가지고 충실히 수행하였는가?	150 (15%)	120 (40%)
	내용	공동체 기여	– 공동체의 목표를 달성하거나 문제를 해결하기 위해 공동체 구성원에게 자발적인 헌신과 배려를 실천하였는가? – 공동체 구성원들과 협력과 소통을 위해 노력하여 공동체 발전에 기여하였는가?	150 (15%)	

iii. 전형 일정

원서접수	2024. 9. 9 (월) 09:00 ～ 9. 13 (금) 18:00
제출서류 (대상자에 한함)	2024. 9. 9 (월) 09:00 ～ 9. 24 (화) 18:00 (제출 마감일 18:00까지 도착분에 한함)
1단계 합격자 발표	2024. 11. 8 (금) 10:00
면접시험	2024. 11. 29 (금)
최초합격자 발표	2024. 12. 13 (금) 10:00

iv. 2024 전형 결과

(1) 선발인원 현황

전형	모집인원	지원인원	경쟁률	예비후보 끝순위	등록인원
[교과] 일반학생	31	214	6.9	34	18
[교과] 지역인재	31	86	2.8	11	29
[종합] 일반학생	11	122	11.1	9	9
[종합] 농·어촌학생	2	20	10	4	2
[종합] 특수교육대상자	2	6	3	0	0

(2) 성적 현황

전형명	구분	전체 학생부 성적	서류(전형점수)	면접(전형점수)	전체총점
[교과] 일반학생	평균	2.93	–	–	968.9
	50%	2.32	–	–	976.1
	70%	2.63	–	–	970.6
[교과] 지역인재	평균	3.03	–	–	963.1
	50%	3.03	–	–	964.8
	70%	3.13	–	–	960.7
[종합] 일반학생	평균	2.53	869.7	247.9	856.7
	50%	2.61	850	276.0	871.0
	70%	2.69	867.5	249.1	856.3
[종합] 농·어촌학생	평균	2.46	–	–	876.3
	50%	2.75	–	–	877.5
	70%	2.75	–	–	877.5

ⅴ. 2023 전형 결과

(1) 선발인원 현황

전형	모집인원	지원인원	경쟁률	예비후보 끝순위	등록인원
[교과] 일반학생	31	439	14.16	66	30
[교과] 지역인재	31	115	3.71	11	30
[종합] 일반학생	11	129	11.73	8	9
[종합] 농·어촌학생	2	23	11.5	3	2

(2) 성적 현황

전형 명	구분	전체교과	기타	주요교과						서류평가	면접평가	전형총점
				평균	국어	수학	영어	사회	과학			
[교과] 일반학생	평균	2.12	2.29	2.09	1.97	2.27	2.14	2.03	2.31	–	–	980.53
	50%	2.10	2.33	2.07	2.00	2.00	2.22	1.85	2.24	–	–	980.00
	70%	2.33	2.59	2.25	2.20	2.63	2.61	2.15	2.59	–	–	977.58
[교과] 지역인재	평균	2.60	2.88	2.55	2.38	2.79	2.52	2.32	3.06	–	–	972.14
	50%	2.65	2.88	2.60	2.42	2.76	2.54	2.15	3.28	–	–	971.40
	70%	2.86	3.28	2.82	2.84	3.30	3.00	2.53	3.52	–	–	967.77
[종합] 일반학생	평균	2.40	2.54	2.39	2.14	2.72	2.17	2.52	2.35	918.33	273.17	916.02
	50%	2.45	2.67	2.43	2.23	2.60	2.17	2.40	2.25	912.50	276.00	920.30
	70%	2.47	2.68	2.45	2.38	2.77	2.45	2.71	2.60	910.00	266.40	909.40
[종합] 농·어촌학생	평균	1.92	2.11	1.88	1.70	1.69	3.18	1.27	1.72	908.75	–	908.75
	50%	1.92	2.11	1.88	1.70	1.69	3.18	1.27	1.72	908.75	–	908.75
	70%	–	–	–	–	–	–	–	–	–	–	–

ⅵ. 2022 전형 결과

(1) 선발인원 현황

전형	모집인원	지원인원	경쟁률	예비후보 끝순위	등록인원
[교과] 일반학생1	31	643	20.74	60	30
[교과] 지역인재	31	156	5.03	18	29
[종합] 일반학생2	10	153	15.3	8	7
[종합] 농·어촌학생	2	11	5.5	5	2
[종합] 특수교육대상자	2	15	7.5	9	2

(2) 성적 현황

전형 명	구분	전체교과	기타	주요교과						서류평가	면접평가	전형총점
				평균	국어	수학	영어	사회	과학			
[교과] 일반 학생1	평균	2.21	2.75	2.13	1.94	2.5	1.95	2.16	2.18	–	–	987.64
	50%	2.27	2.67	2.18	2	2.34	1.88	2.13	2.21		–	987.2
	70%	2.41	2.86	2.38	2.23	2.9	2.05	2.33	2.5		–	985.47
[교과] 지역인재	평균	2.33	2.64	2.3	2.28	2.43	2.34	2.13	2.66	–	–	985.6
	50%	2.32	2.67	2.32	2.38	2.52	2.25	2	2.58		–	984.9
	70%	2.5	3	2.48	2.65	2.83	2.57	2.55	3	–	–	983.08
[종합] 일반 학생2	평균	2.11	1.84	2.15	2.32	2.34	2	1.96	2.26	865.71	259.29	865.31
	50%	2.06	1.94	2.12	2.32	2.37	1.76	1.83	2.29	862.5	261	864.8
	70%	2.19	2.04	2.26	2.38	2.61	2.37	2.37	2.42	861	256.8	856.34
[종합] 농·어촌 학생	평균	3.41	3	3.46	3.4	3.58	3.59	3.23	3.64	753.75	–	753.75
	50%	3.41	3	3.46	3.4	3.58	3.59	3.23	3.64	753.75	–	753.75
	70%	–	–	–	–	–	–	–	–	–	–	–
[종합] 특수교육 대상자	평균	5.59	4.8	5.67	6.2	5.05	5.35	5.74	6.5	653.75	–	653.75
	50%	5.59	4.8	5.67	6.2	5.05	5.35	5.74	6.5	653.75	–	653.75
	70%	–	–	–	–	–	–	–	–	–	–	–

나. 정시모집 (나군)

ⅰ. 모집 전형

전형 유형	전형 명	모집 인원	전형 방법	수능 반영 비율 (백분위)			
				국어	수학	영어	탐구 사/과/직
수능 위주	일반전형	33	수능 100	25	25	30	20

- 수능성적 1,000점 만점(최저 0점)
- 수시 정원 내 정원의 미달, 미등록으로 인한 결원은 정시 일반 전형으로 이월하여 선발함
- 수학(미적분/기하) 5% 가산점

지원 자격	
일반전형	고등학교 졸업(예정)자 또는 법령에 의하여 이와 동등 이상의 학력이 있다고 인정된 자로서 2025학년도 대학수학능력시험에서 한국사 영역을 포함한 모집단위별 수능 반영영역에 모두 응시한 자.

성비
최초합격자에 한해 남·여 성비 70% 적용

ⅱ. 평가 방법

(1) 대학수학능력시험 성적 반영방법

- 수학(미적분/기하) 5% 가산점

- 산출 방법

> 수능성적 환산총점 = [(영역별 반영비율 × 반영총점) × (영역별 취득 백분위/100)]의 합 + 한국사 가산점

※ 수학(미적분/기하) 백분위 X 1.05

- 영어 영역에 대한 취득 백분위는 아래와 같이 등급별로 적용

등급	1등급	2등급	3등급	4등급	5등급	6등급	7등급	8등급	9등급
환산점수 적용 취득 백분위	100	95	90	85	80	70	60	50	30

- 한국사 가산점

등급	1등급	2등급	3등급	4등급	5등급	6등급	7등급	8등급	9등급
점수	10				9.8	9.6	9.4	9.2	9

iii. 전형 일정

원서접수	2024. 12. 31 (화) ~ 2025. 1. 3 (금) 중 3일 이상
합격자 발표	2025. 2. 7 (금)

iv. 2024 전형 결과

(1) 선발인원 현황

전형	모집인원	지원인원	경쟁률	예비후보 끝순위	등록인원
일반학생	56	165	2.95	15	56

(2) 성적 현황

전형	성적 구분	국수탐 (백분위 평균)	영어 등급	전형 총점
일반 학생	평균	78.25	2.75	833.32
	50%	81.00	3	834.00
	70%	73.83	3	798.00

v. 2023 전형 결과

(1) 선발인원 현황

전형	모집인원	지원인원	경쟁률	예비후보 끝순위	등록인원
일반학생	43	92	2.14	16	44

(2) 성적 현황

전형	성적 구분	국수탐 평균	수능영역별 성적				전형 총점
			국어	수학	탐구	영어	
			백분위	백분위	백분위	등급	
일반 학생	평균	82.86	88.20	74.61	85.76	2.27	868.40
	50%	82.50	90.00	76.00	86.50	2.00	873.50
	70%	79.95	84.80	67.00	81.95	3.00	844.05

vi. 2022 전형 결과

(1) 선발인원 현황

전형	모집인원	지원인원	경쟁률	예비후보 끝순위	등록인원
일반학생	48	167	3.48	13	48

(2) 성적 현황

전형	성적 구분	국수탐 평균	수능영역별 성적				전형 총점
			국어	수학	탐구	영어	
			백분위	백분위	백분위	등급	
일반 학생	평균	86.97	91.94	78.27	90.7	1.92	905.26
	50%	87.25	92.5	79	92.25	2	902.25
	70%	85.35	91	74	88.55	2	894.75

XII 이화여자대학교 초등교육

이화여자대학교 입학처 ☎ 02) 3277-7000

가. 수시모집

ⅰ. 모집 전형

전형 유형	전형 명	모집 인원	전형 방법	수능 최저	제출서류				면접
					학생부		추천서 (명단)		
					교과	비교과			
학생부 교과	고교추천전형	9	[1단계] 학생부교과 100 (5배수) [2단계] 학생부교과 80 면접 20	X	O	X	O		O
학생부 종합	미래인재전형	12	서류평가 100	O	O	O	X		X
	고른기회전형	2		O	O	O	X		X

−고교추천전형은 추천명단 확인서가 추가로 필요함.(한국대학교육협의회 제공 대학 공통 시스템을 통해 제출)

수능 최저 학력 등급

− 미래인재전형 : 국어, 수학, 영어, 사탐/과탐 중 3개 영역 등급 합 6 이내
− 고른기회 : 국어, 수학, 영어, 사탐/과탐 중 3개 영역 등급 합 8 이내
　한국사 반드시 응시(최저학력기준의 한 영역으로는 인정하지 않음)
　탐구영역 상위 1과목의 등급으로 반영함 (제2외/한문을 탐구영역으로 인정하지 않음)

지원 자격

고교추천전형	다음 각 항에 모두 해당하면 지원할 수 있습니다. 가. 2024년 2월 이후 국내 고등학교 졸업자 (2025년 2월 졸업예정자 포함) 　※ 다음에 해당하는 자는 지원 불가: 특수목적고 졸업(예정)자, 특성화고 졸업(예정)자, 일반계고 및 종합고의 전문계 교육과정 이수자, 학력인정 평생교육시설 및 비인가 대안학교 졸업(예정)자, 일반 고등학교의 대안교육위탁학생 출신자, 학생부 교과목별 석차등급을 산출할 수 없는 자 나. 학교장의 추천을 받은 자 (고교별 추천인원 제한 있음 : 최대 20명) 다. 3학년 1학기까지 국내 고등학교 교육과정에서 통산 5학기 이상의 성적을 취득한 자
미래인재전형	다음 각 항에 모두 해당하면 지원할 수 있습니다. 가. 고등학교 졸업자(2025년 2월 졸업예정자 포함) 또는 법령에 의하여 고등학교 졸업자와 동등한 학력이 있다고 인정된 자 나. 교과영역 및 학교 활동영역에서 자신의 역량을 적극적으로 계발한 자

※특별 전형 지원 자격은 chapter Ⅱ 혹은 모집요강을 참고바람.

ⅱ. 평가 방법

(1) 서류 평가

- 고교추천전형 학생부 교과 반영방법

전형	반영 교과(군)	활용지표	반영 이수단위	반영 학기
고교추천 전형	국어, 수학, 영어, 사회(역사/도덕 포함), 과학	석차등급 성취도	전 단위 공통/일반선택 80% + 진로선택 20%	3학년 1학기까지 (학년별/학기별 가중치 없음)

※ 성취도 반영 방법 : A = 1등급, B = 4등급, C = 7등급

- 미래인재전형, 고른기회전형 평가 방법
  : 제출서류를 토대로 지원자의 학업역량 및 학교활동의 우수성, 발전가능성 등을 종합적으로 평가함

(2) 면접 평가

- 고교추천전형 평가방법
  : 제출서류를 기반으로 한 일반면접으로 학업준비도, 주도적 탐구역량, 논리적 사고력, 발전가능성을 종합적으로 평가함

ⅲ. 전형 일정

원서접수	2024. 9. 10 (화) 10:00 ~ 9. 12 (목) 17:00	
서류제출	2024. 9. 10 (화) 10:00 ~ 9. 13 (금) 17:00	
추천등록(고교추천)	2024. 9. 19 (목) ~ 9. 25 (수)	
면접시험	고교추천전형	인문계열 : 2024. 10. 26 (토) 자연계열 : 2024. 10. 27 (일)
최초합격자 발표	고교추천전형	2024. 11. 8 (금)
	미래인재전형, 고른기회전형	2024. 12. 13 (금)

ⅳ. 2024 전형 결과

전형명	모집 인원	경쟁률	최초합격자	최종등록자			충원율
			등급평균	등급평균	등급 50%	등급 70%	
고교추천전형	9	5.22	1.15	1.29	1.27	1.31	66.7
미래인재전형	12	7.33	1.46	2.16	1.83	2.07	183.3

v. 2023 전형 결과

전형명	모집인원	경쟁률	최초합격자	최종등록자			충원율
			등급평균	등급평균	등급 50%	등급 70%	
고교추천전형	9	7.56	1.14	1.19	1.24	1.25	311
미래인재전형	12	9.25	1.26	1.37	1.4	1.47	142

vi. 2022 전형 결과

전형명	모집인원	경쟁률	등급평균	등급 50%	등급 70%	충원율
고교추천전형	9	11.22	792.8	1.2X	1.2X	222
미래인재전형	12	—	765	1.4X	1.5X	—

나. 정시모집 (가군)

ⅰ. 모집 전형

전형 유형	전형 명	모집 인원	전형 방법	수능 반영 비율 (백분위)			
				국어	수학	영어	탐구 사/과
수능 위주	일반전형	16	수능 100	30	30	20	20
지원 자격							
일반전형	2025학년도 대학수학능력시험에서 모집단위별 수능 응시지정영역을 충족한 자 ※수능지정영역: 국어, 수학, 영어, 탐구(2과목), 한국사 응시필수						

ⅱ. 평가 방법

(1) 대학수학능력시험 성적 반영방법

> 국어(30%)＋수학(30%)＋영어(20%)＋탐구(20%)＋한국사 등급별 가산점

– 영어 영역 등급별 반영점수

구분	1등급	2등급	3등급	4등급	5등급	6등급	7등급	8등급	9등급
반영점수(100점 기준)	100	98	94	88	84	80	76	72	68

– 한국사 영역 등급별 가산점 부여

등급	1등급	2등급	3등급	4등급	5등급	6등급	7등급	8등급	9등급
점수	10	10	10	9.8	9.6	9.4	9.2	9.0	8.5

ⅲ. 전형 일정

원서접수	2024. 12. 31 (화) ～ 2025. 1. 3 (금) 중 3일 이상
합격자 발표	2025. 2. 7 (금)까지

ⅳ. 2024 전형 결과

전형명	모집인원	경쟁률	백분위 평균	표준편차	충원율
수능전형(나군)	16	4.38	91.14	1.34	6.3

ⅴ. 2023 전형 결과

전형명	모집인원	산출점수 70%	평균 백분위 70%	영어
수능전형(나군)	16	918.27	87.XX	2.0X

ⅵ. 2022 전형 결과

전형명	모집인원	산출점수 70%	평균 백분위 70%	영어
수능전형(나군)	16	933.98	92.XX	2.0X

한국교원대학교 입학처 ☎ 043) 230-3157~9

가. 수시모집

ⅰ. 모집 전형

전형 유형	전형 명	모집 인원	전형 방법	수능 최저	제출서류		추천서 (명단)	면접
					학생부			
					교과	비교과		
학생부 교과	지역인재	2	학생부 100 (교과90, 봉사 5, 출결5)	O	O	O (일부)	X	X
학생부 종합	학생부종합우수자	62	[1단계] 서류평가 100 (3배수) [2단계] 서류평가 80 면접평가 20	X	O	O	X	O
	국가보훈대상자	1		O	O	O	X	O
	농·어촌학생	7		X	O	O	X	O
	기초수급 및 상위계층	3		X	O	O	X	O
	장애인 등 대상자	2		O	O	O	X	O
수능 최저 학력 등급								
지역인재 : 국어, 수학, 영어, 탐구 등급 합 12 이내 국가보훈대상자, 특수교육대상자 : 국어, 수학, 영어, 탐구 등급 합 20 이내								
지원 자격								
지역인재	2020년 1월 이후 충청권(충북, 충남, 대전, 세종)에 소재하는 고등학교 졸업(예정)자							
학생부종합우수자	국내 고등학교 졸업(예정)자 또는 법령에 의거 이와 동등 이상의 자격이 있다고 인정된 사람 ※ 검정고시 출신자는 지원 가능							
※특별 전형 지원 자격은 chapter Ⅱ 혹은 모집요강을 참고바람.								
성비								
없음.								

ⅱ. 평가 방법

(1) 서류 평가

– 학생부 교과 전형

• 반영 교과: 석석차등급이 표기된 전 교과 전 과목(졸업예정자의 경우 3학년 1학기까지)

• 교과 성적 반영점수 산출 공식

(이수단위 × 석차등급 환산점수)의 합/이수단위의 합 × 0.9

• 교과 성적 등급별 환산점수 표

석차등급	1(A)	2(B)	3(C)	4	5	6	7	8	9
등급 환산점수	100	95	88	76	59	39	22	10	0
등급 간 점수 차	–	5	7	12	17	20	17	12	10

• 비교과 성적 반영방법

반영점수	5	4	3	0		비고
출결상황 (결석 일수)	0일	1일	2일	3일 이상	미인정 결석만 산정	졸업예정자 : 2024년 8월 까지의 실적 반영
봉사활동시간	20시간 이상	19 ~ 15 시간	14 ~ 10 시간	10시간 미만	–	졸업자 : 고등학교 전체 실 적 반영

(2) 학생부 종합 전형

– 평가자료 : 학교생활기록부 교과·비교과 영역, 현장실시자료(필요시)

• 포트폴리오 등의 서류를 제출받지 않으며, 공인어학성적 및 수학·과학·외국어 교과 관련 교외 수상실적을 제출할 경우 0점 처리(또는 불합격 처리) 등 불이익을 받을 수 있음.

• 지원자 성명, 출신고교, 부모(친인척 포함)의 실명을 포함한 사회적·경제적 지위(직종명, 직업명, 직장명, 직위명 등)를 암시하는 내용을 기재할 경우 불이익을 받을 수 있음.

• 제1단계 전형 시 지원자격 검증 등 필요한 학생에 한해서 현장실사를 할 수 있음.

• 검정고시 출신자 및 국외 고교 출신자의 생활기록부 대체 서류 제출 목록 및 증빙서류도 위의 기준을 적용.

※ 고등학교 학교생활기록부 기재금지 사항에 해당하는 항목은 서류평가에 반영하지 않으며, 발견될 경우에는 불이익을 받을 수 있음.

– 평가항목 : 학업역량, 전공적합성, 교직 적합성 및 잠재력, 교직 인성 등 4개 평가항목에 속한 평가요소를 종합적으로 평가.

평가항목	항목별 평가요소
학업역량	**– 학업성취도** 교과의 성취수준 및 학업 발전 수준 **– 학업에 대한 태도 및 의지** 학습자 스스로 학업에 임하는 태도 및 의지
전공적합성	**– 전공수학능력** 전공 관련 교과의 성취수준 및 학업 발전 수준 **– 전공에 대한 흥미와 관심** 전공에 대해 알고 있는 정도 및 전공과 관련하여 노력한 정도 **– 전공과 관련된 다양한 경험** 전공에 대한 관심을 갖고 본인이 참여한 활동, 과정을 통해 얻는 다양한 경험
교직적합성 및 잠재력	**– 교직에 대한 흥미와 관심** 교직에 대한 적극적인 모습과 알고 있는 정도 및 교원양성기관 진학을 위한 노력 정도 **– 교직수행을 위한 다양한 경험** 교직에 대한 관심을 갖고 본인이 참여한 활동, 과정을 통해 얻은 다양한 경험 **– 교직활동을 위한 리더십 및 자기주도성** 공통체 활동에 참여 하여, 구성원을 긍정적인 방향으로 변화시킨 경험과 교직 관련 활동에서 능동적으로 주도하려는 태도, 가치관, 역량
교직·인성	**– 나눔과 배려** 자신이 가진 것을 기꺼이 나누어 주고자 하며, 상대방을 도와주거나 보살펴 주려는 마음을 실천하려는 의지 **– 공감 및 소통능력** 상대방의 입장에서 생각할 수 있고, 사실, 감정, 태도, 생각 등을 효과적으로 의사소통할 수 있는 능력

– 평가방법: 다수 평가자에 의한 정성적·종합적 평가

- 평가 자료를 종합적으로 활용하여 서류심사 평가항목별 평가요소를 심사함
- 각 평가항목에 대한 심사결과를 종합적·총체적으로 판단하여 평가위원별로 5개의 종합평가등급(A+, A°, B+, B°, C, D, F) 중 하나의 평가등급 부여

  ⇒ 종합적·총체적으로 판단한다는 것은 관련 요소를 두루 활용하여 평가하는 것을 의미할 뿐, 모든 항목이 우수해야 좋은 평가를 받는다는 것을 의미하지는 않음.
- 평가위원별 종합평가등급에 따른 환산점수를 평균하여 반영

종합평가등급	A+	A	B+	B	C	D	F
환산반영점수	80	75	65	60	40	30	0

(3) 면접평가

- 면접유형 : 개별면접(구술평가)
- 평가항목 : 전공적합성, 교직적성, 교직인성, 문제해결능력 등 4개 평가항목을 중심으로 예비 교사로서의 자질과 역량을 종합적으로 평가

평가항목	항목별 평가요소
전공적합성	- **전공 선택 동기** 전공을 선택하게 된 동기와 전공에 대한 관심 및 이해 - **전공 수학 능력** 전공을 수학하기 위해 갖추어야 할 학업 능력
교직적성	- **교직에 대한 태도 및 가치관** 교직에 대한 올바른 마음가짐과 건전한 가치를 갖추려는 마음 - **교사로서의 자질** 교직을 수행하기 위한 이해와 소질
교직인성	- **나눔과 배려** 자신의 가진 것을 기꺼이 나누어 주고자 하며, 상대방을 도와주거나 보살펴 주려는 마음을 실천하려는 의지 - **공감 및 소통능력** 상대방의 입장에서 생각할 수 있고, 사실, 감정, 태도, 생각 등을 효과적으로 의사소통할 수 있는 능력
문제해결능력	- **논리적 표현력** 문제 상황을 적절하게 이해하고, 논리적으로 표현하는 능력 - **상황대처능력** 다양한 질문과 상황에 잘 대응할 수 있는 능력

- 평가자료 : 교직 적·인성 문항 및 개방형 질문에 의한 구술내용
- 평가방법 : 개별면접으로 다수 평가자에 의한 정성적·종합적 평가
- 평가자료를 종합적으로 활용하여 면접 평가항목별 평가요소를 심사함
- 각 평가항목에 대한 심사결과를 종합적·총체적으로 판단하여 평가위원별로 5개의 종합 평가등급(A, B, C, D, F) 중 하나의 평가등급 부여
⇒ 종합적·총체적으로 판단한다는 것은 관련 요소를 두루 활용하여 평가하는 것을 의미할 뿐, 모든 항목이 우수해야 좋은 평가를 받는다는 것을 의미하지는 않음.
- 평가위원별 종합평가등급에 따른 환산점수를 평균하여 반영

종합평가등급	A	B	C	D	F
환산반영점수	20	15	10	5	0

- 면접 시간 및 절차: 실제 면접시간 10분 내외

① 면접대기실 입실 ⇒ ② 발표자료 작성실 입실 ⇒

③교직 적·인성 문항에 대한 발표자료 작성(약 10분) ⇒ ④ 면접실 입실 ⇒

⑤ 작성내용 발표(약 3분) ⇒ ⑥ 발표내용 관련 질의/응답(약 3분) ⇒

⑦ 개방형 질문 관련 질의/응답(약 4분)

iii. 전형 일정

원서접수	2024. 9. 10 (화) 10:00 ～ 9. 13 (금) 18:00
서류제출	2024. 9. 10 (화) 10:00 ～ 9. 20 (금) 18:00 (제출기한 내 도착분에 한함)
1단계 합격자 발표	2024. 11. 15 (금) 10:00
면접시험	2024. 11. 30 (토) (오전반 9:00, 오후반 13:00)
최초합격자 발표	2024. 12. 12 (목) 10:00

iv. 2024 전형 결과

(1) 초등교육과 선발인원 현황

- 학생부종합우수자 특별전형

모집인원	지원자	
	인원	경쟁률
63	359	5.70

- 1단계 합격자

구분	학생부교과
평균	1.63
최고	1.00
최저	2.20

- 2단계 합격자

구분	최초 합격자		최종합격자	
	학생부교과	면접	학생부교과	면접
평균	1.42	17.67	1.54	16.60
최고	1.00	20.00	1.02	20.00
최저	1.74	12.51	2.05	11.47

※ 충원 합격 순위 62번

※ 학생부교과(등급) : 산출공식 = [(이수단위 X 등급)의 합 / 이수단위의 합] (소수점 셋째자리에서 반올림)

– 그 외 특별전형

모집전형	모집인원	지원자		지원자 교과평균	수능최저 충족인원	1단계 합격자 학생부교과
		인원	경쟁률			
청람지역인재	2	28	14.00	2.65	9	–
국가보훈대상자	1	7	7.00	–	–	2.42
농·어촌학생	7	38	5.43	–	–	1.64
기초수급 및 차상위	3	12	4.00	–	–	2.87
장애인 등 대상자	2	10	5.00	–	–	2.96

※ 학생부교과(등급) : 산출공식 = [(이수단위 X 등급)의 합 / 이수단위의 합] (소수점 셋째자리에서 반올림)

iv. 2023 전형 결과

(1) 초등교육과 선발인원 현황

– 학생부종합우수자 특별전형

모집인원	지원자	
	인원	경쟁률
63	418	6.63

– 1단계 합격자

구분	학생부교과
평균	1.36
최고	1
최저	1.74

– 2단계 합격자

구분	최초 합격자		최종합격자	
	학생부교과	면접	학생부교과	면접
평균	1.26	16.95	1.37	15.76
최고	1	20	1.09	20
최저	1.46	11.81	1.74	10.16

※ 충원 합격 순위 117번
※ 학생부교과(등급) : 산출공식 = [(이수단위 X 등급)의 합 / 이수단위의 합] (소수점 셋째자리에서 반올림)

- 그 외 특별전형

모집전형	모집인원	지원자		지원자 교과평균	수능최저 충족인원	1단계 합격자 학생부교과
		인원	경쟁률			
청람지역인재	2	4	21.5	3.05	5	–
국가보훈대상자	1	11	11	–	–	2.93
농·어촌학생	7	32	4.57	–	–	1.46
기초수급 및 차상위	3	21	7	–	–	1.71
장애인 등 대상자	2	5	2.5	–	–	비공개

※ 학생부교과(등급) : 산출공식 = [(이수단위 X 등급)의 합 / 이수단위의 합] (소수점 셋째자리에서 반올림)

ⅴ. 2022 전형 결과

(1) 초등교육과 선발인원 현황

- 학생부종합우수자 특별전형

모집인원	지원자	
	인원	경쟁률
63	493	7.83

- 1단계 합격자

구분	학생부교과
평균	1.32
최고	1
최저	1.78

- 2단계 합격자

구분	최초 합격자		최종합격자	
	학생부교과	면접	학생부교과	면접
평균	1.23	16.86	1.35	15.68
최고	1	20	1	20
최저	1.51	12.29	1.78	8.58

※ 충원 합격 순위 100번

※ 학생부교과(등급) : 산출공식 = [(이수단위 X 등급)의 합 / 이수단위의 합] (소수점 셋째자리에서 반올림)

– 2단계

모집전형	모집 인원	지원자		지원자 교과평균	수능최저 충족인원	1단계 합격자 학생부교과
		인원	경쟁률			
청람지역인재	2	12	6	3.71	2	–
국가보훈대상자	1	3	3	–		4.41
농·어촌학생2	7	31	4.43	–	–	1.31
기초수급대상자	3	26	8.67	–	–	1.74
특수교육대상자	2	10	5	–	–	1.94

※ 학생부교과(등급) : 산출공식 = [(이수단위 X 등급)의 합 / 이수단위의 합] (소수점 셋째자리에서 반올림)

나. 정시모집 (가군)

ⅰ. 모집 전형

전형 유형	전형 명	모집 인원	전형 방법	수능 반영 가중치 (백분위)			
				국어	수학	영어	탐구 사/과
수능 위주	일반전형	33	수능 100	1.1	1	1	0.9

‒ 수학(미적분/기하) 선택 시 10%가산점
‒ 수시모집 정원 내 미충원 및 과충원 인원은 정시모집 정원 내 전형으로 증감하여 모집하며, 수시모집 정원 외 미충원 인원은 정시모집 정원 외 전형으로 이월하여 모집
‒ 수능성적의 가산점 반영에 따라 수능 반영 총점 및 합계의 만점을 초과할 수 있음

지원 자격	
일반전형	국내 고등학교 졸업(예정)자 또는 법령에 의거 이와 동등 이상의 자격이 있다고 인정된 자 ※ 검정고시출신자 지원 가능

ⅱ. 평가 방법

(1) 대학수학능력시험 성적 반영방법

영역별 백분위 점수에 가산점을 부여한 후, 모집단위별 반영점수 산출 공식에 따라 성적 반영

(※영어는 등급별 환산 백분위 점수반영, 수학(미적분/기하) 백분위 점수에 가산점 10% 부여)

‒ 영어 등급별 환산 백분위 점수

석차등급	1	2	3	4	5	6	7	8	9
환산 백분위 점수	100	95	88	76	59	39	22	10	0
등급 간 점수 차	‒	5	7	12	17	20	17	12	10

‒ 산출방법

(영역별 백분위 점수 × 가중치)의 합

※ 탐구과목은 2과목 백분위 점수 평균

iii. 2024 전형 결과

(1) 정시 초등교육과 선발인원 현황

모집인원	지원자	
	인원	경쟁률
46	265	5.76

(2) 합격자 현황

구분	최초 합격자	최종합격자
	수능(100)	수능(100)
평균	93.05	91.85
최고	97.86	97.86
최저	91.70	90.29

※ 충원 합격 순위 43번

※ 본 자료의 수능(백분위) 점수는 한국교원대학교 수능 반영 방법 (가산점, 가중치 적용)으로 산출된 반영점수를 백분위 점수로 변환한 것으로, 수능 성적표 상의 백분위 점수는 아님

iv. 2023 전형 결과

(1) 정시 초등교육과 선발인원 현황

모집인원	지원자	
	인원	경쟁률
50	251	5.02

(2) 합격자 현황

구분	최초 합격자	최종합격자
	수능(100)	수능(100)
평균	95.95	94.94
최고	99.26	98.58
최저	94.9	93.54

※ 충원 합격 순위 67번

※ 본 자료의 수능(백분위) 점수는 한국교원대학교 수능 반영 방법 (가산점, 가중치 적용)으로 산출된 반영점수를 백분위 점수로 변환한 것으로, 수능 성적표 상의 백분위 점수는 아님

ⅴ. 2022 전형 결과

(1) 정시 초등교육과 선발인원 현황

모집인원	지원자		
	인원	경쟁률	
46	350	7.61	

(2) 합격자 현황

구분	최초 합격자	최종합격자
	수능(100)	수능(100)
평균	96.36	95.39
최고	98.6	97.86
최저	95.55	94.41

※ 충원 합격 순위 60번

※ 본 자료의 수능(백분위) 점수는 한국교원대학교 수능 반영 방법 (가산점, 가중치 적용)으로 산출된 반영점수를 백분위 점수로 변환한 것으로, 수능 성적표 상의 백분위 점수는 아님

교대면접 대비 전략 & 2026 교대입시 시행계획

교대면접 대비 전략 & 2026 교대입시 시행계획

본 단원에서는 교대면접의 대비 전략, 2026 시행계획을 간략하게 수록하였다. 교대면접의 대비 전략은 면접의 준비 방법과 교육대학별 교육관을 간략하게 수록 하였다. 자세한 내용은 김완 컨설팅의 자매서적 '교대면접·사대면접'을 참고하라. 2026 교대입시 시행계획은 예비 수험생들을 위해 수록하였다.

Ⅰ 교대면접 준비 방법

교육대학을 지원하는 학생들에게 면접은 떼려야 뗄 수 없는 관계일 것이다. 교대면접을 잘하기 위해서는 교직관과 교사마인드를 평상시에 갖추는 것이 중요하다. 평상시에 따라서 학교 현장에서 벌어지는 여러 가지 사건들에 대해 내가 교사라면 어떻게 행동 할 것인지에 대해 고민하고, 방법을 찾아보기 바란다. 교대면접고사 유형은 대학마다 그 형태와 방법에 있어 차이가 있다. 따라서 면접을 준비하는 수험생들은 지원하는 대학교의 구술면접고사 형태나 방법 및 교육관을 미리 알고 준비 한다면 당황하는 일 없이 면접에 차분히 임할 수 있을 것이다. 면접의 유형을 정리해 보면 다음과 같다.

- 교육대학면접의 유형
(1) 방법에 따라: 개별면접, 집단면접, 발표면접
(2) 소재에 따라: 서류기반 면접, 문제제시 면접, 제시문 기반 면접
(3) 질문에 따라: 교직인성, 교직적성, 교직교양
(4) 수준에 따라: 일반면접, 심층면접

어떠한 면접이든 교대입시연구소-김완컨설팅의 면접 모토인 "바른 자세로 정선된 언어를 사용하여 질문에 적합한 답변을 대화하듯이 이야기 한다."를 잘 지킬 수 있다면 별 어려움 없이 교대면접에 합격할 것이다. 첫 번째로 바른 자세는 표정, 태도, 복장 등이 해당될 것이다. 물론 초등 중등 교육을 받은 학생들 입장에서 바른 자세가 무엇인지는 알고 있을 것이다 그러나 면접

평가에서 미리 연습하지 않는 다면 반드시 실수하게 된다. 따라서 정확한 정보와 충분한 연습이 필요하다. 두 번째 정선된 언어 또한 몇 가지 주의할 것 들이 있다. 예를 들면 줄임말 사용, 틀리기 쉬운 단어사용 등 조심해야한다. 세 번째로 질문에 적합한 답변을 위해서 여러 가지 준비할 것들이 있다. 논리적인 답변 방법, 생활 기록부 숙지, 시사이슈, 교육이슈, 교육이론 등 꼼꼼하게 준비해야한다. 논리적 답변방법으로 두괄식과 양괄식의 방법이 좋다. 저자는 학생들에게 5단 구성(주장, 근거, 물론, 그러나, 따라서)과 3단 구성(서언, 본론, 결언)의 표현방법을 사용하기를 권하고 싶다. 마지막으로 네 번째 대화하듯이 이다. 가장 좋은 면접은 면접관과 대화를 하는 것이다. 자세한 내용은 김완컨설팅의 자매서적 '교대면접·사대면접'에 수록 되어있다.

또한 교육대학에서 매년 반드시 출제되는 교직관련 5가지는 ① 나만의 교사상 관련문제, ② 왕따 학생 관련문제, ③ 다문화가정 학생 관련문제, ④ 학교폭력 관련문제, ⑤ 창의적 교육 관련문제 이다. 제대로 된 자료를 찾아 연습할 필요가 있다.

이때 조심해야 할 것은 인터넷에 퍼져있는 수많은 자료들 중 대부분이 잘 못되거나 부족한 내용들이니 자료를 찾을 때는 여러 번 검토 할 필요가 있다. 특히 무분별한 유튜브 시청은 시간을 낭비하는 경우가 많이 있다. 이점을 유념해야한다. 예시문제나 답변방향성 자료를 스스로 찾기 어렵다면 앞에서 거론한 '교대면접·사대면접' 책을 참고하라.

Ⅱ 대학별 교육관

(1) 경인교육대학교　　　　　더 자세한 사항은 경인교육대학교 홈페이지(http://www.ginue.ac.kr)참조

① 교육목적

　　대한민국의 교육이념에 입각하여 국가와 인류사회 발전에 필요한 학문의 심오한 이론과 응용법을 교수, 연구하고 아울러 학생들로 하여금 사표로서의 지도적 인격을 도야케 함으로써, 이들을 유능한 초등교원으로 양성하는 것을 목적으로 하고 있다.

② 교육목표
　　- 국민교육 이념 실천 방법 체득
　　- 교육자로서의 신념과 사상 함양
　　- 지역사회 발전과 현장 교육에 봉사
　　- 학문의 이론과 응용방법 연구

③ 학교 교훈
- 큰힘 / 심오한 진리탐구
- 큰 사랑 / 교직적 품성 도야
- 큰 빛 / 민주적 지도성 함양

④ 학교 상징
- 교화 / 개나리
- 교목 / 소나무
- 교조 / 단정학

(2) 공주교육대학교

더 자세한 사항은 공주교육대학교 홈페이지(https://www.gjue.ac.kr)참조

① 교육목적

대한민국의 교육 이념에 입각하여 국가와 인류 사회 발전에 필요한 심오한 이론과 응용방법을 교수·연구하고, 아울러 사표로서의 인격을 갖춘 유능한 초등교원 양성을 목적으로 한다.

② 교육목표
- 자주적이고 창조적인 인간
- 도덕적이고 협동적인 민주시민
- 국가관이 투철한 애국인
- 교직 전문성과 사명감을 지닌 교사

③ 학교 교훈

창조(Creativity), 협동(Cooperation), 지성(Sincerity)

④ 학교 상징

교목 / 은행나무

(3) 광주교육대학교 더 자세한 사항은 광주교육대학교 홈페이지 (http://www.gnue.ac.kr) 참조

① 교육목적

대한민국의 교육이념에 입각하여 국가와 인류사회 발전에 필요한 학술의 심오한 이론과 응용방법을 교수·연구하고, 아울러 사표로서의 지도적 인격을 도야하여 유능한 초등학교 교사를 양성함을 그 목적으로 한다.

② 교육목표

- 민주시대를 살아갈 건전한 시민으로서의 기본적 자질을 갖추어, 성실한 생활인으로서의 자세를 확립 한다.
- 참되고 올바른 스승으로서의 원만한 인격을 도야하여, 확고한 교육자로서의 사명감과 긍지를 가진다.
- 심오하고 정치(精緻)한 학술의 과학적 탐구를 통하여 자주적이고 창의적인 학문연구의 자세를 확립한다.
- 유능한 교사로서의 자질을 함양하고 탁월한 교육방법 기술을 체득하여, 교과교육의 전문성을 제고 한다.
- 세계화, 정보화 시대에 적합한 지도자로서의 능력과 인격을 갖춘 사회 봉사인으로서의 자세를 확립한다.

③ 학교 교훈

'GNUE'정신 / 우리는 진리를 탐구하고, 정의롭게 행동하며 자랑스런 스승의 길을 간다.

④ 학교 상징

- 교목 / 향나무
- 교화 / 철쭉
- 교수 / 소
- 교조 / 까치
- 교색 / 연두색

① 교육목적

대한민국의 교육이념 아래 국가와 민족과 인류 사회 발전에 필요한 학문의 심오한 이론과 응용방법을 연구·교수하고, 사표(師表)로서의 지도적 인격을 도야함으로써 유능하고 사명감 있는 초등학교 교원을 양성 한다.

② 교육목표

　－ 나라를 사랑하고 겨레를 위하여 헌신할 수 있는 교육자를 기른다.
　－ 교육에 대한 전문적 지식과 이론을 갖춘 유능한 교육자를 기른다.
　－ 교직의 전문성 신장을 위하여 연구하고 실천하는 교육자를 기른다.
　－ 적극적으로 미래를 예비하고 개척하는 창의적인 교육자를 기른다.

③ 학교 교훈

슬기·보람·사랑을 바탕으로 초등교육 발전과 인류복지에 이바지 할 참된 스승을 기른다.

④ 학교 상징

　－ 교시 / 참된 스승의 길을 간다.
　－ 교목 / 느티나무
　－ 교화 / 개나리

① 교육목적

대한민국과 부산교육대학교의 교육 이념에 입각하여 국가와 인류사회의 발전에 기여할 수 있는 자질을 함양하고 사표로서의 지도적 인격을 도야함으로써 유능하고 사명감 있는 초등교원 양성을 목적으로 한다.

② 교육목표

사랑(love), 슬기(wisdom), 봉사(service)

큰 사랑, 빛난 슬기, 알찬 봉사! 참된 교육의 지표가 된다.

③ 학교 교훈

우리는 사랑과 슬기를 길러 겨레와 인류에 이바지하는 바르고 큰 길에 살자.

④ 학교 상징

교조 / 한새(붕새)

(6) 서울교육대학교
더 자세한 사항은 서울교육대학교 홈페이지(http://www.snue.ac.kr)참조.

① 교육목적

대한민국의 교육 이념 아래 국가와 사회 발전에 헌신할 수 있는 교육자로서 인격과 자질을 지닌 유능한 초등학교 교사를 양성함에 있다.

② 교육목표

- 국가를 사랑하고 겨레의 행복과 번영을 위해 전력을 다하는 인간을 양성한다.
- 민주주의 사회생활에 필요한 능력과 태도를 배양한다.
- 교사로서 지녀야 할 건전한 인격을 도야하고 교육애가 높은 헌신적 생활 태도를 확립시킨다.
- 아동의 성장 발달과 행동을 정확하고 폭넓게 이해할 수 있는 능력을 개발한다.
- 초등학교 각 교과를 성공적으로 가르칠 수 있는 실력을 배양하고 교수학습능력을 습득하게 한다.
- 보다 나은 교직 발전을 위하여 노력하는 진지한 연구 자세를 기른다.
- 교직의 사명에 대한 깊은 인식을 통하여 교육자로서 확고한 신념을 가지게 한다.

③ 학교 교훈

내 힘으로 한 마음으로.

④ 학교 상징

- 교화 / 수수꽃다리(라일락)

– 교목 / 느티나무

– 교수 / 사슴

(7) **전주교육대학교**　　　　　더 자세한 사항은 전주교육대학교 홈페이지(http://www.jnue.kr)참조.

① 교육목적

　도덕성과 전문성을 갖춘 유능하고 창의적인 교원을 양성하는 데 있다.

② 교육목표

　– 뚜렷한 국가관을 바탕으로 민족의 발전적 미래상을 제시하는 지도자로서의 능력을 기른다.

　– 올바른 교직관을 확립하고, 교육자로서의 전문성을 갖춘다.

　– 우리 문화에 자긍심을 지닌 세계 시민으로서의 자질과 인격을 함양한다.

③ 학교 교훈

　– 사랑 / 고매한 인격과 양식

　– 참 / 진리탐구

　– 새로움 / 미래사회에 능동적으로 대응하는 창조성

④ 학교 상징

　교조 / 황학

(8) **진주교육대학교**　　　　　더 자세한 사항은 진주교육대학교 홈페이지(http://www.cue.ac.kr)참조.

① 교육목적

　국가와 인류의 보편적 가치를 바탕으로 교육환경의 변화에 창의적으로 대처하는 지성, 타인과의 공존을 도모하는 덕성, 초등교육에 대한 전문성을 지닌 유능한 교원양성을 목적으로 한다.

② 교육목표

- 인간 및 세계에 대한 이해와 감성을 지닌 교육인 양성

- 타인과 함께 하는 삶에서 기쁨을 느끼는 봉사인 육성

- 글로벌 시대 문화적 역량을 갖춘 창의인 육성

- 교육에 필요한 창의적 소양을 지닌 전문인 육성

③ 학교 교훈

성실(誠實), 창의(創意), 봉사(奉仕)

④ 학교 상징

- 교화 / 목련

- 교수 / 사슴

(9) 청주교육대학교
더 자세한 사항은 청주교육대학교 홈페이지(https://www.cje.ac.kr)참조.

① 교육목적

인간사회와 자연에 대한 폭넓은 이해를 바탕으로 교양과 인격을 완성하고, 기초학문과 교과교육에 대한 전문적 지식과 자질을 갖추고, 국가발전과 인류공영에 기여할 수 있는 우수한 초등교원과 초등교육 전문가를 양성함을 목적으로 한다.

② 교육목표

- 자유민주주의 사회의 일원으로서 모범적이고 지도적인 역할을 수행할 수 있는 자질과 태도를 기른다.

- 인간과 사회에 대한 애정을 바탕으로 교직에 보람을 느낄 수 있는 교육자로서의 투철한 사명감을 배양한다.

- 폭넓은 교양교육에 기초하여 전인적인 인성을 기른다.

- 초등학교 교과교육에 대한 학습과 연구를 통해서 교과의 전문지식과 교수능력을 배양한다.

- 아동의 성장과 발달에 대한 깊은 이해를 갖추게 하여 생활지도 능력과 자질을 배양한다.

- 새로운 교육이론을 탐구하여 현장교육의 발전에 기여할 수 있는 연구수행능력을 기른다.

- 우리나라의 역사와 문화 그리고 지역사회의 변화와 요구에 대한 이해를 바탕으로 한 사회적 책임감과 봉사정신을 함양한다.
- 지속적인 자기개발과 혁신을 통한 새로운 혁신을 통한 새로운 교직전통의 수립에 기여하도록 한다.

③ 학교 교훈
- 투철한 사명감, 부단한 연구심, 앞장선 실천력
- 배움과 나눔, 실천을 통해 성장하는 교육 공동체

④ 인재상
- 인성을 갖춘 교육실천가
- 창의적인 교육전문가
- 시야가 넓은 교육지도자

⑽ 춘천교육대학교

더 자세한 사항은 춘천교육대학교 홈페이지(https://www.cnue.ac.kr)참조.

① 교육목적

미래에 대처하고, 나아가 미래를 창조하고 이끌어나갈 '정신적 지도자'를 양성한다.

② 교육목표
- 교육의 전당 / 학습자 및 현장 중심의 교육체제 정착
- 연구의 요람 / 연구여건의 선도화 및 복지증진
- 봉사의 터전 / 대학 행정 및 운영체제의 민주화, 효율화 추진
- 혁신의 산실 / 생태지향 교육, 정보환경의 혁신

③ 학교 교훈

변혁적 지성, 공동체의식

④ 학교 상징
- 교목 / 은행나무
- 교화 / 목련

(11) 한국교원대학교 더 자세한 사항은 한국교원대학교 홈페이지(http://www.knue.ac.kr)참조.

① 교육목적

국가와 인류의 이상 실천에 이바지해나갈 우수한 교원을 시범적으로 양성하고, 심오한 학문적 도야를 통한 교육전문가 및 교과 교육 전문가를 양성·연찬하며, 각급 학교 현직 교원에 대한 계속적인 성장을 위한 재교육을 도모하고, 현장 교육의 전체 수준을 질적으로 향상시키는데 이바지 한다.

② 교육이념

미래에 전개될 세계사를 내다보며 한국의 전통과 역사와 문화를 개성있게 주도해 갈 민족교육의 정예 교육자를 양성하여 세계 문명사회를 지향한 우리의 교육과업을 이끌어 가는 견인차 역할을 할 것이며, 국가 발전과 인류 공영에 기여해 갈 수 있는 교육과업을 수행해 가는데 선도적인 역할을 감당할 것이다.

– 인간교육과 공동체 의식 함양에의 기여와 지도자적 자질의 함양에 이바지 한다.
– 각급 학교 교육의 체계화·종합화의 실질적인 도모로 교육의 정선화(精選化)와 효율성, 능률성에 이바지하고자 한다.
– 모든 교육 체계면에서 양(量)보다 질(質)에 치중하고자 한다.
– 보편성과 특수성에 유념하여 범인류적 인간교육 민주시민교육에 중점을 두면서 한국 국민으로서의 자질을 내면화 하도록 하고자 한다.
– 각급 학교 전 교원의 동등한 사회적인 지위 향상에 기여하고자 한다.
– 모든 교육의 영역에서 한국 교육의 토착화를 지향한다. 즉 외국의 발전된 교육을 충분히 개방적으로 수용하되, 그것을 한국의 문화와 현실에 바탕을 두어 재창조하는 역할을 수행해 갈 것이다.
– 교사양성이라는 전문적인 형태의 대학임에는 틀림이 없으나 일반대학의 교육에서와 같은 개방적인 형태의 교육운영을 충분히 수용하고자 한다.
– 교육은 이론적인 학문적 기초위에 구체적인 교과교육을 강조하고자 한다.

③ 학교 상징

교색 / 청색

① 교육목적

국가와 인류사회 발전에 필요한학술상의 심오한 이론과 그 응용방법을 연구·교수·개발
함과 아울러 독창력과 협동정신이 풍부한 지도자적 인격을 도야하여 새로운 시대가 요구하
는 유능한 인재를 양성함을 목적으로 한다.

② 교육목표

– 인간, 사회, 자연을 이해하고 존중하는 성숙한 인격을 함양한다.
– 새로운 지식과 기술을 탐구하고 개발하는 전문적 창의력을 배양한다.
– 지역사회·문화 발전에 헌신하고 미래를 선도하는 지도력을 육성한다.
– 자기정체성을 확립하고 다양성을 존중하는 세계시민의식을 함양한다.

③ 교육대학 목표

초등학생의 특성과 교과의 내용과 교수방법에 대한 폭넓은 이해를 바탕으로 전문성을 갖춘
교사 양성을 교육의 기본목표로 삼고 있다. 더불어 인문·사회적 교양과 바른 인성, 교직
의 존엄성과 가치에 대한 깊은 인식을 바탕으로 직업윤리와 사명감을 갖춘 교사를 양성하
는 데 주력하고 있다.

④ 사범대학 목표

교육기본법의 교육이념을 구현하고 세계화, 다변화하는 미래에 능동적으로 대처할 수 있는
사명감을 지닌 우수한 중등교원을 양성하는데 그 목적을 두고 있다.

⑤ 학교 교훈

진리(眞理), 정의(正義), 창조(創造)
인간·사회·자연에 대한 탐구를 통해 진리를 터득하고, 이를 바탕으로 정의를 실현하는 데
앞장서며, 개인과 국가 그리고 인류 발전을 위한 새로운 가치를 창조한다.

⑥ 학교 상징

– 교목 / 비자나무

– 교수 / 사슴

⑦ 인재상

소통하고 도전하며 포용하는 글로컬 리더

(13) 이화여자대학교 더 자세한 사항은 이화여자대학교 홈페이지(http://www.ewha.ac.kr)참조.

① 교육목적

대한민국의 교육이념과 기독교정신을 바탕으로 하여 학술의 깊은 이론과 그 광범하고 정밀한 응용방법을 교수·연구하며, 인격을 도야하여 국가와 인류사회의 발전에 공헌할 수 있는 지도여성을 양성함을 목적으로 한다.

② 교육목표

– 사랑과 섬김의 자세로 국가 및 인류사회 공동체의 유익을 위해 헌신하고 봉사하는 기독교적 인격을 함양한다.
– 진취적인 개척 정신을 바탕으로 여성의 인격화와 양성평등 사회 구현을 이끌어 가는 지도자 역량을 함양한다.
– 세계화·정보화 시대의 전문 인력으로서 갖추어야 할 국제 수준의 학술지식과 실천능력을 기른다.
– 미래사회의 문제를 능동적으로 해결해 갈 수 있는 비판적·창조적 탐구 능력을 기른다.

③ 사범대학 목표

기독교 정신을 근간으로 하는 이화여자대학교의 교육이념을 바탕으로, 유·초·중등 교육을 담당할 우수 교원과 교육관련 제 분야 및 학문 연구에 종사할 지도자적 교육전문가의 양성에 있다. 이와 같은 교육 목적의 달성을 위한 구체적인 교육 목표는 다음과 같다.

– 교원 및 교육전문가에게 요구하는 건전한 인성과 교육적 사명감 및 윤리의식을 기른다.
– 교육현상을 교육적 안목에서 종합적으로 이해하고 비판할 수 있는 능력을 기른다.
– 전공분야와 관련된 전문지식을 이해하고 이를 독자적으로 연구 발전시킬 수 있는 능력을 기른다.

- 교과지도 능력, 학생지도 능력, 행정 능력 등 교육현장에서 현실적으로 요구되는 제반 실무 능력을 기른다.
- 미래사회에서의 교육변화에 능동적으로 대처하기 위한 창의적 비판적 사고력과 정보활용 능력을 기른다.

④ 학교 교훈

이화를 이끌어가는 정신 / 진(眞), 선(善), 미(美)

- 진은 지(知), 즉 학문의 전당으로서 이화가 추구해야 할 구체적인 가치를 나타낸다.
- 선은 덕(德)이다. 지식은 인간에게 선하게 사용될 때 비로소 가치를 지닌다.
- 미는 조화(調和)를 의미한다. 그것은 아름다움을 추구하는 인간의 본질적인 예술적 정서이다.

⑤ 인재상

'THE 인재'는 교육 목적인 '진취적 학문연구, 건전한 인격 및 교양, 적극적 실천과 봉사'의 가치를 미래지향적으로 재해석한 것으로, 'T, H, E'는 각각 다음과 같은 의미를 지님.

- T(Telos) / 주도하는 인재
- H(Hokma) / 지혜로운 인재
- E(Experience) / 실천하는 인재

Ⅲ 2026학년도 대학별 입학전형 시행계획

1 **경인교육대학교** 더 자세한 사항은 경인교육대학 입학처 홈페이지(https://ipsi.ginue.ac.kr/ipsi)참조

① 모집시기 및 전형별 모집인원

모집시기	전형 명		정원 구분	모집인원
수시모집	일반전형	학생부종합(교직적성전형)	정원내	225
	지역균형선발	학생부교과(학교장추천전형)		110
	기회균형 특별전형	학생부종합(국가보훈대상자전형)		4
		학생부종합(저소득층학생전형)		18
		학생부종합(농·어촌학생전형)	정원외	21
		학생부종합(장애인학생전형)		20
		학생부종합(서해5도학생전형)		3
	소계			401
정시모집 「나」군	일반전형	수능(일반학생전형)	정원내	173
	기회균형 특별전형	수능(저소득층학생전형)	정원외	7
	특별전형	기타(탈북학생전형)		3
	소계			183
	합계			584

② 수시모집 평가 방법

– 선발방법 및 전형요소 반영 비율 및 점수

전형	선발 방법	선발 비율	전형요소 반영 비율 및 점수			비고
			서류평가	학생부교과	면접평가	
학생부교과 (학교장 추천전형)	일괄 합산	100%	–	70% (700점)	30% (300점)	• 대학수학능력시험 최저학력 기준 설정 (4개 영역 등급 합 14등급 이내) • 비대면 면접평가
학생부종합 (교직적성 전형)	일괄 합산	100%	100% (1,000점)	–	–	• 대학수학능력시험 최저학력 기준 없음 • 전형자료에 답변 녹화 동영상 추가
학생부종합 기회균형 특별전형	일괄 합산	100%	100% (1,000점)	–	–	

※ 대학수학능력시험 최저학력 기준 반영 방법

- 국어, 수학, 영어, 탐구(사회/과학) 4개 영역을 반영함

  (탐구 영역은 응시 과목 중 상위 등급 1개 과목을 반영함)
- 한국사 영역 응시 필수
- 제2외국어, 한문은 반영하지 않음

※ 학생부종합전형의 경우 교직인성 평가를 위한 답변 녹화 동영상을 전형자료로 활용함

- 학생부교과전형 학교생활기록부 교과 성적 반영 방법

구분	내용
반영학기	졸업예정자의 경우 5학기, 졸업자의 경우 6학기 반영
반영과목	반영학기 내 석차등급 및 성취도가 표기된 전 과목
가중치여부	학년별·교과유형별·과목별 가중치 없음
점수산정방식 및 배점구간	- 학교생활기록부에 기재된 교과목별 석차등급 또는 성취도를 대학 자체 교과성적 환산 점수로 변환

구분		석차 등급 및 성취도별 환산점수								
석차등급		1	2	3	4	5	6	7	8	9
성취도	3단계 평가	A	–	B	–	C	–	–	–	E
	5단계 평가	A	–	B	–	C	–	D	–	–
환산점수		8	7	6	5	4	3	2	1	0

- 교과성적 환산점수 = 600 + {석차등급 및 성취도 환산점수 평균(㉠)] × 50}
- 석차등급 및 성취도 환산점수 평균(㉠)

$$= \frac{\sum (\text{교과목별 석차등급 또는 성취도 환산 점수} \times \text{교과목별 이수단위수})}{\sum (\text{교과목별 이수단위수})}$$

③ 정시모집(수능위주) 평가 방법

- 선발방법 및 전형요소 반영 비율 및 점수

모집시기	전형	선별 방법	선발 비율	전형요소 반영 점수 수능성적	수능최저학력기준
정시모집 「나」군	수능(일반학생전형)	일괄 합산	100%	100% (1,000점)	영어 3등급 이내 한국사 4등급 이내
	수능(저소득층학생전형)		100%	100% (1,000점)	없음

※ 수능(일반학생전형) 수능최저학력기준 : 국어, 수학, 탐구(사회/과학) 영역의 평가와 별개로 영어 3등급, 한국사 4등급 이내, 수능(저소득학생전형) 및 탈북학생전형은 수능최저학력기준 없음

– 대학수학능력시험 성적 반영방법

• 1단계(수능성적)

반영 영역	활용 지표	반영 비율	반영 점수	반영 방법	비고
국어	백분위	25%	250점		반영 영역별 별도의 지정 선택과목 없음
수학	백분위	25%	250점	• 수학 선택과목 중 '미적분' 또는 '기하' 선택 시 해당 백분위 점수의 3% 가산점 부여 ※단, 수학 가산점으로 인하여 합계 점수가 1,000점을 초과할 수 없음	
영어	등급	25%	250점	• 등급에 따른 환산점수 사용	
탐구	백분위	25%	250점	• 탐구영역 2개 과목의 백분위 평균 반영	
계		100%	1,000점		

※ 수능최저학력기준 : 수능(일반학생전형) 영어 3등급 이내, 한국사 4등급 이내

※ 수능(저소득층학생전형) 및 탈북학생전형은 수능최저학력기준 없음

※ 제2외국어·한문은 반영하지 않음

※ 영어 영역: 등급에 따른 환산점수 부여

구분	등급	1	2	3	4	5	6	7	8	9
수능(일반학생전형)	환산 점수	100	95	90			–			
수능(저소득층학생전형)		100	95	90	85	80	75	70	65	60

※ 한국사 영역: 수능(저소득층학생전형)은 수능 반영점수(1,000점 만점)에서 최대 10점 감점

구분	등급	1	2	3	4	5	6	7	8	9
수능(일반학생전형)	감점	0	0	0	0		–			
수능(저소득층학생전형)		0	0	0	0	-2	-4	-6	-8	-10

④ 정시모집(탈북학생전형) 평가 방법

– 선발방법 및 전형요소 반영 비율 및 점수

전형	선발방법	선발비율	전형요소 반영비율		비고
			수능성적	면접평가	
기타(탈북학생전형)	일괄합산	100% (1,000점)	–	100% (1,000점)	대학수학능력시험 최저학력 기준 없음

① 신입생 선발계획

모집 구분	전형 유형	전형 명	모집인원			비고
			정원내	정원외	계	
수시	학생부 종합	교직적성인재	53	–	53	
		지역인재선발	123	–	123	
		국가보훈대상자	5	–	5	
		농·어촌학생	–	14	14	
		기회균형선발	–	5	5	
		장애인 등 대상자	–	10	10	
		계	181	29	210	
정시 (나)	수능 위주	일반학생	132	–	132	• 1단계: 2배수 선발
		농·어촌학생	–	–	–	
		기회균형선발	–	–	–	
		장애인 등 대상자	–	–	–	
		계	132	–	132	
합계			313	29	342	

② 수시모집 평가방법

– 반영비율

전형 유형	전형 명	선발 방법	전형 방법	서류평가(1,000점)		전형 총점
				최고	최저	
학생부 종합	• 교직적인재 • 지역인재선발 • 국가보훈대상자 • 농·어촌학생 • 기회균형선발 • 장애인 등 대상자	일괄	서류 평가 100%	1,000	588	1,000점

※ 학교폭력 기재사항이 있을 경우 학교폭력 조치사항에 따른 점수 반영

③ 정시모집 평가방법

– 반영비율

전형유형	전형 명	전형절차	총점	반영 비율[100%]				비고
				서류평가		면접		
				최고	최저	최고	최저	
정시(나)	일반학생	1단계	500	100%		–		• 1단계: 2배구 선발 • 학교폭력 기재사항이 있을 경우 학교폭력 조치사항에 따른 점수 반영
				500	0			
		2단계	600	90.1%		9.9%		
				500	0	100	45	

– 반영방법

• 수능 영역별 반영비율

모집구분	수능성적활용지표	반영 비율[100%]				비고
		국어	수학	영어	탐구	
정시(나)	표준점수및등급환산점수	25%	25%	25%	25%	• 사회/과학 탐구영역만 반영함 ※ 직업 탐구영역은 반영하지 않음 • 제2외국어/한문은 반영하지 않음 • 국어, 수학, 탐구영역은 표준점수 적용 • 영어영역은 등급별 환산점수 적용

• 영어 등급별 환산점수

등급	1	2	3	4	5	6	7	8	9
환산점수	200	190	180	170	160	140	120	100	80

• 한국사 등급별 가산점수

등급	1	2	3	4	5	6	7	8	9
가산점수	2		1.75		1.5		1		0

① 전형별 모집인원

모집 시기		모집인원(명)			비율(%)	비고
		정원내	정원외	계		
수시	학생부종합(교직적성우수자전형Ⅰ)	30	–	30	9.2	
	학생부종합(전남인재전형)	45	–	45	13.8	
	학생부종합(다문화전형)	3	–	3	0.9	
	소계	78	–	78	23.9	
	학생부종합(교직적성우수자전형Ⅱ)	30		30	9.2	
	학생부종합(농·어촌학생전형)	–	10	10	3.1	
	학생부종합(기초/차상위/한부모전형)	–	7	7	2.1	
	학생부종합(전남교육감추천전형)	60	–	60	18.4	
	학생부종합(전남교육감다문화전형)	10	–	10	3.1	
	학생부종합(광주인재전형)	50	–	50	15.3	
	학생부종합(사회통합전형)	8	–	8	2.5	
	학생부종합(장애인대상자전형)	–	10	10	3.1	
	소계	158	27	185	56.7	
	합계	236	27	263	80.7	
정시 (나군)	수능위주(일반전형)	53	–	53	16.3	
	수능위주(만학도전형)	–	10	10	3.1	
	수능위주(농·어촌학생전형)	–	–	–	–	수시 미충원인원 발생 시 이월하여 선발
	수능위주(기초/차상위/한부모전형)	–	–	–	–	
	수능위주(장애인대상자전형)	–	–	–	–	
	합계	53	10	63	19.3	
총계		289	37	326	100	

② 수시모집 전형방법

– 학생부교과전형

• 전형요소별 반영 비율

전형명	사정 방법	구분	전형요소별 반영 비율		계
			학교생활기록부 교과성적	서류평가 (교과충실도)	
• 학생부교과(교직적성우수자전형Ⅰ) • 학생부교과(전남인재전형) • 학생부교과(다문화 전형)	일괄 합산	비율	80%	20%	100%
		배점	800점	200점	1,000점

• 학교생활기록부 교과성적 산출방법

▫ 교과성적 등급별 점수

석차등급	1등급	2등급	3등급	4등급	5등급	6등급	7등급	8등급	9등급
등급점수	100점	95점	90점	85점	80점	75점	70점	40점	0점

▫ 산출식

$$\Sigma(\text{과목별 등급 점수} \times \text{과목별 이수 단위}) \div \Sigma(\text{과목별 이수 단위})$$

※ 소수점 세 번째 자리에서 반올림하여 두 번째 자리까지 반영

• 학교생활기록부 서류평가(교과충실도)

▫ 평가자료 : 학교생활기록부

▫ 평가내용 :

　공통·일반선택 과목 : 교과학습발달 상황의 '교과성적'을 정성평가

　진로선택과목 : 교과학습발달 상황의 '교과성적' 및 '세부능력 및 특기사항'을 종합적으로 정성평가

- 학생부종합전형

전형 명	사정 방법	선발 비율	구분	전형요소별 반영비율		계
				서류평가	면접평가	
• 학생부교과(교직적성우수자전형Ⅱ) • 학생부교과(농·어촌학생전형) • 학생부교과(기초/차상위/한부모전형)	일괄 합산	100%	비율	70%	30%	100%
			배점	700점	300점 (비대면)	1,000점
• 학생부교과(전남교육감추천전형) • 학생부교과(전남교육감다문화전형) • 학생부교과(광주인재전형)	다단계	250%	비율	100%	–	100%
			배점	700점	–	700점
		100%	비율	70%	30%	100%
			배점	700점	300점	1,000점
• 학생부교과(사회통합전형) • 학생부교과(장애인다상자전형)	다단계	400%	비율	100%	–	100%
			배점	700점	–	700점
		100%	비율	70%	30%	100%
			배점	700점	300점	1,000점

• 서류평가

  ▫ 평가자료 : 학교생활기록부 또는 학교새오할기록부 대체서류

  ▫ 평가내용 : 입학사정관이 학교생활기록부를 바탕으로 평가요소의 역량을 종합적으로 정성평가

• 면접

  ▫ 대상자

   (일괄합산) 지원자격심사를 통과한 지원자 전체

   (다단계) 1단계 전형 합격자 전체

  ▫ 면접방식

   (일괄합산-비대면) 면접 영상 온라인 업로드, P/F

   (다단계-대면) 개별 면접으로 면접위원 2명이 지원자 1명을 평가

  ▫ 평가내용 : 면접 평가요소의 역량을 평가

③ 정시모집 전형요소별 반영 방법

– 반영비율

전형 명	반영비율 (반영총점)	선발비율	비고
모든 전형	수능 100% (1,000점)	100%	수능 백분위 및 등급 활용

– 반영영역 및 영역별 반영방법

과목	국어	수학	영어	탐구 (2과목)	한국사	합계
반영 방법	백분위	백분위	등급 (등급별 반영점수)	백분위	등급 (등급별 가산점)	–
배점	250점	250점	250점	250점	–	1,000점
비율	25%	25%	25%	25%	–	100%
산출 공식	$\left(\dfrac{\text{국어, 수학, 탐구 영역 백분위 합}}{300}\right) \times 750 +$ 영어 등급별 반영 점수 + 한국사 등급별 가산점					

• 영어 등급별 반영점수

등급	1등급	2등급	3등급	4등급	5등급	6등급	7등급	8등급	9등급
반영점수	250점	240점	230점	220점	210점	200점	190점	180점	170점

• 한국사 등급별 가산점수

등급	1등급	2등급	3등급	4등급	5등급	6등급	7등급	8등급	9등급
가산점수	2점		1.5점		1점		0.5점		0점

① 전형별 모집인원

모집 시기	전형 명				모집인원(명)	
					정원내	정원외
수시	학생부 위주 (학생부종합)	일반전형		학생부종합(참스승전형)	50	–
		특별 전형		학생부종합(대구지역인재 특별전형)	100	–
				학생부종합(경북지역인재 특별전형)	120	–
			기회 균형	학생부종합(국가보훈대상자 특별전형)	6	–
				학생부종합(사회배려자 특별전형)	6	–
				학생부종합(농·어촌학생 특별전형)	–	15
				학생부종합(장애인 등 대상자 특별전형)	–	10
				학생부종합(서해 5도 특별전형)	–	3
	소계				282	28
정시 (나군)	수능 위주	일반전형		수능위주(일반전형)	55	–
		특별 전형	기회 균형	학생부종합(사회배려자 특별전형)	–	6
				수능위주(만학도 특별전형)	–	20
				수능위주(농·어촌학생 특별전형)	–	수시 미충원 시 이월 후 선발
				수능위주(장애인 등 대상자 특별전형)	–	
				학생부종합(서해 5도 특별전형)	–	
	소계				55	26
총계					337	54

② 수시모집 전형방법

전형 유형	전형명	1단계 선발배수	수능최저 학력기준	반영 점수		
				단계	서류평가	면접평가
학생부 종합	학생부종합 (참스승전형)	5배수	없음	1단계	1,000점	—
	학생부종합 (대구지역인재 특별전형)	2배수				
	학생부종합 (경북지역인재 특별전형)	2배수				
	학생부종합 (국가보훈대상자 특별전형)	2배수		2단계	700점	300점
	학생부종합 (사회배려자 특별전형)	2배수				
	학생부종합 (농·어촌학생 특별전형)	3배수				
	학생부종합 (장애인 등 대상자 특별전형)	2배수				
	학생부종합 (서해 5도 특별전형)	2배수				

– 서류 평가

평가영역		평가내용	배점
P	개인·사회적역량	자신과 타인에 대한 이해 및 배려, 협업능력	1,000점 ~ 600점
R	교직소양	초등교직에 대한 기본적인 자세 및 의지, 사명감	
I	창의적 지식활용 역량	자기주도성과 유연한 학습역량	
M	교수수행 역량	초등교사 직무 수행에 필요한 교수능력과 리더십	

– 면접 고사

평가영역		평가내용	배점
A	의사소통능력	질문 및 상황에 대한 이해력과 논리적인 표현력	300점 ~ 120점
R	문제해결능력	질문 및 상황의 체계적 분석을 통한 창의적 문제해결능력	
Y	교직소양 및 인성	교직에 대한 기본적인 이해와 인성	

③ 정시모집 전형방법

선발 모형	선발 인원	전형요소별 반영점수 및 반영비율						총점
		수능			면접			
		반영 점수	기본 점수	실질 반영비율	반영 점수	기본 점수	실질 반영비율	
일괄합산 전형	1배수	1,000점	0	80%	300점	50점	20%	1,300점

※ 학교생활기록부의 출결상황 반영: 미인정(무단) 결석 1일당 수능 성적에서 1점씩 감점(국내 소재 고등학교 全 과정을 이수한 자(졸업예정자 포함)로서 미인정(무단) 지각·조퇴·결과·결석을 확인할 수 있는 경우에 한함) 미인정(무단) 지각·조퇴·결과 3회는 미인정(무단) 결석 1일로 간주함(3회 미만 반영하지 않음/질병과 기타로 인한 결석·지각·조퇴·결과는 결석일수에 포함하지 않음)

– 대학수학능력시험 성적

• 수능 영역별 반영비율 및 배점

구분	반영영역 및 과목 수	국어	수학	영어	한국사	탐구 2과목 (사회, 과학)	총점
비율(%)	4개 영역 5개 과목	30	30	20	응시	20	100.0
배점		300	300	200		200	1,000
활용지표		표준점수	표준점수	환산점수		표준점수	–

• 영어영역 환산점수

등급	1등급	2등급	3등급	4등급	5등급	6등급	7등급	8등급	9등급
환산점수	200	195	190	185	180	175	170	165	0

• 수능성적 영역별(국어·수학·과학) 산출 방법

　ㅁ 국어·수학 영역

(본인이 취득한 표준점수 / 전국 최고 표준점수) × 0.3(반영비율) × 1,000점

　ㅁ 탐구 영역(2개 과목 합산)

(본인이 취득한 1과목 표준점수 / 전국 최고 해당과목 표준점수) × 0.1(반영비율) × 1,000점
+(본인이 취득한 1과목 표준점수 / 전국 최고 해당과목 표준점수) × 0.1(반영비율) × 1,000점

– 면접 고사

• 평가자료: 자체 면접문항

• 평가영역: 의사소통능력, 문제해결능력, 교직소양 및 인성

• 평가방법(집단면접): 평가위원에 의한 정성적 종합평가

5 **부산교육대학교** 더 자세한 사항은 부산교육대학 입학처 홈페이지(https://enter.bnue.ac.kr/Home/Main.mbz)참조

① 수시모집

– 모집인원

구분	전형 명	모집인원(명)	전형방법	최저학력기준
정원내	학생부종합(초등교직적성전형)	65	• 1단계(3배수): 학생부(교과·비교과) 100% • 2단계: 1단계 성적 60%(실질반영비율 71.4%) + 면접 40%(실질반영비율 28.6%)	해당 없음
	학생부종합(지역인재전형)	125		
	학생부종합(국가보훈대상자전형)	3		
정원외	학생부종합(농·어촌학생전형)	12		
	학생부종합(장애인 등 대상자 전형)	12		
	학생부종합(저소득층학생전형)	5		
합계		222		

– 반영비율

사정 단계	전형요소별 반영비율(점수)	비고
1단계(서류평가)	서류종합평가 : 100%	• 수능최저학력기준 없음 • 학교폭력 조치사항 : 1~9호 모두 부적격 처리 • 필요 시 해당자에 한해 서류검증 및 현장 방문 실시
2단계(면접평가)	• 1단계 점수 : 60%(실질반영비율 71.4%) • 면접 점수 : 40%(실질반영비율 28.6%)	

※ 1단계 전형: 모집인원의 3배수 선발

※ 남·여 성비 적용 없음

– 서류평가

우리대학 인재상 지표(공동체 리더십 역량 / 다문화·글로벌 역량 / 공감·정서 조절 역량 / 자기관리 역량)를 바탕으로 지원자가 제출한 학교생활기록부를 정성적으로 종합평가함

– 면접고사

우리대학 인재상 지표(의사소통역량 / 교직인성 및 전문성 개발 역량 / 창의융합역량)를 바탕으로 3명 내외의 학생을 대상으로 예비교사로서의 자질에 대한 질문을 바탕으로 평가함

② 정시모집

– 모집인원

구분	전형 명	모집인원(명)	전형방법	최저학력기준
정원내	수능(일반전형)	121	수능 95.2% + 면접 4.8%	해당 없음
정원외	수능(농·어촌학생전형)	미지정		
	수능(장애인 등대상자전형)	미지정		
	수능(저소득층학생전형)	미지정		
계		121		

– 반영비율

구분	전형요소		계
	수능	면접	
배점	800	200	1,000
기본점수	0	160	160
실질반영점수(실질반영비율)	800(95.2%)	40(4.8%)	840

– 대학수학능력시험 성적

구분	수능영역별 반영비율(100%)			
	국어	수학	영어	탐구영역(사회/과학)
과목지정	공통+선택		–	자유(2과목 합계)
활용지표	백분위		등급환산점수	백분위
반영비율	25%	25%	25%	25%

• 수능 점수 반영: 총 800점. 각 영역 당 200점

> (국어 백분위 × 2+수학 백분위 × 2+영어 환산점수+탐구 2과목 백분위 합)

• 탐구영역 점수 반영방법: 탐구영역(사회/탐구)에서 2과목의 백분의 합계 적용

등급	1등급	2등급	3등급	4등급	5등급	6등급	7등급	8등급	9등급
영어등급 환산점수	200	190	176	152	118	78	44	20	0

– 면접고사

우리대학 인재상 지표(의사소통역량/교직인성 및 전문성 개발 역량/창의융합역량)를 바탕으로 3명 내외의 학생을 대상으로 예비교사로서의 자질에 대한 질문을 바탕으로 평가함

6 서울교육대학교 더 자세한 사항은 서울교육대학 입학처 홈페이지(https://admission.snue.ac.kr/admission/main.do)참조

① 수시모집

− 모집인원

모집시기	전형유형	전형명			모집인원
수시	학생부 교과	학교장추천전형		정원내	40
	학생부 종합	교직인성우수자전형		정원내	100
		기회균형 특별전형 I	국가보훈대상자전형		5
			농·어촌학생전형		10
		기회균형 특별전형 II	기초생활수급자등전형	정원외	19
			장애인 등대상자전형		11
	기타	기타 특별전형	재외국민특별전형		7
			북한이탈학생전형		3
소계					195
정시 (나)군	수능 위주	일반전형		정원내	160
소계					160
합계					355

② 수능최저학력기준

− 수시 모든 전형

• 국어＋수학＋영어＋탐구(사회/과학) 4개 영역 합 10등급 이내, 한국사 4등급 이내

• 단, 기회균형특별전형 I·II 및 기타특별전형(북한이탈학생 전형)은 4개 영역 합 13등급 이내, 한국사 동일(재외국민전형 수능최저학력기준 미적용)

− 정시 수능위주(일반전형)

• 국어, 수학, 탐구(사회/과학) 영역의 평가와 별개로 영어 3등급, 한국사 4등급 이내

③ 전형요소별 배점 및 전형단계

모집 시기	전형 유형	전형명			전형요소 반영률 및 전형단계
수시	학생부 교과	학교장추천전형			1단계(2배수): 학생부교과 성적 100% 2단계(1배수): 교과 성적 80% + 면접평가 20%
	학생부 종합	교직인성우수자전형			1단계(2배수): 서류평가 100% (학교생활기록부) 2단계(1배수): 서류평가 50% + 면접평가 50%
		기회균형 특별전형 I	국가보훈대상자전형		
			농·어촌학생전형		
		기회균형 특별전형 II	기초생활수급자등전형		
			장애인 등대상자전형		
	기타	기타 특별전형	재외국민특별전형		일괄합산: 면접평가 100% (학생부 서류 P/F)
			북한이탈학생전형		일괄합산: 면접평가 100%
정시 (나)군	수능 위주	일반전형			1단계(1.5배수): 수능성적 100% 2단계(1배수): 수능성적 80% + 면접평가 20%

7 **전주교육대학교** 더 자세한 사항은 전주교육대학 입학처 홈페이지(https://www.jnue.kr/portal/enter/main/main.do)참조

① 수시모집

– 모집인원

모집시기	전형유형	전형명		모집인원		
				정원내	정원외	계
수시	학생부 위주 (종합)	교직적성우수자		48	–	48
		지역인재선발		114	–	114
		고른기회 전형Ⅰ	국가보훈대상자	5	–	5
			다문화가정자녀	5	–	5
		고른기회 전형Ⅱ	농·어촌학생	–	11	11
			기회균형선발	–	4	4
			장애인 등 대상자	–	8	8
		계		172	23	195
정시	수능 위주	일반학생		79		79
		고른기회 전형Ⅱ	농·어촌학생	–	수시모집 미충원 시 선발함	–
			기회균형선발	–		–
			장애인 등 대상자	–		–
		계		79		79
		합계		251	23	274

② 수시모집 반영방법

– 수능 최저학력기준 적용하지 않음

– 1단계 선발 비율

• 교직적성우수자, 지역인재선발 : 3배수

• 그 외 전형 : 2배수

– 반영비율

선발방법 (단계별전형)	전형요소별 반영 비율(%)		전형총점
	서류	면접	
1단계	100%	–	600점
2단계	70%	30%	1,000점

③ 정시모집 반영방법

– 반영비율

선발방법 (단계별전형)	선발비율(%)	전형요소별 반영 비율(%)		전형총점
		서류	면접	
1단계	200%	100%	–	800점
2단계	100%	80%	20%	1,000점

– 대학수학능력시험 성적

영역	국어	수학	영어	탐구
		가/나		사/과
반영방법	백분위	백분위	등급	백분위
반영비율	25%	25%	25%	25%

※ 가산점 부여: 미적용

※ 수능 최저학력기준: 미적용

• 영어 등급별 점수화

등급	1등급	2등급	3등급	4등급	5등급	6등급	7등급	8등급	9등급
점수	200	180	160	140	100	80	60	40	0

– 면접고사

면접자료	면접기준	면접방법
대학자체 면접 문제 출제	교직관, 표현력	• 예비초등교로서 갖추어야 할 일반적인 교양과 교직에 대한 태도 와 가치관 등을 종합적으로 평가 • 주어진 문항에 대하여 구술 답변

8 **진주교육대학교** 더 자세한 사항은 진주교육대학 입학처 홈페이지(https://www.cue.ac.kr/enter/Main.do)참조

① 모집인원

모집 시기	전형 명		모집 인원	전형 방법	수능최저 학력기준 (4개합)	면접	성비
수시	학생부 종합	학생부종합(21세기형 교직 적성자)	50명	• 1단계: 서류평가 100% • 2단계: 서류평가 70% + 심층면접 30%	×	○	×
		학생부종합(지역인재)	123명		×	○	×
		학생부종합(국가보훈대상자)	3명		×	○	×
		학생부종합(다문화·탈북학생)	3명		×	○	×
		학생부종합(농·어촌학생)	12명		×	○	×
		학생부종합(기회균형)	5명		×	○	×
		학생부종합(장애인 등 대상자)	12명		×	○	×
	소계		208명				
정시	수능 위주	수능(일반학생)	104명	수능 100%	×	×	×
		수능(농·어촌학생)	–		16등급 이내	×	×
		수능(기회균형)	–		16등급 이내	×	×
		수능위주(장애인 등 대상자)	–		16등급 이내	×	×
	소계		104명				
합계			312명				

② 수시모집 반영방법

– 반영비율

모집단위	사정단계	전형요소 별 반영비율		전형총점
		선발비율	전형방법	
1단계	250%	100%(700점)	–	700점
2단계	100%	70%(700점)	30%(300점)	1,000점
초등교육과	–	63.6%	36.4%	–

– 기본점수 및 실질반영점수

사정단계	서류평가(700점)		심층면접(300점)		전형총점
	기본점수	실질반영점수	기본점수	실질반영점수	
1단계	420점	280점	–	–	700점
2단계	420점	280점	140점	160점	1,000점

- 서류평가
- 평가대상: 2025학년도 수시모집 학생부종합전형 지원자 중 자격심사 결과 '적격' 대상자
- 전형자료: 학교생활기록부
- 반영기간: 고등학교 전 학년 기록 내용
- 평가방법
  · 학교생활기록부 교과와 비교과 영역을 대상으로 고교 생활에 충실하고, 예비 초등교사로
    서의 잠재력을 갖춘 인재를 선발하기 위해 학업 및 인성역량을 종합적으로 정성 평가함
  · 지원자 1명의 전형자료를 평가위원 3인이 교차 평가하고, 그 평균점수를 산출
- 평가배점: 700점

	평가항목	평가기준	배점
평가 기준	학업 수행 역량	교과 교육과정의 내용 및 기능을 충실히 수행하여 교육과정의 성취기준을 이수하는 데 필요한 능력	245점 (35%)
	자기 주도 역량	자신의 일상생활 및 학교생활 등에서 주도적으로 목표를 세우고 목표 달성을 위해 노력하며 그 결과를 성찰하고 책임질 수 있는 능력	140점 (20%)
	공감 및 소통 역량	교실, 학교, 사회 및 세계의 구성원으로 타인의 감정과 입장을 이해하고, 소통·협업하여 공동체 구성원으로서의 역할을 충실히 수행할 수 있는 능력	140점 (20%)
	교직에 대한 가치와 태도	예비 교사로서 교직에 두는 가치와 좋은 예비교사로 성장하기 위해 필요한 자질·태도 및 잠재력	175점 (25%)

③ 정시모집 반영방법

- 반영비율

선발비율	대학수학능력시험	전형총점
100%	100%(800점)	800점

- 기본점수 및 실질반영점수

대학수학능력시험(800점)		전형총점
기본점수	실질반영점수	
-	800점	800점

- 전형별 수능최저학력기준

모집시기	전형명		수능최저학력기준
			4개 영역의 합
정시모집	일반전형	수능(일반학생)	없음
	특별전형	수능(농·어촌학생)	16등급 이내
		수능(기회균형)	16등급 이내
		수능(장애인 등 대상자)	16등급 이내

- 대학수학능력시험 성적
- 대학수학능력시험 영역별 성적 반영 방법

구분 \ 영역	국어	수학	영어	탐구 (사회/과학)	한국사 (응시 필수)	계
반영비율	25%	25%	25%	25%	–	100%
활용지표	백분위	백분위	등급별 환산점수	백분위	–	–
배점	200점	200점	200점	200점	–	800점

- 대학수학능력시험 5개 영역[국어, 수학, 영어, 탐구(사회, 과학), 한국사]에 응시하지 않은 경우, 불합격 처리됩니다.
- 한국사는 필수로 응시해야 하며, 성적 산출에는 반영하지 않습니다.
- 탐구는 사회와 과학 중 과목선택의 제한은 없으며, 2과목 백분위의 평균 점수가 반영됩니다. 다만, 2과목 미만 응시자의 경우 불합격 처리됩니다.(사회 2과목 또는 과학 2과목으로 선택 가능하며, 사회 1과목, 과학 1과목으로도 선택 가능합니다.)
- 제2외국어 및 한문은 성적 산출에 반영하지 않습니다.
- 영어 영역 등급별 환산점수

등급	1등급	2등급	3등급	4등급	5등급	6등급	7등급	8등급	9등급
환산점수	200점	190점	180점	160점	140점	100점	60점	20점	0점

① 모집인원

모집 시기	전형 명(대분류)	전형 명	모집인원		
			정원내	정원외	합계
수시	일반전형	학생부종합(배움나눔인재전형)	42	–	42
	지역인재 특별전형	학생부종합(지역인재전형)	112	–	112
	사회통합전형(기회균형)	학생부종합(국가보훈대상자전형)	5	–	5
	대학별 독자적 기준	학생부종합(다문화가족자녀전형)	5	–	5
	사회통합전형(기회균형)	학생부종합(농·어촌학생전형)	–	7	7
	사회통합전형(기회균형)	학생부종합(장애인학생전형)	–	10	10
	사회통합전형(기회균형)	학생부종합(기회균형선발제전형)	–	8	8
	소계		164	25	189
정시	일반전형	수능(일반전형)	88	–	88
	사회통합전형(기회균형)	수능(농·어촌학생전형)	–	–	–
	사회통합전형(기회균형)	수능(장애인학생전형)	–	–	–
	사회통합전형(기회균형)	수능(기회균형선발제전형)	–	–	–
	소계		88	–	88
합계			252	25	277

② 수시모집 반영방법

– 1단계 선발 비율

• 배움나눔인재: 4배수

• 지역인재: 2배수

• 그 외 전형: 3배수

– 반영비율

구분	서류평가		면접고사		전형총점 (기본점수)
	총점	실질반영비율	총점	실질반영비율	
1단계	600	100%	–	–	600
2단계	600	60%	400	40%	1,000

※ 각 전형요소별 기본점수 없음

– 서류평가 : 복수의 입학사정관이 지원자 1인에 대하여 정성·종합 평가함

– 면접고사

• 면접기준: 교사로서의 적성과 인성 등을 종합적으로 평가함

• 면접방법

· 복수의 면접위원이 종합평가함

· 수험생의 제출서류(학교생활기록부)를 활용함.

③ 정시모집 반영방법

– 반영비율

구분	수능		면접		전형총점 (기본점수)
	총점	실질반영비율	총점	실질반영비율	
일괄합산	800	90.9%	200 (120)	9.1%	1,000 (120)

– 대학수학능력시험 성적

수능성적 활용지표	수능영역별 반영비율(100%)				한국사	비고
	국어영역	수학영역	영어영역	탐구영역 사회·과학/직업		
표준점수	25	25	25	25	응시 (성적 미반영)	5개 영역에 모두 응시

– 영어영역 등급별 환산점수

등급	1등급	2등급	3등급	4등급	5등급	6등급	7등급	8등급	9등급
환산점수	200점	192점	178점	154점	120점	80점	46점	22점	0점

– 면접고사

• 면접기준: 교사로서의 적성과 인성 등을 종합적으로 평가함

• 면접방법: 복수의 면접위원이 종합평가함

① 모집인원

전형 유형	전형 명	모집 인원	전형 방법	수능최저학력기준	
				3개 영역 합 (탐구 상위 1과목)	한국사
학생부 종합	교직적·인성인재	96	서류평가 100%	9등급 이내	4등급 이내
	강원교육인재	60		10등급 이내	
	국가보훈대상자	4		12등급 이내	
	다문화가정의 자녀	2		12등급 이내	
	농·어촌학생	12		12등급 이내	
	기초생활수급자 및 차상위 계층	5		12등급 이내	
	특수교육대상자	5		14등급 이내	
	계	184	−	−	−

– 서류평가

다수의 입학사정관이 지원자 1인에 대하여 평가자료를 바탕으로 지성, 품성, 잠재력을 정성·종합평가함

평가영역		배점								
		A+	A	A−	B+	B	B−	C+	C	C−
학업역량	38	38	36.1	34.2	32.3	30.4	28.5	26.6	24.7	22.8
공동체역량	34	34	32.3	30.6	28.9	27.2	25.5	23.8	22.1	20.4
진로역량	28	28	26.6	25.2	23.8	22.4	21	19.6	18.2	16.8
합계		100	95	90	85	80	75	70	65	60

※ 최종 취득한 점수가 70점 이하인 경우 과락으로 판정하며, 선발인원이 미달하더라도 불합격으로 처리함

② 정시모집

- 모집인원

전형 유형	전형 명	모집 인원	전형방법	수능최저학력기준	
				3개 영역 합(탐구 상위 1과목)	한국사
수능 위주	일반학생	122	수능 100%	14등급 이내	없음
	강원교육인재	–			
	농·어촌학생	–			
	기초생활수급자 및 차상위계층	–			
	특수교육대상자	–			
	계	122	–	–	–

- 대학수학능력시험 반영방법

• 반영비율

구분	반영 영역 수	수능영역별 반영비율(%)					계
		국어	수학	영어	탐구영역 (상위 1과목 반영)		
					사/과		
비율(%)	4	33.3	33.3	16.7	16.7		100
최고점		200	200	100	100		600
활용지표		표준점수	표준점수	환산점수	표준점수		

• 산출 방법

국어영역 환산점수	본인이 취득한 과목 표준점수×100%								
수학영역 환산점수	본인이 취득한 과목 표준점수×100%								
탐구영역 환산점수	사회탐구	본인이 취득한 과목 표준점수×100%						상위1과목 반영	
	과학탐구	본인이 취득한 과목 표준점수×100%							
영어영역 환산점수	등급	1등급	2등급	3등급	4등급	5등급	6등급	7등급	8등급	9등급
	점수	100점	95점	88점	76점	59점	39점	22점	10점	0점
한국사영역 환산점수	등급	1등급	2등급	3등급	4등급	5등급	6등급	7등급	8등급	9등급
	점수	10점	9.8점	9.6점	9.4점	0점				

수능 환산 점수 = Σ(국어, 수학, 탐구, 영어, 한국사 환산점수)

※ 한국사 가산점 부여 결과 600점을 초과할 경우 600점으로 함

※ 수능점수 산출은 소수점 셋째 자리에서 반올림함

① 모집인원(초등교육과)

모집시기	전형유형	전형명	모집인원	전형방법
수시	학생부교과	지역인재	2	학생부 100 (교과90, 봉사 5, 출결5)
	학생부종합	학생부종합우수자	63	[1단계] 서류평가 100 (3배수) [2단계] 서류평가 80 면접평가 20
		국가보훈대상자	1	
		농·어촌학생	7	
		기초수급 및 차상위계층	3	
		장애인 등대상자	2	
	소계		78	–
정시 (가군)	수능위주	수능성적우수자	33	수능 100
	소계		33	–
계			111	–

※ 최저학력기준(4개합) : 지역인재(12등급)

② 수시모집 서류평가

– 학생부교과전형

• 반영교과: 석차등급이 표기된 전 교과 전 과목(졸업예정자의 경우 3학년 1학기까지)

• 교과 성적 반영점수 산출 공식

> [(이수단위×석차등급 환산점수)의 합/이수단위의 합]×0.9

• 교과 성적 등급별 환산점수 표

석차등급	1	2	3	4	5	6	7	8	9
등급 환산점수	100	95	88	76	59	39	22	10	0
등급 간 점수 차	–	5	7	12	17	20	17	12	10

· 봉사활동 시간 : 5점(20시간 이상), 4점(19 ~ 15시간), 3점(14시간 ~ 10시간), 0점(10시간 미만)

· 출결상황(결석일수) : 5점(0일), 4점(1일), 3점(2일), 0점(3일 이상)

※ 결석일수는 미인정 결석만 산출

– 학생부종합전형

• 평가자료: 학교생활기록부 교과·비교과 영역, 현장실시자료(필요시)

- 평가항목: 학업역량, 전공적합성, 교직 적합성 및 잠재력, 교직 인성 등 4개 평가항목에 속한 평가요소를 종합적으로 평가
- 평가방법: 다수 평가자에 의한 정성적 · 종합적 평가

③ 수시모집 학생부종합전형 면접고사

- 면접유형: 개별면접(구술평가)
- 평가항목: 전공적합성, 교직적성, 교직인성, 문제해결능력 등 4개 평가항목을 중심으로 예비 교사로서의 자질과 역량을 종합적으로 평가
- 평가자료: 교직 적·인성 문항 및 개방형 질문에 의한 구술내용
- 평가방법: 개별면접으로 다수 평가자에 의한 정성적 · 종합적 평가
- 면접 시간 및 절차: 실제 면접시간 10분 내외

  ① 면접대기실 입실 ⇒ ② 발표자료 작성실 입실 ⇒ ③교직 적·인성 문항에 대한 발표자료 작성(약 10분) ⇒ ④ 면접실 입실 ⇒ ⑤ 작성내용 발표(약 3분) ⇒ ⑥ 발표내용 관련 질의/응답(약 3분) ⇒ ⑦ 개방형 질문 관련 질의/응답(약 4분)

④ 정시모집 대학수학능력시험 성적

영역별 백분위 점수에 가산점을 부여한 후, 모집단위별 반영점수 산출 공식에 따라 성적 반영

※ 영어는 등급별 환산 백분위 점수반영, 수학(미적분/기하) 백분위 점수에 가산점 10% 부여

- 영어 등급별 환산 백분위 점수

석차등급	1	2	3	4	5	6	7	8	9
환산 백분위 점수	100	95	88	76	59	39	22	10	0
등급 간 점수 차	–	5	7	12	17	20	17	12	10

- 과목별 가중치

국어	수학	영어	탐구	합계
1.1	1.0	1.0	0.9	4

- 산출방법

(영역별 백분위 점수 × 가중치)의 합

※ 탐구과목은 2과목 백분위 점수 평균

① 모집인원(초등교육과)

모집시기	전형유형	전형명	모집인원	전형방법	최저학력기준
수시	학생부교과	일반학생	30	학생부 교과 100	3개 영역 합 8
		지역인재	28		
	학생부종합	일반학생(면접형)	9	[1단계] 서류평가 100 (3배수) [2단계] 서류평가 70 면접평가 30	–
		지역인재	3		
		농·어촌학생	2	서류평가 100	–
		특수교육대상자	2		
	소계		74	–	
정시	수능위주	일반학생	31	수능 100	–
	소계		31	–	
계			105	–	–

② 수시모집 교과전형

– 2022년 2월 이후 졸업(예정)자

구분	교과별 반영비율		
	공통교과	일반선택	진로선택
전 과목이 있을 경우	30%	70%	
공통교과 과목이 없을 때	–	70%	30%
일반선택 과목이 없을 때	70%	–	30%
진로선택 과목이 없을 때	40%	60%	–
1개 교과 성적만 있을 경우	100%		

※ 국내고교 학생부 성적이 최소 2개 학기 이상 있어야 함

– 2021년 2월 이전 졸업자

반영 교과(목)	학년별 반영비율		
	1학년	2학년	3학년
전 학년 성적이 있는 경우	30%	70%	
1학년 성적이 없을 때	–	100%	
2학년 성적이 없을 때	40%	–	60%
3학년 성적이 없을 때	40%	60%	–
1개 학년 성적만 있는 경우	100%		

※ 국내고교 학생부 성적이 최소 2개 학기 이상 있어야 함

③ 수시모집 학생부종합전형
– 서류평가

학교생활기록부를 바탕으로 아래 평가영역에 대하여 종합적으로 평가

구분	학업역량	진로역량	인성·공동체역량	계
최고점	400	300	300	1,000점
최저점	160	120	120	120점

※ 2단계 전형 시 700점 만점으로 환산

– 면접평가

수험생별 아래 평가영역에 대하여 15분 내외로 면접하여 평가기준에 따라 종합적으로 평가함
(서류기반)

구분	학업역량	진로역량	인성·공동체역량	계
최고점	90	90	120	300점
최저점	36	36	48	120점

※ 면접평가 성적이 150점(300점 만점) 미만인 경우 전형총점에 관계없이 불합격 처리함

④ 정시모집 대학수학능력시험 성적 반영방법
– 과목별 수능 반영비율

활용지표	국어	수학	영어	탐구
백분위	30%	20%	20%	30%

– 수학 미적분, 기하 선택 시 5% 가산점

• 산출방법

수능성적 환산총점＝[(영역별 반영비율×반영총점)×(영역별 취득 백분위/100)]의 합＋한국사 가산점

• 영어 영역에 대한 취득 백분위는 아래와 같이 등급별로 적용

등급	1등급	2등급	3등급	4등급	5등급	6등급	7등급	8등급	9등급
원점수	100~90	89–80	79–70	69–60	59–50	49–40	39–30	29–20	19–0
환산점수 적용 취득 백분위	100	95	90	85	80	70	60	50	30

• 한국사 가산점

등급	1등급	2등급	3등급	4등급	5등급	6등급	7등급	8등급	9등급
점수	10				9.8	9.6	9.4	9.2	9

13 **이화여자대학교** 더 자세한 사항은 이화여자대학 입학처 홈페이지(http://admission.ewha.ac.kr/enter/doc/index.asp)참조

① 모집인원(초등교육과)

모집시기	전형유형	전형명	모집인원	전형방법	최저학력기준
수시	학생부교과	고교추천전형	9	학생부교과 100	2개 영역 합 5
	학생부종합	미래인재전형 (서류형)	12	서류평가 100	2개 영역 합 5
		고른기회전형	2		–
	소계		23	–	–
정시	수능위주	수능	16	수능 100	–
	소계		16	–	–
계			39	–	–

② 수시모집 교과전형

– 서류평가

전형	반영 교과(군)	활용지표	반영 이수단위	반영 학기
고교추천전형	국어, 수학, 영어, 한국사, 사회(역사/도덕 포함), 과학	석차등급 성취도	전 단위 공통/일반선택 80% + 진로선택 20%	3학년 1학기까지 (학년별/학기별 가중치 없음)

※ 성취도 반영 방법 : A = 1등급, B = 4등급, C = 7등급

③ 수시모집 종합전형

– 서류평가

제출서류를 토대로 지원자의 학업역량 및 학교활동의 우수성, 발전가능성 등을 종합적으로 평가함

④ 정시모집 대학수학능력시험 반영방법

• 산출방법

국어(30%)＋수학(30%)＋영어(20%)＋탐구(20%)＋한국사 등급별 가산점

• 영어 영역 등급별 반영점수

구분	1등급	2등급	3등급	4등급	5등급	6등급	7등급	8등급	9등급
반영점수(100점 기준)	100	98	94	88	84	80	76	72	68

• 한국사 영역 등급별 가산점 부여

등급	1등급	2등급	3등급	4등급	5등급	6등급	7등급	8등급	9등급
점수	10	10	10	9.8	9.6	9.4	9.2	9.0	8.5

🎓 예상문제가 실제 면접문제와 매우 유사했다

✏️ **서울교육대학 합격생** 이○혜

김완컨설팅 선생님들과 교대 면접을 준비하며 좋았던 점은 크게 세 가지였습니다. 첫째로 실전같이 대비가 가능했다는 점입니다. 기출문제 뿐 아니라 예상문제를 토대로 끊임없이 피드백을 주셨는데, 덕분에 빠듯했던 기간 동안 누구보다 알차게 준비할 수 있었다고 생각합니다. 둘째로 예상문제가 실제 면접 현장에서 마주쳤던 문제와 매우 유사했다는 점입니다. 면접 당일 정말 많이 떨었음에도 불구하고 최초합격 할 수 있었던 이유는 예상문제를 통해 미리 대답을 연습할 수 있었기 때문이라고 생각합니다. 마지막으로, 교사로서 자부심을 가지고 학교생활을 해 나갈 수 있도록 따뜻한 조언을 아끼지 않고 해주셨다는 점입니다. 저는 개인적으로 이 점이 가장 좋았습니다. 덕분에 교사라는 직업을 조금 더 의미 있고 진지하게 바라볼 수 있게 되었고, 교대에 입학한다는 것 자체에 자부심을 가질 수 있게 되었습니다. 저의 첫 출발을 의미 있게 만들어주신 김완컨설팅 선생님들께 감사드립니다.

🎓 면접의 부담이 사라지는 수업

✏️ **경인교육대학 합격생** 박○영

사실 저는 수능시험 보다 더 부담스럽게 느꼈던 것이 면접이었습니다. 평소 저의 머릿속에 있는 생각을 말로 표현하는 것을 어려워했고 말하는 것에 대한 자신감이 없었습니다. 그러나 선생님께서 알려주신 5단 구성과 더불어 스토리텔링을 접하면서 저는 논리적으로 이야기하는 방법을 배울 수 있었고 꾸준히 5단 구성을 이용하여 연습함으로써 생각을 정리하여 논리적으로 이야기할 수 있게 되었습니다. 특히 반드시 출제되는 5문제에 대해 끊임없이 생각해보고 면접 예상문제의 답안을 마련하며 저만의 생각을 확립할 수 있었습니다. 또한, 교육, 시사 이슈에 대한 인터넷 강의를 듣고 자료들을 반복하여 읽으며 면접 때 활용하고 싶은 것들을 노트에 정리한 것이 여러 이슈에 대해 생각을 정리하는 데 도움이 되었습니다. 마침내 면접의 부담이 사라졌습니다.

막막함이 자신감으로 변한 수업

경인교육대학 합격생 한○수

처음에는 교대 준비를 어떻게 해야 하는지 몰라서 막막했습니다. 김완 선생님께 컨설팅을 받고 방향성을 잡을 수 있었습니다. 교육대학을 지원한 후에 면접 준비 또한 어떻게 해야 할지 방향성을 모르고 막막했습니다. 면접의 기본인 논리적으로 말하기도 부족하고, 기본적인 시사이슈, 교육 이슈에 관해 아는 것도 별로 없었습니다. 그런데 김완 컨설팅에서 저의 부족한 말하는 방법과 지식을 잘 채워주었습니다. 김완 선생님과의 수업에서 논리적으로 말하는 방법으로 5단 구성으로 말하기, 자세로는 시선과 표정 등 여러 가지 부족한 것을 배울 수 있었습니다. 물론 올해의 시사 이슈와 교육이슈를 공부하고 모의면접 문제로 연습하면서 자신감을 얻을 수 있었습니다. 이렇게 얻은 자신감으로 실재면접 때 떨지 않고 잘 해낼 수 있었습니다.

논리적인 답변을 할 수 있게 되는 수업

공주교육대학 합격생 정○현

저는 내신 성적도 비교과도 좋지 않았기에 정말 교대 입시에 많은 걱정이 있었습니다. 하지만 면접으로 합격하자는 생각으로 열심히 연습해서 자신감을 얻었고, 실제 면접에서는 높은 점수를 받을 수 있게 되어 정말 행복했습니다. 수업에서 가장 도움이 된 것은 실제 면접처럼 시간을 재며 그 안에 다양한 주장과 근거를 끌어내는 연습을 지속적으로 할 수 있었고 답변을 할 때마다 김완 선생님께서 해주시는 피드백을 통해 바로바로 답변을 보완할 수 있었습니다. 이러한 연습을 꾸준히 하다 보니 머릿속에서 주장과 근거가 세세하게 바로 구상이 되었고 교육대학교에서 중요하게 생각하는 너무 늘어지지 않고 핵심을 논리적으로 답변할 수 있는 힘을 기를 수 있었습니다. 그리고 집에서 가까워 가장 가고 싶었던 공주교육대학에 합격했습니다.

🎓 한순간의 시간도 헛되지 않은 수업

한국교원대학 합격생 김○현

빨간색의 교대면접 책을 발견한 것이 제 인생의 신의 한수라고 생각합니다. 그렇게 김완선생님을 알게 되었고 함께 공부하였습니다. 학원을 다니기 전까지는 면접10분을 어떻게 말로 채울 수 있을까 라는 의구심이 있었습니다. 하지만 제 의견을 두괄식으로 말하고 논리적으로 반박하는 법을 배우며 나도 할 수 있겠다는 확신이 생겼습니다. 학원까지 이동하는 5시간이 아깝지 않을 정도로 효율적이었으며 하루 공부를 하고 오면 제 스스로 발전하는 것을 느낄 수 있었습니다. 발표 내용 뿐 아니라 태도와 자세를 보기 위해 카메라로 찍어 스스로 피드백 하는 시간도 있었고 이는 저 스스로를 객관적으로 판단하고 고칠 수 있게 해 주었습니다. 물론 이만큼 먼 거리로 학원을 다녀본 적이 없기에 걱정이 되었지만 그만큼 간절했습니다. 오랜 기간 수업을 하며 한순간도 시간이 헛되게 간다는 생각이 안들만큼 모두가 열정이 넘쳤습니다. 저 혼자였다면 많은 어려움이 있었을 것입니다. 하지만 선생님과 함께 공부하면서 합격을 이루었습니다.

🎓 자신감 있는 도전으로 합격한 수업

부산교육대학 합격생 서○현

저는 교육대학교 진학에 있어서 김완 선생님께서 포기하지 말라는 말씀을 깊이 새겨 간직하고 있었습니다. '포기하지 말고 끝까지 도전해보자'라는 말을 상기하면서 면접을 준비했습니다. 낮은 고등학교 내신이 나왔을 때는 교육대학교에 진학할 수 있을지에 대한 의문과 좌절 속에서 초등교사라는 꿈을 포기하려는 생각도 하였지만 포기하지 않고 끝까지 노력하여 결과를 이뤄낼 수 있었습니다. 면접수업에서 바른 자세, 정선된 언어, 질문에 적합한 답변, 논리적인 대화 등 체계적 수업 과정을 최선을 다해 공부했습니다. 자신의 목표에 향하는 것을 두려워하기보다 자신감을 가지고 노력하면 그 목표에 한걸음 가까워질 수 있을 것입니다. 제 경험에 의한 확신입니다. 지난 결과에 멈추지 않고 새로이 극복할 방법을 찾아 최선을 다한 것이 합격으로 이어졌습니다.

🎓 많은 친구들과 동반성장하는 곳

서울교육대학 합격생 이○주

아무래도 교직이 진로이다 보니, 고등학교 내내 교육이슈 및 교직에 대해 많은 공부를 하였습니다. 그럼에도 불구하고 김완컨설팅 수업에서 제가 모르고 있었던 교육 이슈와 교직관련 지식들이 많이 있었습니다. 김완선생님과 함께한 최근 교육 이슈와 교육학 공부를 통해서 제 생각을 논리적으로 말할 수 있게 되었습니다. 또한 충분한 연습으로 완전히 제 것으로 만들어지면서 말하기에 자신감이 생겼습니다. 어떻게 말을 하면 간결하고 내용 전달이 잘 되는지도 알려주셔서 긴장하면 두서없이 말하던 것을 고칠 수 있었습니다. 실제 서울교대 면접에 자신 있게 말할 수 있었습니다. 또 교직 적성이나 교양 문제를 많이 뽑아주시고 파이널 면접 연습 때에는 기출문제 분석과 수차례의 모의면접을 봐주셔서 면접 준비를 더 알차게 할 수 있었습니다. 그리고 무엇보다 같이 준비하는 친구들과 대화하며 피드백을 받으니까 의견 공유가 되어서 많은 친구들과 함께 동반성장 할 수 있었습니다. 결국 김완 컨설팅에서 배운 대로 연습하고, 답변한 것이 합격의 결과를 만들었다고 생각합니다.

🎓 면접능력을 최상으로 끌어주는 수업

경인교육대학 합격생 강○혜

김완 선생님 수업에서 강조한 내용들을 연습한대로 말하기 위해 노력했습니다. 사실 면접장에 들어가면 굉장히 떨리는데 수도 없이 연습을 했기 때문에 그 상황에서 논리적으로 근거들을 제시하며 틀에 맞추어 말할 수 있었습니다. 특히 스토리텔링 연습을 했던 것이 많은 도움이 되었습니다. 선생님께서 면접장에서 말을 하지 않는 것이 가장 나쁜 면접이라고 하셨는데, 스토리텔링 연습을 통해서 일단 말이 끊어지지 않을 수 있었습니다. 또한 선생님과 동영상 촬영 및 분석 연습을 한 덕분에 웃는 표정으로 처음부터 끝까지 면접에 임할 수 있었습니다. 교수님들께서 표정이 참 좋다고까지 말씀하셨어요! 그리고 모의면접에서 강도 높은 연습을 한 것이 도움이 많이 되었습니다. 교수님들께서 어려운 꼬리 질문을 하셔도 김완선생님과의 모의면접 경험으로 그렇게 당황스럽게 느껴지지 않았습니다. 선생님께 감사드립니다.

'나도 할 수 있구나!' 하는 자신감이 생기는 수업

청주교육대학 합격생 강○주

어릴 적부터, 교사를 꿈꾸면서 고등학교에 들어와 미리미리 교대입시를 준비해야 한다는 말을 끊임없이 들었습니다. 하지만 여느 학생들이 그렇듯 저 역시 조금씩 미루면서 언제 해야 할까 하는 고민만 했습니다. 그러던 중 부모님의 권유로 김완 선생님을 처음 알게 되었습니다. 저는 비교과가 타 학생들에 비해 부족했기 때문에, 부족함을 면접으로 채워야 했습니다. 하지만 인터넷에 나오는 합격수기를 볼 때마다 자신감만 떨어질 뿐, 전혀 도움이 되지 않았습니다. 하지만 김완 선생님의 수업을 통해 '나도 할 수 있구나!' 하는 자신감이 점점 차올랐습니다. 즉각적으로 피드백 받으면서 남의 생각이 아니라 내가 직접 성장하고 있다는 느낌을 받았습니다. 이론부터 방법까지 차근차근 배우면서 체계적으로 면접 준비를 할 수 있었습니다. 질문에 생각나는 대로 아무 말이나 하는 것과 머릿속에 이미 체계가 들어 있는 상황에서 하는 답변은 당연히 다를 수밖에 없습니다. 꾸준히 반복적인 연습과 개인별로 받는 피드백을 통해 나만의 답변을 만들어 갈 수 있었습니다. 다른 친구들과 함께 면접연습을 하면서 배울 점을 찾고, 스스로 면접관이 되어 피드백도 해보면서 후회 없는 시간이 되었고, 합격할 수 있었습니다.

5단 구성을 통한 논리적 답변능력이 생기는 수업

공주교육대학 합격생 이○연

김완컨설팅에 처음 등록할 때만 해도 면접에 대해서 깊이 있게 알지 못했고, 조금만 연습하면 면접장에 가서도 쉽게 답변을 할 수 있을 것이라고 생각했습니다. 하지만 면접 수업에 참여하면서 제가 말하는 내용을 선생님께 피드백 받고 얼마나 부족한지 실감할 수 있었습니다. 우선 시사와 교육과 관련된 지식이 많이 부족했기 때문에 질문에 대해서 깊이 있는 답변을 하지 못했을 뿐더러 나의 생각과 주관이 들어간 답변보다는 그저 주어진 시간을 의미 없는 말들로 채우곤 했습니다. 선생님께서는 항상 면접에서 중요한 4가지를 강조하셨는데 나는 그 중에서도 내가 가장 부족하다고 생각하는 논리적으로 말하기 연습을 많이 했습니다. 5단 구성을 사용하여 주장과 이유를 말했고, '물론'까지 사용하여 예상되는 반론에 대한 답을 하는 연습을 했습니다. 또 다른 학생들과 서로 좋은 의견을 나누면서 나의 단점을 고치고 장점을 극대화할 수 있었습니다. 선생님께서 제가 말했던 내용에서 조금 더 보태어 배경지식까지 말씀해주시거나 어떻게 답변해야할지 모르는 문제에 대해서는 방향을 제시해주셨습니다. 그렇게 꾸준히 연습하다보니 어느덧 면접에 조금씩 자신감이 붙었습니다. 무엇보다 수업시간에 배웠던 내용을 내가 5단 구성에 따라 자유롭게 활용해서 이야기할 수 있는 능력이 생긴 것 이 너무 행복합니다.

노력만 하면 합격하는 수업

경인교육대학 합격생 장○재

  안녕하세요. 이번 경인교육대학교에 합격한 장○재입니다. 김완선생님과 공부하면서 가장 중요했던 것은 저만의 교사상을 세우는 것과 교직에 대한 진심을 가지는 것이었습니다. 또 면접공부를 하며 가장 크게 느낀 점이 내가 어떤 교사가 되고 싶고, 이것을 어떻게 실현할 것인지에 대한 확고한 생각만 있으면 어떤 질문에도 침착하게 답변할 수 있다는 것입니다. 내 것으로 만들기 위해 '나만의 교사상'을 세우고 여름 방학 동안 생활기록부 기반 질문지를 스스로 500여개 이상 만들며 몰입했습니다. 현대 교육에서는 어떤 것을 추구하고, 중요한지 알아보며 스스로 공부하는 시간을 가졌습니다. 이렇게 저 나름대로 수업시간에 받은 자료를 공부하다 보니 교직에 대한 간절함이 생겼고, 꼭 내가 생각하는 교사가 되어야겠다는 생각을 확고하게 가지게 되었습니다. 스스로 이론적인 준비는 하고 있으나 면접 실전에 대한 막연한 불안감과 내가 잘 준비하고 있는지 확인하고 싶어지는 시간이 생겼습니다. 이러한 생각은 김완선생님과의 모의면접에서 확인할 수 있었습니다. 저는 4교대 중 3교대 합격을 하고 경인교대를 선택했습니다.

☆ 짧은 시간에 면접 준비가 가능한 인터넷 강의

청주교육대학 합격생 김○경

김완선생님의 인터넷강의를 듣기 전에는 면접에 대해서 걱정을 많이 했고, 제가 교육 관련 이슈에 대해서 많이 알고 있지 않아서 그 부분이 많이 부담되었습니다. 선생님의 강의를 듣고, 저는 저의 생각을 정리하고 교육관을 정립하는 시간을 가질 수 있었습니다. 혼자 공부했다면 오랜 시간이 걸렸을 여러 교육이슈와 사회이슈를 강의와 책을 통해 한눈에 공부하며, 높은 시간적 효율을 낼 수 있었습니다. 따라서 자료 조사에 많은 시간을 할애하지 않아도 되었고, 그 시간에 각 이슈에 대해 깊이 고민하고 저만의 의견과 생각을 키워나갈 수 있었습니다. 면접을 준비하면서 저의 교육관이나 교직 관련 문제에 대한 생각을 정립할 수 있었고, 생각을 논리적이고 설득력 있게 제시할 수 있게 되었습니다. 짧은 시간동안 볼 수 있는 강의로 부담이 없었고, 핵심 내용만 접할 수 있어서 좋았습니다. 학창시절 내내 바라온 초등학교 선생님이라는 꿈에 한 발짝 더 다가갈 수 있어서 행복합니다. 아낌없는 정보와 강의를 펼쳐주신 김완 선생님께 정말 감사드립니다!

☆ 실제 면접보다 더 긴장되는 모의면접

경인교육대학 합격생 송○은

저는 평소에도 면접은 자신 있던 편이고, 이미 대학을 다니면서 경험한 것으로 충분하다고 생각했습니다. 하지만 수업을 들으며 교대면접에서 추구하는 방향성과 일치하지 않는 자신감은 오히려 독이 된다는 것을 알았습니다. 김완선생님께서 일대일로 면접 질문을 해주시는데 그게 아주 긴장도 되고 실제 면접 예행연습에도 도움이 되었습니다. 실제 면접에서 경험할 수 있는 모든 긴장감을 느낄 수 있었습니다. 지금 생각해 보니 실제 면접보다 김완선생님과의 모의면접이 더 긴장되었습니다. 학원에 온 다른 면접 준비생들과 랜덤으로 조를 이뤄서 실제면접처럼 수십 번 연습을 하며 대비했습니다. 인터넷 상에는 면접 절차라든지 주의점이라든지 그런 상세한 정보가 없어서 너무 막막했는데 이렇게 학원에서 1부터 10까지 다 짚어주셔서 실제면접을 할 땐 진행절차에 당황하지 않고 순조롭게 진행할 수 있었습니다. 특히 선생님의 진행되는 피드백은 부족한 점을 이해하고 보완하며 참고할 수 있어 좋았습니다.

☆ 폭 넓은 사고를 하게하는 인상 깊은 수업

서울교육대학 합격생 황○미

김완선생님과 공부하면서 반드시 출제되는 문제 나만의 교사상, 창의적 교육방법, 다문화 학생의 교육, 학교폭력 등을 준비하면서 막연히 생각했던 추상적 교육관을 초등교사로서 갖추고 학생들에게 도움이 되는 구체적인 교사상을 구상할 수 있었습니다. 또한 학교폭력, 왕따, 다문화 문제에 대한 답변을 미리 준비하면서 예상치 못한 질문에도 유동적으로 활용할 수 있어 당황하지 않고 답변할 수 있었습니다. 제가 서울교대면접에 합격하는데 큰 도움이 된 또 하나는 창의적 수업입니다. 이 수업을 통해 평소 교과과목 중심 학습으로 굳어진 뇌를 좀 더 유연하게 사용해 창의적인 사고로 답변할 수 있게 되어 실제 면접에서 큰 도움이 되었습니다. 김완 선생님의 교육학 등 이론교육을 통한 확장수업에서 인공지능이 더 발달할 사회에 있어서 인간의 창의력과 통찰력이 중요하고 수학이 그 창의력을 기르는데 도움이 된다는 사실이 등의 교육은 폭넓은 생각을 하게하였고, 상당히 인상 깊었습니다.

☆ 말하는 시간 조절 능력을 키워주는 수업

경인교육대학 합격생 김○경

저는 면접에 대한 걱정이 많았던 학생이었습니다. 면접을 한 번도 경험해보지 않아 논리적으로 말하는 방법에 대해 몰랐고, 교육 관련 지식도 부족했기 때문입니다. 하지만 김완 컨설팅에서 선생님들과 면접 연습을 하며 많이 발전할 수 있었습니다. 일례로 면접 연습 초반에는 자유 발언 2분을 채우지 못할 정도로 말하는 능력이 부족했습니다. 하지만 꾸준한 스토리텔링 연습과 선생님들께서 알려주신 교육 관련 내용을 바탕으로 이야기를 채워 나가다 보니 어느새 3~4분을 기본으로 이야기할 수 있을 정도가 되었습니다. 말하는 능력과 더불어 교사라는 직업에 대한 생각 역시 다시 한 번 해볼 수 있었습니다. 막연히 '초등교사가 되고 싶다'가 아닌, '어떠한 초등교사가 되어 아이들을 위해 어떠한 교육을 해보고 싶다' 등에 대해 오래 생각해보며 나만의 교사상을 정립할 수 있었습니다. 이러한 연습들은 시간조절하며 논리적이고 이야기하는 능력이 키워졌고, 합격할 수 있게 된 것 같습니다. 끝으로 같은 내용을 여러 번 여쭈어보아도 늘 친절하게 대답해주시는 선생님들께 죄송하고 감사하다는 말씀 꼭 드리고 싶습니다. 정말 감사합니다.

🎓 높은 수준의 교양을 쌓는 수업

✎ 서울교육대학 합격생 이○르

제가 김완컨설팅을 다니게 된 이유는 교육대학교 특성상 한 고등학교에서 다양한 친구들이 같이 준비하기 어려운 환경이 조성되어 있지만, 김완컨설팅은 초등교사의 꿈을 가진 다양한 친구들과 서로 이야기하고 교육이슈에 대해 준비할 수 있는 환경이라고 생각했기 때문입니다. 이러한 결심으로 학원을 다니면서 가장 좋았던 부분은 최근 다양한 시사, 교육 이슈들에 대해 다양한 친구들과 서로의 생각을 나눌 수 있다는 점이었습니다. 아무래도 혼자 준비하다보면 놓치는 부분들과 잘못된 생각을 가질 수 있는데, 김완산생님과 함께 준비하면서 제가 생각하는 사고의 폭을 넓힐 수 있었고, 제 생각을 다른 친구들의 관점에서 새로운 방향의 다양한 생각들을 듣고 다시 한 번 생각하는 기회가 되었습니다. 두 번째 좋았던 부분은 교육을 받다보면 '왜 이렇게 까지 어려운 주제 까지 연습을 해야 하는지?' 또는 '이러한 것들 까지 알아야하나?'라는 생각이 들었지만 이러한 것들을 미리 배우고 알아가면서 폭넓은 교양을 넓힐 수 있었습니다. 또한 모의면접을 하면서 긴장했던 분위기가 실제면접 현장에서 어려운문제가 출제되더라도 오히려 떨지 않고 쉽고 편하게 면접을 진행하게 되었습니다.

예비교사의 다양한 것들을 배울 수 있는 수업

한국교원대 초등교육과 합격생 박○민

제가 김완원장님의 면접수업 중에서 좋았던 점을 2가지로 말씀드리겠습니다. 첫 번째는 원장님의 기출문제와 교육이슈 연습문제입니다. 최근 기출문제와 교육이슈들의 여러 문제들을 연습할 수 있었습니다. 이러한 것들을 공부하면서 교육의 전반적인 것들을 알 수 있었고, 사회에 관한 견문을 넓힐 수 있었습니다. 두 번째로는 5단 구성 스토리텔링 연습입니다. 면접을 잘하기 위해서는 논리적으로 조리 있게 말하는 것이 중요하다고 생각하는데, 주장과 근거, 사례를 제시하고 반론을 차단하는 이런 말하기 방법을 통해 자신의 생각을 막힘없이 말할 수 있는 연습을 했습니다. 이러한 연습방법으로 실제면접에서 교수님들에게 더욱 좋은 인상을 줄 수 있었던 것 같습니다. 원장선생님의 수업을 들으면서 예비교사로서 준비해야할 다양한 것들을 배울 수 있어서 좋았습니다.

스스로 넓은 생각을 할 수 있게 해주는 수업

전주교육대학 합격생 김○현

저는 생각을 말로 표현하는 것에 대한 자신감이 없고 두려움이 있었습니다. 김완컨설팅에서 5단구성과 스토리텔링을 연습하면서 저의 생각을 논리적으로 표현하게 되었습니다. 특히 학원에서 배웠던 것들을 저만의 노트로 정리하고 한 번 더 복습하면서 스토리텔링을 훨씬 더 연습할 수 있었고, 면접장에서 대기할 때에도 노트를 보면서 복습하고 다시 한 번 생각을 정리하여 큰 도움이 되었습니다. 두 번째로는 초등교사의 꿈을 오랜 시간동안 가졌음에도 불구하고 교육이나 교사에 대한 다양한 생각을 해보지 못했습니다. 김완컨설팅에서 다양한 교육이슈와 교육에 대한 이야기들을 듣고 배우면서 보다 깊은 생각을 하게 되었고, 모의면접문제의 답변을 준비할 때 선생님들이 답변을 알려주시는 것 이아니라 스스로 답변을 생각할 수 있는 능력을 길러주셔서 보다 큰 생각을 가지게 되었습니다. 김완컨설팅에서 수업을 진행하면서 면접의 소소한 팁부터 크게는 교육에 대한 넓은 시각을 가지게 되었습니다.

☖ 생각 이상의 체계적인 수업

✎ 광주교육대학 합격생 양○은

저는 김완선생님의 책을 보고, 김완컨설팅을 알게 되었고, 여름부터 면접 준비를 김완선생님과 함께하게 되었습니다. 제가 교육대학교의 입시를 준비하면서 가장 힘들었던 점은 저 혼자 준비하다 보니 교육관련 지식을 전혀 모르는 것과 자신 있게 나만의 생각을 표현하는 것입니다. 그러나 이러 점은 선생님과의 반복적인 수업을 통해 해결할 수 있었습니다. 또한 다른 친구들과 함께 수업하면서 친구들의 생각을 들어볼 수 없다는 점이 무엇 보다 좋았습니다. 김완컨설팅에서는 다양한 지역에서 온 친구들의 교사상과 교육에 대한 생각을 수업을 통해 의견을 나눌 수 있다는 점이 가장 좋았습니다. 저는 교대입시 준비를 시작할 때만 해도 무엇을 어떻게 준비를 해야 할지 몰랐습니다. 하지만 김완컨설팅의 수업을 체계적으로 받다 보니 자신이 생겨 결국 광주교육대학에 합격할 수 있었습니다.

☖ 만학도의 막막했던 방향성을 잡아주는 수업

✎ 경인교육대학 합격생 김○란

저는 대학을 졸업하고 직장생활을 하던 중 교육대학교 수시전형 지원 자격 연령이 폐지되었다는 것을 알게 되어 용기를 내어 재도전 한 만학도입니다. 고등학교를 졸업한지 9년이나 되어 무엇을 어떻게 준비해야 할지 망막하기만 하였습니다. 그래서 강남의 00학원을 찾아가 교육을 받았습니다. 하지만 저 같은 사례가 없어서 인지 몰라도 저는 여전히 무엇을 어떻게 해야 할지 몰랐습니다. 그러던 중 우연히 김완컨설팅에 대해 알게 되었습니다. 김완선생님은 저 같은 경우 무엇이 문제 이고 어떻게 준비해야 하는지 첫 수업시간에 알려주셨습니다. 면접 준비를 할 때 어린 학생생들과 같이 준비하는 것이 쉽지는 않았지만 선생님들의 배려로 다양하게 교육을 받을 수 있었습니다. 이러한 수업이 저에게는 큰 도움이 되고, 스스로 성장하는 것을 느낄 수 있었습니다. 특히 수업 중에 실제로 면접을 하는 것처럼 연습하는 모의 면접에서의 김완선생님의 질문 대부분이 실제 면접장에서 나왔고 연습한데로 답변할 수 있었습니다. 제가 졸업한지 오래되었기 때문에 방향성을 전혀 알지 못했는데 김완컨설팅 학원 선생님들의 도움으로 이번에 합격하게 되었습니다.

같은 꿈을 갖은 친구들과 함께 성장하는 수업

경인교육대학 합격생 우○민

저는 김완선생님을 조금 늦게 만났습니다. 김완선생님께서 처음하신 질문은 교사로써 자신이 생각하는 자질과 교사가 되고 싶은 이유에 대해 이야기하는 것이었습니다. 저희의 생각을 들어보시고 피드백을 해주셨습니다. 이 과정을 통해 제가 어떤 부분을 깊이 있게 생각해야 하는지 알았고, 다른 친구들의 교사라는 직업에 대한 생각을 들어볼 수 있는 기회가 되었습니다. 또한 선생님께서 교사와 관련된 중요한 키워드들을 중심으로 배경지식을 넓혀주셨습니다. 저는 집에 돌아와서 마인드맵으로 정리하여 저의생각을 더욱 넓혀 면접을 준비하는데 있어서 큰 도움이 되었습니다. 그리고 여러 사람들 앞에서 발표를 하는 경험을 통해 실제 면접장에서 떨리지 않게 되었습니다. 가장 큰 도움이 된 것은 모의면접 지도였는데, 실제면접과 동일하게 모의면접을 하는 경험을 통해 실전에서 부드럽고 소신 있게 제 생각을 이야기 할 수 있었습니다. 마지막으로 저는 고등학교 1학년 때부터 초등교사라는 꿈을 가지고 준비하는 과정 속에서 힘든 부분도 많았고, 좌절한 경우도 있었습니다. 수업에서 동일한 상황의 친구들을 많이 만나게 되면서 많은 위로를 받았고, 서로의 생각을 알 수 있는 좋은 경험이었습니다.

🎓 부모님도 참관하는 수업

진주교육대학 합격생 정○권

저는 김완컨설팅에 오면서 꼭 면접공부를 별도로 해야할까? 하는 생각을 했습니다. 그런데 첫 날 수업에 와서 놀랐습니다. 많은 아이들이 굉장히 준비된 자세로 열정적으로 수업에 임했습니다. 부모님이 함께 오셔서 아이들 수업 받는 모습을 지켜보시는 것도 신기했습니다. 정말 열심히 수업을 들어야겠다고 생각했습니다. 자녀의 대학 진학에 많은 관심을 쏟으시는 모습을 보고 마음을 새롭게 다짐 했습니다. 저는 부모님이 수업을 참관하시지 않았지만, 저에 대한 불필요한 기대를 하지 않으셨고, 시사문제 등 자료가 필요한 것을 함께 찾아보면서 내용을 쉽게 알 수 있었습니다. 부모님께 이해한 내용을 이야기 하면서 더 잘 기억할 수 있었습니다. 또한 김완선생님의 수업을 들으면서 교직에 대한 꿈을 구체화하고, 어떤 교사가 되어야할지 진지하게 고민해볼 수 있었고, 최선을 다해서 노력하게 되었습니다. 모든 선생님들께 감사드립니다.

🎓 새로운 교육관을 갖게 해준 수업

부산교육대학 합격생 유○환

저는 여름방학 면접특강, 부산교대 파이널특강을 들었습니다. 우선 저는 김완선생님과 수업을 받은 후 두 가지를 깨닫게 되었습니다.

첫 번째로 들었던 생각은 '교육대학교에 입학하기가 쉽지 않겠구나.'였습니다. 저도 나름대로 교육대학교에 입학하기 위해 많은 것을 준비하고 노력을 해왔지만 김완컨설팅에 와보니 저 와같이 노력을 한 학생이 정말 많았고 제가 지금까지 준비 한 것은 다른 학생들도 기본적으로 준비를 했다는 것입니다. 따라서 저는 제 스스로 더욱더 노력을 해야겠다는 생각이 들었고 김완선생님과 수업을 한 뒤 더욱더 노력을 하는 계기가 되었다고 생각을 합니다. 그리고 두 번째로 들었던 생각은 '정말 초등교사가 되고 싶다'였습니다. 김완선생님께서는 교육대학교 입시를 위한 수업뿐만 아니라 교사로서의 신념이나 교육관 등 정말 많은 주옥같은 말씀을 해주셨습니다. 이러한 생각들로 인해 제가 더욱더 열심히 하게 되는 동기부여를 받을 수 있었습니다. 이 많은 것들로 인해 제가 합격을 할 수 있었다고 생각을 합니다.

스스로 답을 찾는 방법을 키워주는 수업

대구교육대학 합격생 서○경

처음에 김완컨설팅을 찾을 때는 조급한 마음과 김완컨설팅에 오면 무조건 합격한다는 말을 듣고 오게 되었습니다. 김완컨설팅에 오고 나서 저의 태도는 많이 달라졌습니다. 첫째, 자신감이 넘치는 태도를 줄였습니다. 많은 사람들이 자신감이 넘치는 태도를 없앴다고 하면 의문을 가지실테지만, 이 곳에서 수업을 받은 저는 경청과 겸손의 태도를 배우게 되었습니다. 교사는 작게는 한 학급을 크게는 모든 학생들과 함께 해야 함으로 자신감만큼 중요한 것이 겸손과 경청의 태도임을 느꼈습니다. 둘째, 교사라는 직업에 대해 다시 생각하게 되었습니다. 교사는 단순히 직업이 아닌 하늘이 주신 소명이기에 최선을 다해야 함을 느꼈습니다. 또한 아이들을 가르칠 때 가슴으로 가르치는 방법을 배우게 되었습니다. 셋째, 교육에 대해서 많은 것을 느끼게 되었습니다. 교육은 단순히 지식을 전달하는 것이 아닌 의사소통으로 많은 것을 느끼게 하는 것임을 느꼈기에 교단에 서는 것에 대한 무게감을 느끼게 되었습니다. 단순히 답을 알려주는 수업이 아닌, 스스로 답을 찾는 방법을 키워주는 수업을 통해 성장해 나가게 되어서 기쁩니다. 감사합니다.

교재 편찬 연구원

 경인교대 구성모
 경인교대 김태희
 경인교대 박민경
 경인교대 이진주
 경인교대 정호준
 부산교대 고명빈
 부산교대 채호철
 서울교대 박수민

 청주교대 고현정
 청주교대 구민지
 청주교대 백지원
 청주교대 정재훈
 경인교대 박민영
 경인교대 신화정
 경인교대 최은서
 경인교대 한경수

 공주교대 김재은
 공주교대 정수현
 부산교대 서정현
 부산교대 강다민
 서울교대 임세은
 청주교대 최윤솔
 한국교원대 김가현
 한국교원대 김세진

 경인교대 최윤서
 경인교대 권지현
 경인교대 김현진
 경인교대 박민재
 경인교대 방혜원
 경인교대 조민서
 경인교대 최요한
 공주교대 김승희

 대구교대 변형준
 서울교대 이가현
 서울교대 이은진
 서울교대 정성결
 서울교대 조문경
 진주교대 한유민
 청주교대 김태우
 청주교대 이은재

 춘천교대 김영찬
 춘천교대 이남경
 공주교대 강우준
 공주교대 강윤희
 공주교대 김아영
 공주교대 노동언
 공주교대 이서현
 광주교대 김찬희

 대구교대 윤은찬
 부산교대 변가은
 부산교대 손주휘
 부산교대 홍민재
 서울교대 강병규
 서울교대 심예원
 전주교대 권진오
  전주교대 이채원

 진주교대 이동준
 진주교대 전소연
 청주교대 양정원
 진주교대 하지연
 경인교대 박재원
 광주교대 정재희
 서울교대 김예온
서울교대 황설인